北京建筑大学校史

1907-2020

《北京建筑大学校史》编写组　编

光明日报出版社

图书在版编目（CIP）数据

北京建筑大学校史：1907-2020 /《北京建筑大学校史》编写组编 . -- 北京：光明日报出版社，2022.9

ISBN 978 - 7 - 5194 - 6819 - 4

Ⅰ.①北… Ⅱ.①北… Ⅲ.①北京建筑大学—校史—1907-2020 Ⅳ.①G649.281

中国版本图书馆 CIP 数据核字（2022）第 178930 号

北京建筑大学校史：1907—2020

BEIJING JIANZHU DAXUE XIAOSHI：1907—2020

编　　者：《北京建筑大学校史》编写组

责任编辑：杜春荣　　　　　　　　责任校对：郭嘉欣

封面设计：中联华文　　　　　　　责任印制：曹　净

出版发行：光明日报出版社

地　　址：北京市西城区永安路 106 号，100050

电　　话：010 - 63169890（咨询），010 - 63131930（邮购）

传　　真：010 - 63131930

网　　址：http：//book.gmw.cn

E - mail：gmrbcbs@ gmw.cn

法律顾问：北京市兰台律师事务所龚柳方律师

印　　刷：三河市华东印刷有限公司

装　　订：三河市华东印刷有限公司

本书如有破损、缺页、装订错误，请与本社联系调换，电话：010-63131930

开　　本：170mm×240mm

字　　数：408 千字　　　　　　　印　　张：22

版　　次：2022 年 9 月第 1 版　　　印　　次：2022 年 9 月第 1 次印刷

书　　号：ISBN 978 - 7 - 5194 - 6819 - 4

定　　价：99.00 元

编委会

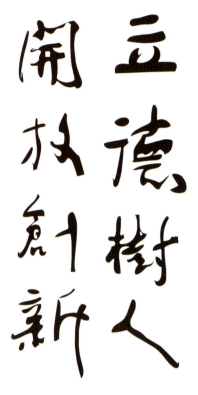

中国书法家协会名誉主席、中华诗词学会名誉会长、全国政协委员沈鹏先生题写

办学理念：立德树人 开放创新

"立德"强调万事从做人开始（出自《左传·襄公二十四年》）。"树人"强调培养人才是长久之计（出自《管子·权修》）。立德树人是教育的根本任务。学校的前身京师初等工业学堂在创立之初提出的"意在开通风气、振兴实业，为廿二行省之先导"办学宗旨（出自《京师初等工业学堂成绩初集》），体现了学校开创职业教育先河的创新精神。"立德树人 开放创新"既是对学校历史办学宗旨的传承和弘扬，又符合学校提出的"国内一流、国际知名、具有鲜明建筑特色的高水平、开放式、创新型大学"远景发展战略目标，是全面推进学校"提质、转型、升级"的内在要求和必由之路。

团结 勤奋 求实 创新

我校 1952 级校友、著名书法家爱新觉罗·启骧先生题写

校风：团结 勤奋 求实 创新

"团结"指培育协同互助的团队精神，营造和合文化氛围。"勤奋"指遵循业精于勤的古训，塑造坚韧不拔的意志品质。"求实"是倡导追求真理的科学态度，弘扬求真务实的科学精神。"创新"指注重创新能力的培养，牢固树立创新发展的科学理念。"团结 勤奋 求实 创新"反映了北建大师生治学执教的优良作风。

校训：实事求是 精益求精

　　"实事求是"指严谨治学、务求真谛的一种求实求真的治学态度（出自《汉书·河间献王刘德传》），是对读书、做学问的精神、方式的一种表述。"精益求精"指已经很好了，还要更好，力求尽善尽美（出自《大学》）。"实事求是 精益求精"既是一代代北建大人崇尚科学、遵循规律、追求真理、勇于创新、锻造匠心、追求至善的真实写照，又体现了引领北建大未来发展的价值取向和精神追求。

爱国奉献 坚毅笃行
诚信朴实 敢为人先

北建大精神：爱国奉献 坚毅笃行 诚信朴实 敢为人先

纵观学校发展历史，从实业报国为己任、开创职业教育先河至今，学校始终与国家发展和民族进步同呼吸共命运，在各个历史时期都以无私奉献和勇于担当的精神投身国家富强和民族复兴大业；始终以坚毅笃行的奋斗精神和敢为人先的开拓气魄寻求发展；始终以诚信朴实的做人做事品质创造着无数奇迹，孕育了爱国、救国、强国以及科技、实业、实践为特点的优良文化基因，形成了以爱国奉献为核心、以坚毅笃行为品格、以诚信朴实为本色、以敢为人先为追求的北建大精神，充分体现了一代代北建大师生共同的价值追求和精神风貌。

本校正門

北平市市立职业学校

校 門

北平市市立高级职业学校

北京建筑工程学院

北京建筑大学西城校区

北京建筑大学大兴校区南门

北京建筑大学大兴校区北门

培養建工人才

跟上時代發展

李瑞瑞

为建筑业的发展培育人才

宋平 一九九六年夏

坚持党的教育方针，

深化教育改革，为首

都城乡建设事业发

展培养更多优秀人才。

题赠北京建筑工程学院

李岚清 一九九二年
十月
日

庆北京建工学院六十周年

发扬优良传统

攀登科技高峰

赵鹏飞 一九九六年十月

- 11

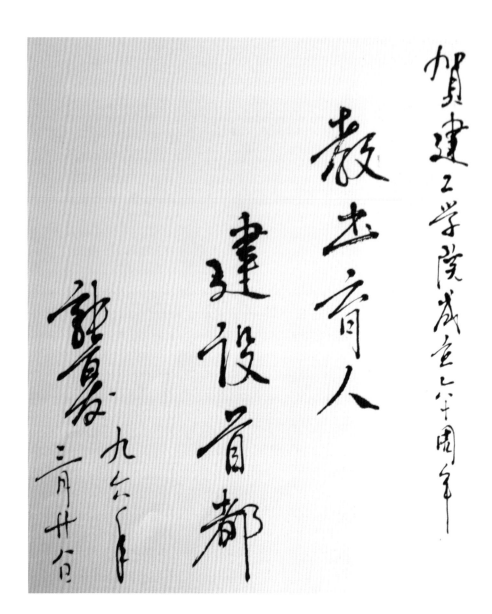

贺建工学院成立六十周年

敬业育人
建设首都

谨题 一九八六年
三月廿六日

序　言

立学百余载，筑梦新时代。北京建筑大学源于1907年京师初等工业学堂，至2022年已走过了115个春秋。

纵观学校发展历史，从以实业报国为己任、开创近代工业职业教育先河至今，学校始终与国家发展和民族进步同呼吸共命运，以无私奉献和勇于担当的精神投身国家富强和民族复兴大业；始终以坚毅笃行的奋斗精神和敢为人先的开拓气魄寻求发展；始终以诚信朴实的做人做事品质创造着无数奇迹，孕育了爱国、救国、强国以及科技、实业、实践为特点的优良文化基因，形成了以爱国奉献为核心、坚毅笃行为品格、诚信朴实为本色、敢为人先为追求的北建大精神。学校历经高工建专、中专和大学三个发展阶段，为首都乃至全国城乡建设培养大批优秀人才。

今天，学校已逐步发展成为一所具有鲜明建筑特色、以工为主的多科性大学，是北京市和住房城乡建设部共建高校、北京市党的建设和思想政治工作先进高校和北京市确定的高水平特色型大学，是"北京城市规划、建设、管理的人才培养基地和科技服务基地"和"国家建筑遗产保护研究和人才培养基地"，是北京地区唯一一所建筑类高校，肩负着为国家和首都城乡建设提供人才保证、科技支撑和智力支持的重要使命。

盛世修史，在回眸中照鉴未来；伟业励志，在瞻望中鞭策后人。北京建筑大学作为首都城乡建设的见证者、建设者、开拓者，其发展史不仅是一所建筑类高校的创业史，也是首都城乡建设发展的缩影，彰显了一所百年老校的使命与担当。在115周年校庆来临之际，学校出版《北京建筑大学校史（1907—2020）》，是对学校历史和办学精神的探寻与弘扬，是对信念和理想的恪守。希望本书的出版，能够让大家铭记代代北建大人奋勇拼搏、勇往直前的创业历史，传承前辈们的奋斗精神，弘扬服务国家、振兴民族的光荣传统，扎根京华大地办好中国特色社会主义大学！

　　饮水思源，展望未来。面向新时代，学校将以习近平新时代中国特色社会主义思想为指导，全面贯彻党的教育方针，深入贯彻习近平总书记关于教育的重要论述和视察北京重要讲话精神，全面落实市委书记蔡奇同志来校调研讲话精神，始终坚持党对学校工作的全面领导，坚持立德树人根本任务，坚持高水平特色大学类型定位，聚焦有特色，培养"三师"，服务"三规"落地，自觉融入首都"四个中心"建设；突出高质量，走内涵发展道路，加快推进国内一流、国际知名、具有鲜明建筑特色的高水平、开放式、创新型大学建设，为全面建设社会主义现代化国家、实现中华民族伟大复兴中国梦不懈奋斗！

书 记：

校 长：

目 录
CONTENTS

第一篇

01

初创发展 勇往直前

（1907—1952）

1907 年，京师初等工业学堂在中华民族遭受深重的内忧外患中诞生。学校成立伊始，便承载"兴学强国、实业救国"的重任，强调职业技能训练，办学方针明确，校风纯朴严谨，开启了中国近代工业职业教育先河。新中国成立前，筚路蓝缕，砥砺奋进，这所成长于北京什锦花园胡同的公立学校，以笃行实干、开拓创新的精神，为国家独立和民族振兴忘我奉献，学校发展成为全国著名的工业职业技术学校。新中国成立后，学校以首都城乡建设事业为己任，建设校园，扩大规模，办学特色日益鲜明，为开启北京市属建筑工程类中等教育奠定了坚实基础。

第一章

学校早期历史概述
（1907—1933）

    1907 年 9 月，京师初等工业学堂宣告成立，由此开启了北京建筑大学百年校史的最初序幕。1840 年鸦片战争以来，随着西方列强侵略中国的逐步加深，腐朽的清王朝危机四伏，中国开始沦为半殖民地半封建社会，国土沦丧，民不聊生，为反抗和抵御帝国主义的侵略，挽救中华民族危亡，救亡图存，无数爱国志士和先进分子，前仆后继，艰辛探索，提出了"实业救国""兴学育才"等爱国主张，显示出中国人民不屈不挠的反侵略、反压迫的坚强意志和探索精神。正是在这样的时代大背景下，在近代中国民族危机的内忧外患中，北京建筑大学最早前身——京师初等工业学堂诞生。

第一节　学堂创立的历史背景

    "京师初等工业学堂"之所以在清末年间创立，既是在晚清社会剧烈动荡、民族危机日益加深的背景下，探索国家救亡道路、培养新式人才的需要，也是在当时蓬勃兴起的"实业教育""职业教育"等近代教育思潮影响下，在"清末新政"以及近代教育制度逐步形成的过程中应运而生，是中国近代新式教育的必然产物。

    从 1840 年鸦片战争开始之后的长达半个多世纪，中国人民一直被笼罩在西方列强侵华战争的硝烟之中，到 20 世纪初，中国完全沦为几个帝国主义国家共同宰割的半殖民地半封建社会。① 面对中国这一"数千年未有之变局"，有识之士开始意识到，这和中国落后是分不开的，"落后就要挨打"，不但古老的刀箭

---

① 中共中央党史研究室. 中国共产党历史：第一卷上册［M］. 北京：中共党史出版社，2011：7.

弓矢难以抵御外国的坚船利炮，而且传统的教育制度也难以培养实用型人才，缺乏近代工业技术的背后，是没有掌握先进技术的近代人才。于是，要救国，只有维新；要维新，就要学西方，"废科举，兴学堂，育人才"便成为具有广泛时代影响力的变革思潮和发展趋势。戊戌维新运动的思想家梁启超，曾大声呼吁"变法之本，在育人才；人才之兴，在开学校"，并最早提出新式教育的总体设想。① 由此可见，面对中国内忧外患的严峻形势，只有探索振兴国家的强盛之路，才能救亡图存，而国家走上强盛繁荣与富国强兵的关键，就是培育和造就近代新式人才。

面临着中国近代国势衰微的严酷现状，传统的旧式教育是不可能培育出适应近代社会需要的有用人才的，尤其是掌握近代科学技术的实用性人才。因此，必须彻底改革学制，兴办近代学堂。龚自珍、林则徐、魏源等有识之士，最早察觉到空谈义理，学所无用，无法解决现实问题的弊端，大力抨击科举制度，提倡"经世致用"，认为不能"舍船械而空谈韬略"，必须以专门技术作为选才的标准。② 之后，19世纪60年代以后，以冯桂芬、王韬、郑观应等一批资产阶级早期维新派代表人物，主张学习西方，设立农、工、商等各类实业学堂，对传统科举制的空疏无用进行了猛烈的批判。薛福成在考察了西方近代教育后，指出"文则有仕学院，武则有武学院，农则有农政院，工则有工艺院，商则有通商院。非仅为士者有学，即为兵为工为农为商，亦莫不有学"③。其结果，则是带来近代工商业的繁荣，从而奠定西方资本主义国家的发达与强盛。由此可以看出，中国的先进分子在探索国家振兴、挽救民族危亡中，已经开始认识到教育问题的重要性，他们一方面揭露和抨击科举制度的弊端，另一方面也意识到培养人才的重要意义。

那么，对中国而言，究竟需要哪些亟待培养的人才？培养什么样的人才最为迫切？无疑是"实业"人才最重要，即农、工、商。1898年，康有为在《请厉工艺奖创新折》中，提出把中国"定为工国"，建议"成大工厂，以兴实业"，④ 这里所谓实业就是指近代资本主义工商业。清末实业救国论的代表人物

---

① 梁启超. 变法通议［M］//梁启超. 饮冰室合集：第一册. 北京：中华书局，1989：10.
② 朱有瓛. 中国近代学制史料：第一辑下册［M］. 4版. 上海：华东师范大学出版社，1986：1.
③ 薛福成. 出使四国日记［M］. 长沙：湖南人民出版社，1981：229-230.
④ 康有为. 康有为全集：第四集［M］. 姜义华，张荣华，编校. 北京：中国人民大学出版社，2007：302.

张謇也指出"实业者，西人赅农工商之名""实业在农工商，在大农大工大商"。由此，实业人才的重要地位得以充分体现。

正是在上述历史背景和时代环境的催生下，实业教育和实业学堂开始在中国兴起。京师初等工业学堂，正是伴随着这一过程并得以建立的。

"实业教育"这一概念，出自英语中的 Industrial Education，起源于近代西方，本义为"工业教育"，是近代工业革命的产物，经日本转译为"实业教育"，是指晚清出现的培养实业人才的一种专门教育，其中的实业主要包括农、工、商、矿等经济建设事业。① 值得指出的是，实业教育与职业教育（Vocational Education）具有密不可分的关系，二者一脉相承，彼此相互推进，进入民国以后的 1917 年，实业教育改称职业教育。黄炎培指出"实业教育与职业教育，二者皆以解决生计问题为目的"，同时，二者也稍有差异，"实业教育之高焉者，高等专门实业亦属之；其下焉，仅为职业之预备者亦属之"②，这对我们进一步理解实业教育的内涵具有重要意义。

第一阶段，实业教育的萌芽期（1866—1895）。

实业教育最早从洋务运动开始发端。1862 年，中国近代第一所新式学堂京师同文馆开办，兴办新式学堂成为洋务派推行"自强""求富"的洋务运动的一项重要内容，教育制度也伴随着新式学堂的兴办而发轫。洋务学堂分为外语学堂、军事学堂和工业学堂三类，其中工业学堂是随着兴办企业对实业人才的迫切需求而产生的，以培养专业实用人才为宗旨，是实业学堂的最初形式。③ 第一个具有实业教育性质的学堂是 1866 年由左宗棠创办的福州船政学堂，为培养制造人才而设。之后，洋务派官僚陆续创办了一批新式学堂，主要为了军事需要，集中在军事、造船、兵器、铁路、矿山、电报等方面，如天津电报学堂、唐山路矿学堂等构成了实业学堂的早期雏形④。

第二阶段，实业教育的发展期（1895—1898）。

正值甲午战争和戊戌变法时期，民族危机空前严重，救亡图存的迫切需要使中国兴起实业救国思潮，主张发展民族工商业以挽救民族危亡，各界一致认识到创办农工商学堂、发展近代工商实业，是振兴国运的重要手段。于是，在

---

① 王先明，邵璐璐. 清末实业教育述论［J］. 晋阳学刊，2008（3）：90-96.
② 璩鑫圭，童富勇，张守智. 中国近代教育史资料汇编 实业教育、师范教育［M］. 上海：上海教育出版社，2007：234-235.
③ 王哲. 清末民初实业教育制度化过程与启示［J］. 职业技术教育，2017（30）：65-68.
④ 王先明，邵璐璐. 清末实业教育述论［J］. 晋阳学刊，2008（3）：91.

资产阶级维新派的推动下，光绪帝推行"百日维新"，发布政令，鼓励兴办实业学堂，培育人才，对推动新式教育起到重要作用。但这一改革随着戊戌变法的失败而被迫中断。近代实业教育发展到19世纪末，只是零星设立，没有计划，也没有系统。实业教育的进一步发展亟待法制的完善和体制的推动，于是有了清末学制的出台。

第三阶段，实业教育的成型期（1902—1912）。

在"清末新政"背景下，近代教育体制与学制开始形成。其中，以1902年清政府颁布《钦定学堂章程》、1904年公布实施《奏定学堂章程》为标志，实业教育得以正式推行。同时，还伴随着近代学制的制定，二者互为表里，相互配合，共同推动实业教育逐步定型。

1902年，清政府首先颁布了《钦定学堂章程》，史称"壬寅学制"[1]，是近代中国由国家颁布的第一部规定学制的文件。该章程虽未最终实施，但初步奠定了近现代教育三级、七段的基本格局。所谓三级，即初等教育（蒙学堂、小学堂、简易实业学堂），中等教育（中学堂、中等实业学堂），高等教育（高等学堂、大学堂、高等实业学堂）；更为重要的是，第一次将实业教育纳入国家教育系统。从高等小学阶段开始逐级设立"简易实业学堂""中等实业学堂""高等实业学堂"并与同级普通教育相对应。同时，在中学堂内第二学年开始设立实业科，在高等学堂内设"大学预备科"，均为培养农工商医等专门人才之准备，并统冠以"实业学堂"名称，而且对全国范围实业学堂的设立做了规定。

之后，1904年公布实施《奏定学堂章程》，又称"癸卯学制"。这是中国近代历史上第二部比较完整并在全国范围实际推行的学制。同"壬寅学制"相比，更加周密完备，而且在此学制中，实业教育得到特别重视。主持制定的张之洞在《奏定学堂章程》中强调："国民生计，莫要于农工商实业；实业学堂，有百益而无一弊，最宜注重。"[2] 这一法令对各级各类实业学堂的教育宗旨、课程设置、教学设备、师资培训以及实业学堂发展和管理等方面均做了详细规定。

"癸卯学制"首次将实业教育在学校系统中确立下来，形成了纵向的初、中、高三个等级，横向的农、工、商、船等科的独立的实业学堂系列。其中，有关实业教育的章程达7项：包括《奏定实业学堂通则》《奏定艺徒学堂章程》

---

[1] 刘金录. 清末两部学制及职业教育发端 [J]. 职业教育研究，2013（10）：178-180.

[2] 陈学恂. 中国近代教育史教学参考资料：上册 [M]. 北京：人民教育出版社，1986：530.

《奏定初等农工商实业学堂章程》《奏定中等农工商实业学堂章程》《奏定高等农工商实业学堂章程》《奏定实业补习普通学堂章程》和《奏定实业教员讲习所章程》等。提高了实业教育的地位，涵盖了实业教育的方方面面，通过这些章程实业教育制度得以最终确立。① 与此同时，全国教育行政机构（学部）也随之建立，从而保障了实业学校的快速发展。"清末新政"兴起，旧式教育行政机构已经不符合教育发展需要，为了规范各地兴办的新式学堂，1904 年《学务纲要》规定，京师设立总理学务大臣以"统辖全国学务"，学务大臣下设属官，分六处，其三为"实业处""管理实业学科学务"②；1905 年，在梁启超大力倡议下清廷正式成立学部，学部是现代意义上国家的中央教育行政机构。自成立即对实业教育进行统筹和管理，设置实业司，内部科室设置、人员配备和职责范围非常明确，专司其职的机构建制对全国实业教育实施有效管理提供了基础和保障。这样，就从学制和机构两方面，为实业教育和实业学校的发展奠定了坚实的基础。

上述对学校创建具有十分重要的意义：第一，实业教育（职业教育）明显下延，形成从初等、中等、高等依次递进的、完整系统的培养体系。在初等小学阶段（7～12 岁）开设艺徒学堂。《奏定艺徒学堂章程》中就规定，其宗旨是"以授平等程度之工业技术，使之成为善良之工匠为宗旨；以各地方粗浅工业日有进步为成效"。这实际上相当于职业陶冶和职业预备教育。同时，在艺徒学堂的基础上，又设立了与高等小学、中学、高等教育（普通教育）一一对应的初等、中等、高等实业学堂，相互衔接。学校最早就是从初等工业学堂起步的，居于"三段式"培养的最初一个阶段，旨在为今后发展奠定第一块"基石"。第二，教学科目已经与西方教育同步，突破了传统旧式教育范畴，课程完全是近代科学技术内容。以中等实业教育为例，《奏定中等农工商实业学堂章程》中规定，工科学堂分预科和本科。预科课程有修身、中文、算学、物理、化学、博物、体操、外语；本科包括土木、金工、造船、电气、木工、矿业、织染、窑业、漆工、绘图等 10 科，"普职一体化"的教育架构已现端倪。③ 而之后建立的京师初等工业学堂，也是按照这样的课程进行设置的，为民族工业发展和国民生计之需要，培养初等程度的专门人才。

---

① 王哲. 清末民初实业教育制度化过程与启示 [J]. 职业技术教育，2017（30）：65-68.

② 朱有瓛. 中国近代学制史料：第一辑下册 [M]. 4 版. 上海：华东师范大学出版社，1986：98.

③ 刘金录. 清末两部学制及职业教育发端 [J]. 职业教育研究，2013（10）：178-180.

第二节　京师初等工业学堂创立

京师初等工业学堂的创立，就是中国实业教育时代大潮的产物。实业教育所追求的教育目的、传授教学内容、教育形式都引领清末教育发展的潮流，实现着传统教育向新式教育的剧烈转变，促动着教育理念的变革。

随着"癸卯学制"的颁布与实施，近代教育体制，尤其是实业教育体系逐步建立，各地纷纷兴办实业学堂，为培养新型人才以及近代科技传播和应用发挥着重要作用，实业学堂成为新式教育中的一个亮点，这就为学校的创立，尤其在法律与制度层面奠定了基础。同时，在清末新政中，学部的正式成立，特别是设立京师督学局，作为直接管理北京的教育机构，对学校的创建具有重要意义。另外，还有一个因素，与学校关系十分密切，这就是京城的重要地位和影响，具有全国首善之区的引领示范作用。上述因素，共同促成了学校的诞生。

1905 年 9 月，山西学政宝熙上奏，请求仿照日本文部省，设立学部，作为统一管理全国教育事务的中央机构。经政务处、学务大臣商议后，清廷于 1905 年 11 月颁布谕旨，成立学部。学部以"分研教育新政之法，总持一切"为要义，下设五司一厅，①此外，学部还设立了编译图书局、京师督学局、学制调查局、教育研究所、高等教育会议所等直属机构。学部成立后，采取了一系列改革措施，制定了许多政策方针，推动了中国近代教育的发展。

其中，学部两项举措对促成学校创立具有重要意义：一是设立下属的京师督学局，"置师范教育、中等教育、小学教育三科""局长由学部奏派"，作为北京的教育主管部门，直接推动了学校的成立；二是裁撤旧式教育行政衙署。学部决定裁撤各省学政，设置提学使司，提学使由学部奏请任命，同时从属于督抚，在省会所在地设立学务公所，作为提学使司的办事机构。这样，原负责管理京城教育的顺天学政随之裁撤，改归京师督学局，其衙署旧址遂失去原有功能，闲置无用，于是，这就为京师初等工业学堂提供了办学场地和校址。

1906 年 9 月，时任直隶总督的袁世凯上奏《顺天学政衙署请改作顺属小学堂片》，奏请将废弃的衙署建筑改作小学堂。"查顺天学政既经裁撤，旧有衙门，

---

① 舒新城. 中国近代教育史资料：上册［M］. 北京：人民教育出版社，1961：274-278.

已成废署""应请改作顺属各项小学堂，化无用为有用"。① 他所指的这块地段，即是位于京城内东四附近的什锦花园胡同。不久，这份上奏即得到清廷批准。随即，1906 年 9 月 15 日，清政府批准在京师设立初等、中等两级工业学堂②。为此，作为专司地方教育的主管机构，京师督学局随即筹划，"拟定呈奉学部批准设立京师初等工业学堂"③。1907 年 5 月，京师督学局下文，为推动初级实业教育，解决民生生计艰难问题，决定筹建京师初等工业学堂（当时简称为工艺学堂）。该校"归督学局就近直辖"④。学校的前身——京师初等工业学堂从此诞生，开启了北京建筑大学百年校史的最初序幕。

今天，当我们走进古都北京，就会时刻感受到这座千年古城源远流长的历史风韵，令人流连忘返。如果我们走进京城的东四地区，徜徉在著名的东四历史文化街区，这里老北京的传统风貌保留得十分完整。胡同庭院幽深、街道社区古朴，更能触摸到古都北京的历史厚重感。当我们今天在纵横交织、犹如迷宫的胡同街巷中穿行的时候，谁又曾想到，就在这绵延悠长的胡同里，100 多年前，曾经诞生了一所近代工业学校。

清乾隆年间绘制的《乾隆京城全图》（1750）清晰地标识着"东四牌楼"以北的三条胡同名字：什锦花园胡同、马大人胡同（今为育群胡同）、扁担胡同（今为南阳胡同）。这里，就曾是学校的前身——京师初等工业学堂的最早校址。⑤

1907 年 9 月 15 日（清光绪三十三年八月初八），京师初等工业学堂正式开学。

学堂开办的消息，最早引起京城新闻舆论界的关注。清末京城的一家报刊《日新画报》进行了详细报道并配以画片记载。这是目前看到的学校最早的办学记录，留下的文字史料弥足珍贵。⑥ 其中记述到"北京实业工艺学堂开办得不少了，可都是高等的中等的，到了初等的可是少得很。月里头，马大人胡同罗

---

① 天津图书馆，天津社科院历史研究所. 袁世凯奏议：下册［M］. 廖一中，罗真容，整理. 天津：天津古籍出版社，1987：1377.

② 乔志强. 辛亥革命前的十年［M］. 太原：山西人民出版社，1987：148.

③ 刘仲华. 北京教育史［M］. 北京：人民出版社，2008：180.

④ 北京普通中等专业教育志编纂委员会. 北京普通中等专业教育志稿［M］. 北京：朝花少年儿童出版社，2001：82.

⑤ 据史料记载（1937 年《职业学校登记表》），学堂地址为原直隶学政署旧址（原顺天学政废署），位于北平内三区（第三学区）东四牌楼什锦花园扁担胡同（民国时期为南扁担胡同，今为南阳胡同）5 号.

⑥ 《日新画报》（第一期），该刊 1907 年创刊于北京，1908 年终止，石印本，共发行 31 期，以记载京城文教、社会新闻为主，白话文体，适宜大众阅读，李翰园、李菊侪兄弟创办，现存于北京大学图书馆.

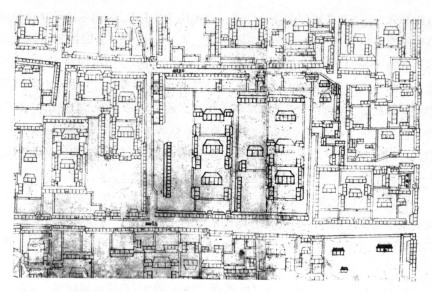

图 1-1-1 清乾隆十五年什锦花园附近地图（1750 年，图中央为顺天学政衙署）

厂内学院衙门①改的初等工艺学堂已经开了学，入学的学生也算不少，要是能再开几处，还愁我国的实业不发达吗？"从上述记载可以看出，在清末新政中兴办的各类实业学堂中，以初等工业学堂冠名，对推动实业发展具有重要而特殊的意义。

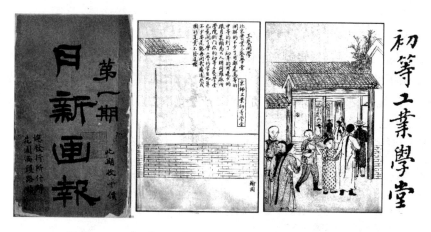

图 1-1-2 《日新画报》京师初等工业学堂开学第一天场景

---

① "学院衙门"，即"学政衙门"的别称，实即顺天学政旧署。

为办好这座新式学堂［缺纸质版 11、12 页］，北京地方教育机构积极建设，筹措经费，修缮校址，建章立制，聘请师资。据史料记载，1907 年 8 月，京师督学局派员监修校址修缮，花费银两千六百多两，校舍修葺竣工，并于 9 月正式招生。开办伊始，1907 年 12 月，京师督学局颁布了《京师初等工业学堂章程》，共分 28 章，明确大政方针和办学原则。该学堂"以施工业必需之知识技能，俾毕业后愿谋生计者能从事各项工业，及职工愿进取者升入中等工业学堂均有根底"为宗旨，对就业和升学均有兼顾，目的是"开通风气、振兴实业"。① 规定"讲堂功课必求与工场相副"，要求学堂注重实习，旨在强调实际应用的重要性。需要指出的是，学堂的诞生是伴随着社会转型与教育革新而产生的一种新的教育形态，融合了实业教育、普通教育和社会教育的新要素，反映出历史巨变与时代发展。

学堂初设木工科、金工科，讲授课程包括修身、国文、算术、物理、化学、制图、体育；校舍建有 2 座讲堂、操场、宿舍，另附设 2 个实习工场；办学程度与中学等同，修业年限四年，后改为三年，学习近代工业基础知识，掌握一定的职业技能，以能够从事实业活动为宗旨；招收初等小学堂毕业或高等小学堂学生，经过考试合格者即可入学，学堂可容纳 200 人，初步开设 4 个班。学堂设堂长 1 人，教员若干人，以及会计、管库、监理等管理人员。据 1909 年统计，学生有 117 人，教员 9 人，职员 5 人。首任堂长（校长）为韩勋。学堂属官办公立性质，经费源于清末学部按年拨付，不收学费，学生只需承担教材费、食宿费。学堂实行奖励机制，对学生各类考试优等者给予津贴，以鼓励品学兼优的学生努力使学业有进步。

学堂注重人才培养，特色鲜明，在京师新式学堂中享有广泛声誉。首先，注重实践教学，附设实习工场，着力训练学生的动手能力；其次，注重学以致用，师生制作的各类实用产品，及时推向市场销售。1909 年 9 月，京师督学局令初等工业学堂，将所有制成品应尽快设法行销。学校遂把学生制作的成品图样，编辑成册，即《京师工业学堂成绩初集》向社会各界公布。其中，该文集记述了办学之初的一些特点以及基本情况："学部督学局于光绪三十三年，就京师东城什锦花园旧提督学院署创设初等工业学堂，意在'开通风气、振兴实业、为廿二行省之先导'所由。开办迄今，讲堂功课必求与工场相副，工场实习阐明学理以为翻陈出新之机，非兢兢焉唯利是图也。然金、木两场学生实习业经

---

① 《京师工业学堂成绩初集》，宣统元年十二月（1909），原件存美国加利福尼亚大学图书馆。

两年，所制成品虽属无多，而资本积压已钜。兹特绘刊图说，就正有道，一则随时借以改良，一则贾售成绩可为扩充工业之臂助，倘蒙学商各界惠顾而赐教焉，则敝学堂幸甚。宣统元年京师初等工业学堂谨序。"① 同时，也将学生制作的产品公之于众，包括轧棉机、简易压力机、办公用具和家用桌椅、可调节桌椅、高效机械辘轳、油印设备、铜鼓等乐器、电磁和物理实验仪器、蒸汽锅和研磨仪器、五金工具、煤油汽灯、煤油蒸馏水锅炉、镟木车床、消防机器、成套绘图尺规、大小钻床、体育器材等等。种类齐全，制作水准高，表现出色，被誉为本校的开山之作。

图 1-1-3　轧棉机

图 1-1-4　消防机

图 1-1-5　镟木车床

图 1-1-6　钻床

---

① 《京师工业学堂成绩初集》，宣统元年十二月（1909），原件存美国加利福尼亚大学图书馆。

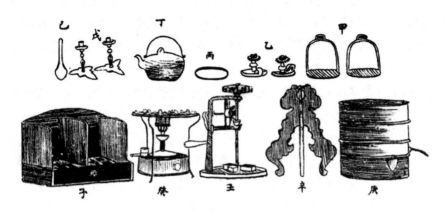

图 1-1-7　镀镍钢马镫、镀银铜胎锡裹茶壶等

1910 年，学校参加在南京举办的"南洋劝业会"并送展"镀镍器"，获得了一次展示办学成绩的好机会。参展学生作品获得好评，成绩斐然，令人欣喜。据资料记载，在全国的职业教育学校之中，学校选送的教具获得好评，"教育用品之直规、丁字规、三角板、粉笔、墨水、石版、体操器具等，出品虽多，其佳者仅京师初等工业学堂及湖南工业学堂两处"①。

从上述情况，看出学校在创立之初，虽然规模较小、校址简陋，但一切已经初具规模，以职业人才培养为导向，教学严谨，注重实践，强调动手，这些特点为形成优良的办学传统奠定了基础，构成了学校鲜明的教育底色。

第三节　"工业学堂"变"艺徒学校"

1912 年 1 月，中华民国成立后，绵延两千多年的封建帝制退出历史舞台。民国政府撤销京师督学局和八旗学务处，统一改称"京师学务局"，负责北京地区的教育行政事务。同时，清末学堂也一律改称学校。这样，京师初等工业学堂遂改为"京师初等工业学校"。之后，根据实际需要，对学校进行改组，强调培养技能型、职业型的专门人才，为解困民生之需为第一要务。

1912 年 9 月 6 日，《京师学务局关于遴派艺徒学校校长及监工人员的布告》中强调"查学校教育，教科目贵普通，而实业一途尤于谋生之子弟为最急。从

---

① 舒新城. 近代中国教育史料［M］. 北京：中国人民大学出版社，2012：578.

前工业学堂设有金、木两种，学生肄习尚著成效，日久人数无多，办法容或未当。今兹改组名为艺徒学校，广召初学生徒，易于罗致，但取毕业后谋生稍易，无事深求"①。据此，学校改组为"京师公立第一艺徒学校"，选派直隶高等工业学堂毕业的谭燮恩任校长，韩勖任监工。与初等工业学堂相比，其办学宗旨为"以授平等程度之工业技术，使成为良善之工匠"，教育目标"施以程度较低之工业教育与智识技能之足应地方工业需要者，以毕业后能谋生计"，设置金工、木工、电镀、造胰、印刷、化妆品各科，专以养成工徒，务求实用人才培养，修业期为3年。标志着学校以实业教育为本，注重平民化职业教育的特色。之后，校长先后为谭燮恩（1912）、陈懋（1913）。学校虽几度变迁，在民国初年局势动荡的艰苦环境下，面向北京城乡广大贫苦阶层，坚持办学初衷，培养了一大批"工匠型"的实用职业人才。

为扩大生源，推进职业教育，学校进行了生动的招生宣传。1912年至1913年，艺徒学校为招生而制作《劝学浅说》，在京城街巷粘贴广告，印成小张广告送至各个学区广为散布，学生报名非常踊跃。这一份招生广告，白话表述，简单易懂，平民色彩跃然纸上，且生动有趣："本校的宗旨，原以普通实业人才，扩充国民生计为目的。现在吾们的中国，贫困总算已达极点，若不急求工艺，实不能立于世界，实在的不能生活啦！况现在国体改为共和，凡我国民同胞，皆具有独立的性质，再不能存依赖人的思想。然独立是怎么个独立法呢？就是赶紧求工业……凡我同胞诸公，有志讲求工业者，速来本校投学。"这是迄今为止，发现最早的一份招生宣传资料，实属珍贵。

为适应国情，不断更新专业，力求实用，除了早期的金工、木工两科外，陆续增设了电镀科、造胰科，其中的造胰科（又称胰皂科），学制仅为一年。之后，又将其改为化妆品科。接着，又利用清末学部图书局所遗存的几部石印机器，添设了印刷科。这样，学校就发展为5个专业，全部以职业化、平民化的技能型人才培养为主。到1914年，学校有学生121人。规模虽不大，却颇具特色。1914年毕业的金工科电镀班18人，是我国已知的最早电镀毕业生。②

民国初期学制变化对学校也产生了一定影响。1912年，在蔡元培主持下，教育部召集各省教育界人物，在北京召开中央教育会议，规定了一个学制系统，于1912年9月颁布，史称"壬子学制"，之后，到1913年，又陆续颁布了各种

---

① 北京档案馆：《京师初等学堂资料》。
② 周金保. 我国早期电镀教育史话［J］. 电镀与涂饰，1993（4）：45-51，74.

学校令，二者综合起来又形成一个系统，谓之"壬子癸丑学制"①。这个学制是这一历史阶段的中心学制，一直执行了十年之久，其后虽有不同程度的调整，但总体变动不大。壬子癸丑学制将整体教育格局分为三段四级。即初等、中等、高等三个教育阶段（注：最下端的"蒙养园"和最上端的"大学院"不计入三大段年限）。特别需要指出的是，从横的方面看，分为三个系统：普通学校、师范学校、实业学校，其中，实业学校又分甲、乙二种，所居地位与初、中二段教育对接，程度相等。

1914 年 12 月，民国政府颁发《教育部整理教育方案草案》，对上述学制进行详细的说明和要求。其中，特别指出，甲种实业学校因"用费较巨，以省立为宜""须体察地方需要情形，择实业内一科或二科设立之""但求培一人，社会得一人之用，科目之多寡，固与实事无关也"。② 同时，强调实业学校"以克应社会需要为主"，不必搞大而全、学非所用，要求各类实业学校，务求实事求是的原则，兴办应用学科，适应民生需要，培育有用之才。

在此背景下，学校开始了一次大规模的教育改革。1913 年 6 月，新校长陈懋上任后，推进改革。1914 年，学校根据新学制的要求，总结办学经验，颁布第二部学校章程《京师第一艺徒学校章程》，分九章二十八条。其中，压缩专业科目，突出务实特色，强调需求导向。设置金工、木工、化妆品三科，拟定各科普通科目和实习科目，修业年限为 3 年。每一学年分为三个学期，增加实习内容。金工科实习机器、钣金电镀、铸造、煅冶，木工科实习模型和器物，化妆品实习做胰皂、牙粉、香铅粉、香水、香油和生发油。③ 1914 年 1 月，批准举办夜班补习。1915 年 6 月，学务局批准学校设置附属工场，④ 学校可依托专业服务社会，并创收经费，支持学校办学。颇值得一提的是，艺徒学堂还在 1913 年招收了 8 名工徒，据记载，他们"只在工场实习，不入教室上课"，"虽工徒、学生名目不同，而培植之目的则一"，⑤ 这一形式开京城风气之先。

在"京师第一艺徒学校"期间，学校由于办学颇具特色，引起社会广泛关注，受到好评。其中，也引起一位来华考察的外国友人的浓厚兴趣，这个人就

---

① 舒新城. 中国近代教育史资料：上册 [M]. 北京：人民教育出版社，1960：230.

② 舒新城. 中国近代教育史资料：上册 [M]. 北京：人民教育出版社，1960：243.

③ 万妮娜. 现代学徒制早期实践的个案考察与反思——以民国京师第一艺徒学校为例 [J]. 北京社会科学，2016（3）：50-57.

④ 北京档案馆：《京师第一艺徒学校呈请将积款办附属工场及京师学务局的公函》，档号：J004-003-00025，1914-04-25—1914-04-26.

⑤ 北京市档案馆：《京师第一艺徒学校关于建校拟定招生及改革计划的函和京师学务局的复函》，档号：J004-002-00007，1912-08-01—1919-06-30.

是美国的学者甘博。

西德尼·戴维·甘博（Sidney David Gamble，1890—1968），是美国社会学家，当时他以记者的身份来华考察、访问，在逗留北京期间，广泛考察了北京的城市历史、社会经济、各阶层人物以及文教机构等。在其所著的《北京的社会调查》一书中，对北京的实业教育以及学校状况进行了描述，颇为详尽："北京在工业方面的教育主要依靠三个学校：北京工业专门学校、国立北京高等师范学校工业系和一个学徒工学校。……在这三个学校中，学生们都学习使用现代机器，了解现代工业进程，他们将帮助中国逐步采用西方的方法去发展自己的工业。"当谈及学校时，内容更加丰富，涉及学校规模、招生人数、科目与课程、毕业去向等，文中提道："第一艺徒学校由京师督学局于1907年建立。""学制三年，专业有机器操作、木工、电镀和肥皂制作。课时安排是，头两年每周39小时，最后一年每周42小时。学生最初两年每周在车间工作20~21小时，第三年为36小时。""课程包括修身、英语、算术、阅读、物理、化学、绘图和设计。毕业之后成为徒工或独立工作。""学校车间的设备是现代的，性能适合制造简单的机械，但电镀设备不够。普通木工课在木工车间上，但大部分工作是制作家具。""在一间大展室内，展示着学校工厂的产品，有各类肥皂、家具、电镀物品、抽水机及其他机器。"①

从上述历史的梳理中，可以看出，京师第一艺徒学校作为国内较早专门培养学徒的学校，开始现代学徒制的早期实践，具有进步意义。② 19世纪时期，随着工业革命的推动，德国最早建立了"双元"制职业培育体系，奠定了大量工匠人才基础，推动了国家工业化发展。如何改变中国传统教育轻视技术和工艺人才的弊端，学校在早期办学中虽历经坎坷，但也进行着有益的探索，并形成了学校优良办学传统。

第四节　"艺徒学校"到"职业学校"

民国初年的北京，在北洋政府统治下，政局动荡，民不聊生，广大民众生计困难，经济衰微，实业不振，带来教育发展的停滞不前。尤其是北伐战争后，

---

① 甘博.北京的社会调查（上）[M].邢文君，等译.北京：中国书店，2010：143-144.
② 万妮娜.现代学徒制早期实践的个案考察与反思——以民国京师第一艺徒学校为例[J].北京社会科学，2016（3）：50-57.

南京国民政府成立，首都南迁，北京改为"北平特别市"，对这座城市的建设带来更大的困难。在此背景下，学校仍苦苦探索，虽数易其名，但坚持办学，努力发展，培养人才矢志不渝。在这期间，经过反复变革，学校以"职业学校"冠名，为探索中国职业教育做出了积极的贡献。

五四新文化运动之后，1919年6月，时任校长陈懋曾向当局提出"拟改为京师公立第一工业补习学校"的建议，京师学务局在回函中提议改为"职工学校"，认为"职业教育一项所以造就生徒之技能，对于无力升学学生关系綦重"的主张，考虑到既然大多数人升学无望，如果再无一技之长，必谋生困难，因此，为从事职业者授以相当之技能，确是当务之急。[①] 同年9月，批准艺徒学校改为职业学校，11月刊发的《教育公报》中，公布了本校历史上第三部办学简章，即《京师公立职工学校简章》。[②] 1920年，学校定名"京师公立职工学校"。在这一阶段的学校简章中，基本格局没有大的变化，但更加注重职业与技能教育，凸显"本校专为无力升学学生欲从事于职业者授以相当技能，以备发展社会事业，并营谋个人适宜之生活为目的"的办学方针，大力强调"实习时间至少占总时数之半"的特点。

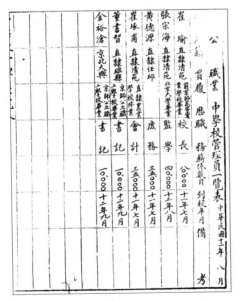

图1-1-8 《京师公立职业学校管理员一览表》和校名印章（1923）

---

① 《教育部指令》第1713号：《艺徒学校改组为职工学校应照准》（1919年9月30日）。
② 璩鑫圭，童富勇，张守智.中国近代教育史资料汇编（实业教育 师范教育）[M].上海：上海教育出版社，2007：377-378.

1922 年，北洋政府颁布了《学校系统改革案》，史即"壬戌学制"，以区别之前的"壬子癸丑学制"，将实业教育更名为职业教育，明确了职业学校的地位。根据这一新学制，学校于 1923 年 8 月改名为"京师公立职业学校"，校址不变，但专业由金工、木工变为机械、化工两科，每科各招收一个班，三年毕业。①

1928 年 6 月，随着南京国民政府的上台，北京改为"北平特别市"。1930 年 12 月，京师公立职业学校改名为北平市市立职业学校，简称"北职"。这期间，在第九任校长李潭溪主持下，学校发展较快，"北职"声名鹊起，为日后成长为一所著名的中等专业学校打下基础，在学校发展历史中意义重大。

本校正门

图 1-1-9　北平市市立职业学校校门（1933）

李潭溪：著名化工专家，早年留学海外，1929 年 3 月—1937 年 7 月任校长，长达 8 年之久，任职时间最长。在任期内，使学校从初等职业学校跃升为国内较为知名的中等专业学校。抗战期间，他转移到西北地区的大后方，发挥特长，在蜡烛、肥皂制作、汽缸油、刹车油及各色颜料、油漆生产方面为抗战做出了贡献。

这一时期的办学成果，从 1933 年《北平市市立职业学校一览》中可以看到：

首先，分析严峻形势，明确办学方向："自国都南迁，市面日形凋零，一般生活之道，除振兴实业外，别无良策，本校负造就工业人

校长李潭溪

图 1-1-10　李潭溪

才之重责，自当本兴工救国之天职，勇往直前。"表现出学校前辈砥砺前行、艰

---

①　李铁虎. 1912—1928 年北京大中学校巡览［J］. 北京档案史料，1999（2）：212-225.

辛办学的心路历程。这一史料中，还保存了一首学校校歌，奋斗和拼搏的精神跃然纸上。

> 中华天富世莫仇，钟毓百家诞九流，
> 人文物理呈异彩，彪炳绚烂昭商周。
> 后世重文略格致，今兹国事未峻道，
> 总理生当廿世纪，强种裕国苦筹谋。
> 实业建设尤致意，经纬万端垂宏猷，
> 用保族类拯弱小，秉承遗教誓必酬。
> 尊师重教利其器，促其实现在吾侪。

其次，学校校风严谨，注重理论联系实践，校园文化活动丰富。学校设有物理实验室、化学实验室、实习工场，建有图书馆，宿舍干净整洁，全体学生免费入学，一心向学，努力成才。教学方面采用启发式教授法，理论与实习并

北平市市立職業學校校址平面圖

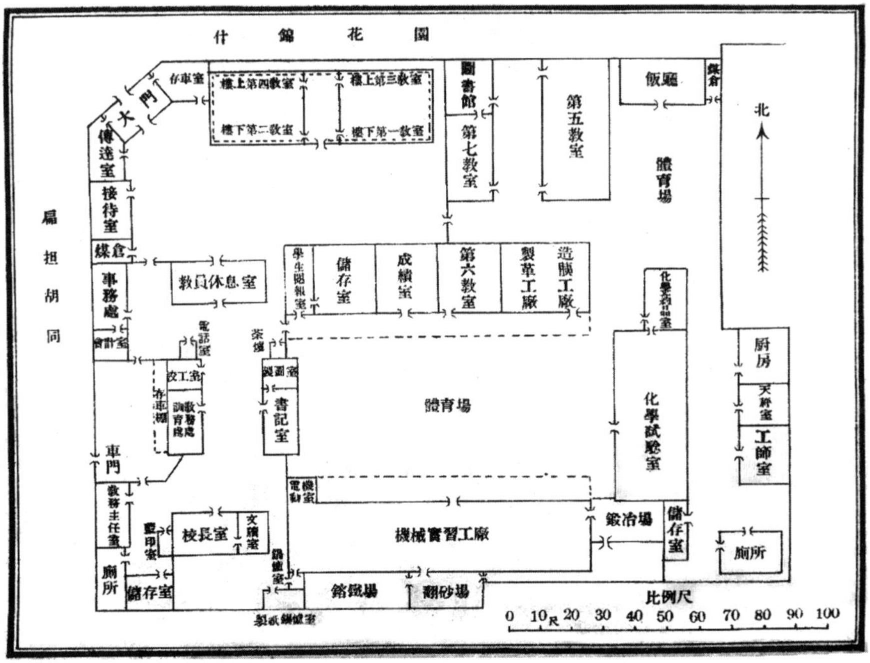

图 1-1-11　北平市市立职业学校校址平面图（1933）

重，注重实验；教员指导学生动手制造器物，并组织各类研究会、课外实习及参观实习，锻炼学生的实用能力；同时，注重体育和学生训练，分为课内体操和课外运动，由体育教师负责指导，课外运动分组练习，并于每学期举行运动会一次。资料显示，1932年1月，学校举行演说竞赛会和竞赛运动会。3月，学校还成立期刊社，出版《职业月刊》，该刊自1931年4月至1937年6月，共出版51期。

从学校创立和早期发展历史中，可以看出：在近代中国社会变迁的背景下，民族危机的加深、救亡图存的现实，促进和推动了振兴民族工业和发展实业的时代需要，从京师初等工业学堂到京师第一艺徒学校，探求前进；从艺徒学校再发展到职业学校，学校逐步发展成为一所地方性的职业学校，为培养实用型的专门技术人才做出了重要贡献。

第二章

北平市市立高级工业职业学校（1933—1949）

20世纪30年代，是中国职业教育发展的重要历史时期，面临日本帝国主义侵略以及国民政府统治，在这一期间，学校历尽艰辛，在抗日战争烽火中坚持办学，屹立不倒，继续秉承"施行职业教育，以造就实用工业人才"办学宗旨，抱定"将来世界工学，还以我国为大宗"教育理念，在李潭溪、俞大纯、李直钧、李庆深、曹安礼等校长主持下，增设专业，注重实践，强调知识与生产相结合，办学规模和教学质量迅速扩大和提高，广大师生在国难中奋斗，中共地下党组织英勇抗争，迎来新中国的诞生。学校成为一所国内享有较高声誉的中等工业学校。

第一节 北平市市立高级职业学校

1933年5月，为了适应北平经济和社会发展的需要，学校呈请市教育局和教育部批准，增设机械科、化学科高级班各一班。这是学校自1923年8月更名为京师公立职业学校以来，积十年发展历程和办学水平的一次跃进，是从相当技校水平升级为中等职业技术学校的标志。

1931年"九一八"事变后，在提倡"振兴国货"形势下，北平的民族工业包括煤炭、电力、建材、机械、毛纺、针织等都有了相当的发展。北平作为当时全国较大的消费城市和文化古都，商业日益繁荣。为推进城市各项事业，北平市政府制定了《教育行政实施计划大纲》（1933），文中提出："遵照国民政府历次颁布之生产教育方案，制订本市生产教育实施计划，以适应地方需要及利用其环境为原则。"主要内容有："一是就市立职、商两校（市立职、商两校指北平市市立高级工业职业学校即本校、北平市市立高级商业职业学校，是当时北京最著名的两所职业学校）加以扩充。于充实设备方面，力求充实。于可能范围内，添设实习场所，俾学生得有充分之实习机会，并拟与各实业机关取得联络，以补学校设备之不及。于注重实习方面，生产教育纯为培养技术人才，非学理与实际并重不为功。故教师应领导学生，力求实际之研究；于严格招生方面，职业人才宜求精选，必具普通智识，方能学有根底，故拟严令两校招生严格办理；于毕业生职业之指导方面，局方与校方应一面指导其职业上之正确技能，一面于可能范围设法予以介绍工作。二是拟筹设简易职业补习学校。三是增加各中学职业课程。"① 该计划大纲还提出，遵照部颁规程将市立职商两校改为高级学校，以造就实用人才。自本年度起，停招初级，改招高级，俾副名实。② 由此可见，北平市政府高度重视职业教育的发展，强调理论与实践的紧密结合，注重实践技能培养，这些理念发展成为促进社会经济发展和增强普通民众就业的重要举措。

1933 年 7 月，随着初级机械科第八班毕业，学校开始招考高级机械、化学科新生各一班，班级名称为高级第一、第二班，办学地址还在什锦花园胡同。学校升级为高级职业学校，10 月，学校正式改名为"北平市市立高级职业学校"，"市立高职"自此闻名于北平教育界。

门　　　校

图1-2-1　北平市市立高级职业学校校门（1933）

随着办学层次的提升，课程体系日臻完善，学校日益突出"纯为培养技术人才，非学理与实际并重不为功"的办学思想，不再"以谋生计的基本技能"为办学宗旨，提出"力求实际之研究"的教育教学要求。当时增强国力迫在眉睫，工业救国重在技术人才，而"职业人才宜求精选，必具普通智识，方能学有根底"，所以为了严格招生，学校加强了入学资格筛选。新生入学后第一学期为试验期，试验期内如果成绩不及格，则勒令退学。操行劣等、留级二次，经常旷课者，也会责令退学。学生就业指导方面，除了增强职业技能培养外，学校还尽可能地给学生介绍工作。

---

① 邓菊英，高莹. 北京近代教育行政史料［M］. 北京：北京教育出版社，1995：313.

② 邓菊英，高莹. 北京近代教育行政史料［M］. 北京：北京教育出版社，1995：314.

析 分 性 定

图 1-2-2 定性分析（1933）

析 分 量 定

图 1-2-3 定量分析（1933）

　　基础学习课程主要有国语、英语、数学、本国历史、本国地理、体育等。机械科专业课程有物理、化学、机械学、应用力学、电气工程、制图等，并开设实习课。化学科专业课程有无机化学、有机化学、工业化学、电气化学、原动机、制图等，也开设实习课。学校还注重体育、音乐、课外活动，有篮球队、音乐会、《职业》月刊社等文体社团组织。①

　　学校一贯秉承注重实际的办学宗旨，以实施职业教育、广造实业人才和教育救国为己任，成立了英语研究会、机械研究会，努力提高办学水平和教学质量。自1934年至1936年，学校连年通过了市政府办学质量检阅，获得教育部和市政府的多次传谕嘉奖。

图 1-2-4 水平仪测量实习（1933）

---

① 陈文良. 北京传统文化便览 [M]. 北京：北京燕山出版社，1992：968.

　　据 1934 年 1 月 5 日《检阅市立高级职业学校报告》记载，接受检阅的学生共计 182 人，全校教职员共计 37 人，其中职员 15 人，教师 22 人，教师中国内外职业专科大学毕业者 11 人，师资学识技能优良。学校自编讲义的科目约占全校总科目的三分之一以上，教学进度适当。全校职员发扬职业教育精神，以身作则，积极训练。学生普遍遵守纪律。学生的实习作品如火炉、铁钳、家庭用具、文具、皮革、肥皂等四十余种，技艺精良，建议应积极提倡推销上市，以副名实。3 月，学校接受北平市政府第一次检阅，成绩优良，并获嘉奖。10 月，学校推选立式抽水机、四尺车床、摆叶抽水机、离心力干燥机、轮密机等工具以及制革品等学生实习作品参加教育部在南京举办的全国职业学校及中小学劳作科成绩品展览会，获得教育部甲等奖。其中摆叶抽水机、离心力干燥机造法工致，实用价值高，获得嘉评。学校的各种毛皮染色试验也在展览会上得到好评，制革品成绩既多且优。①

機 工 實 習

图 1-2-5　机工实习（1933）

　　1935 年 3 月，学校接受北平市政府第二次检阅，成绩优良，再获嘉奖。4 月，学校参加北平市物产展览会，市政府颁发奖状。6 月，学校参加北平市中小学自然科成绩品观摩会，社会局颁发纪念状。1936 年，学校参加在中山公园举

---

①　教育部. 二十三年全国职业学校及中小学劳作科成绩展览会评判报告［J］. 教育与职业，1935（161）：61.

办的全国学生劳能成绩展览会，送展机械科制造的 8 英尺与 6 英尺车床、牛头刨床，化学科生产的高级香皂、药皂及各种皮革制品等。参展作品均受到了展览会的极大好评，获得 3000 元奖金。学校将这笔奖金全部投入当年新增设的土木工程科，购买了 2 台经纬仪（1 台美国 KGE 厂生产的游标经纬仪、1 台德国蔡司厂生产的 4 号光学经纬仪），3 台水准仪（2 台美国 KGE 厂生产的定、活镜水准仪，1 台德国蔡司厂生产的 4 号定镜水准仪），2 台大平板仪（1 台德国瑞司厂、1 台德国蔡司厂生产）和 2 盘 50 米钢尺（美国 KGE 厂生产的 12 毫米宽和 8 毫米宽各一盘）。学校在此基础上建起了北京职业教育史上第一个土木工程专业和第一个现代测量仪器室，仪器室位于什锦花园校区西院三间西房的中间与北侧各一间，面积仅约 20 平方米。

1936 年 8 月，教育部补助全国优良职业学校。学校获得补助费 8000 元，借此又进一步充实机械、化学两科仪器设备。图书馆图书增至 1400 余册。学校"物质上之增进与精神上之振奋收效甚大"。据历史记载，1933 年和 1935 年，中华职业教育社组织了两次全国职业学校概况调查，其中第二次调查共计收到 73 所学校的报告，代表 16 省市 30 余种类型的职业学校。该社编辑的《民国二十四年度全国职业学校概况》一书展示了第二次调查的基本情况，其中以专门篇幅介绍了北平市市立高级职业学校办学情况，包括办学地点、沿革、编制、行政组织、课程、实习、设备、训育等。①

20 世纪 30 年代后国民政府在保障原有教育经费投入外，逐年有所增加，1930 年度教育经费占全国总预算的 1.46%，1935 年度，教育经费达到了全国总预算的 4.80%，增长 2 倍多。② 1933 年，教育部在颁行各省市中等学校设置及经费支配办法标准时规定，职业学校经费不得低于总额的 35%。因此，学校当时的开办经费、日常及临时各项费用，均由市财政经费下拨。除此之外，学校还通过募集基金储蓄和依靠学校生产实习产品的营利补充办学经费不足。③ 在地方政府和社会各界支持下，学校发展势头良好，设有制革学科和实习工厂，聘请外籍教师，购买国外设备，引进技术资料及实物，开展制革工业的研究、试制、改进以及传播。作为一所地方学校，在教育经费不足的情况下，开源节流，努力增加办学投入，为学校发展创造了必要的条件。

---

① 中华职业教育社. 民国二十四年度全国职业学校概况［M］. 北京：商务印书馆，1937：24-27.
② 教育部. 第一次中国教育年鉴·丁编·教育统计［M］. 上海：开明书店，1934：1512.
③ 北京普通中等专业教育志编纂委员会. 北京普通中等专业教育志稿［M］. 北京：朝花少年儿童出版社，2001：639.

第二节　增设土木科，开创北京土木工程职业教育先河

九一八事变后，日本军国主义侵华的步伐加快，中华民族遭受空前威胁，国防建设急需大量高质量工程技术人才。[①] 当时，国家大力提倡实科教育，全国工程教育院校相继增设科系。在增设的科系中，以国家最为需要的、服务于国防工业所需的专业为多。李仪祉在《十年来的中国水利建设》中说：自南京国民政府成立后，首先注意于各项建设人才之教育，中央大学等学校增设工学院土木工程系，注重于水利工程，各地方所设学院或专科学校，培植水利工程人才的也有多处。及近十年，水利工程界仍感觉专门人才非常缺乏。[②]

1935 年 2 月，学校针对国内"中级土木工程人才极感缺乏"的现状，提出"增科计划"，建议"增添纺织、制革、造纸及土木工程四科，并提出其课程时数及设备概要计划，宏育该项人才，蔚为国用"。最终北平市社会局批准了增设土木工程科计划。1936 年 7 月，土木工程科开始首次招生 28 人，学制为 3 年，聘请张士伟先生为第一任土木科主任。[③] 同时，在土木科下又设立了水利学、河工学、给水工程、沟渠工程等专业方向。这样，学校就形成了机械、化学、土木工程"三足鼎立"的办学格局，不仅成为北京近代学校历史上最悠久的土木工程学科之一，开启了北京土木工程科职业教育先河，还为北京市和全国培养了一大批从事水利工程的专门人才。

土木工程科（简称土木科）的兴办，得益于学校办学之初金工科、木工科起家的深厚基础，以及教学和人才培养方面长期积累的办学经验。1936 年 5 月，为了使土木科自开办之初就能够与国际接轨，校长李潭溪赴日本考察职业教育。最初的土木科课程设置如下（数字代表最高每周学时）：国文 2、英文 5、物理 4、数学 6、图画 2、军育 2、测量学 5、实用力学 2、材料强弱学 2、水力学 2、机械电机大意 2、钢筋混凝土 4、结构学 4、房屋建筑 2、工程施工 2、工业经济 1、工业簿记 1、工场管理 1、市政工程 2、铁路工程 4、水利工程 2、实习（制图 6、测量 6、工程 6、计划 12）、体育 2。按三个学年六个学期计，平均每学期周学时高达 47，如此高负荷安排，无论对教与学都是相当繁重的。

---

① 王孙禺，刘继青. 中国工程教育——国家现代化进程中的发展史［M］. 北京：社会科学文献出版社，2013：99.

② 中国文化建设协会. 抗战前十年之中国［M］. 台北：龙田出版社，1937：317.

③ 张士伟，土木科出身，曾发表论文《钢筋混凝土梁及板中钢筋分配之研究》。

这是一个符合现代科学技术知识体系的大土木学科概念，一是基础知识扎实，包括国文、英文、物理、数学、制图（图画）、测量、材料、力学等必备的基础课程和机电、混凝土、结构设计等技术基础课程。二是知识面宽广，既有房屋建筑、市政工程（包括道路桥梁和给排水），也有铁路工程、水利工程；既有设计，也有施工、管理、工程经济与合同等。甚至可以说，今日北京建筑大学的主体学科专业都可以从中追寻到自身的起源，全面而繁重的课时任务贯穿至今。

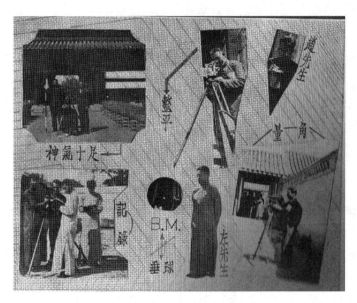

图1-2-6　市立高工特设土木工程班测量实习（1938）

首届土木工程科招考新生一班（高级第9班），共28人，实际入学录取20人，名单如下：陈行健、折炳耀、孔延年、刘忠、白芳圃、张葆、刘艺、高作彦、尚树业、尹珍墨、王作锟、陆宗仁、宁庆、唐纪恕、张骥、张仲山、张肇仪、董鸿谦、薛谊、王家祺。1937年"七七"事变后，到12月只有12人在学。其中的折炳耀，在"七七"事变后，从北平返回家乡武威，投身抗日战争，参加了甘肃青年抗战团。首届土木科学生中还产生了最早的中国建筑学会会员王作锟、唐纪恕，此外还有中国纺织工业设计奠基人之一的高作彦。

土木工程科增科后之所以能够得以发展壮大，不仅是因为该专业设置满足社会发展的紧迫需求，得到政府重视和社会的高度认可，还因为该专业作为一项实用技能，在时局动荡的年代，为广大民众提供良好的就业机会。正如《北平市政府工务局介绍土木技师、技副代制建筑图说办法》（1934）中所述"以便利市民绘制建筑图说，并提倡土木技师、技副之事业"，规定了土木工程师执业执照和绘制建筑图及说明书的取费标准等办法共八条。建筑图设计取费项目包括：地盘图（地籍平面图）、建筑物图（建筑设计图）、说明书和监工（指导施工和监理），取费标准为工程估价的1%～2.5%之间。可见，土木工程师在当时具有很高的社会地位和颇丰的职业收入，深受社会和民众认可。

为了满足学校增科后的办学场地需要，1935年2月，学校根据《教育行政实施计划大纲》提出了《北平市市立高级职业学校改善及扩充计划》。开篇讲道：溯自国都南迁，本市市面日渐萧条，一般市民生活之出路，国人悉谓除振兴工业外，别无良策，而振兴工业，必先造就工业人才。本校职责所在，遂挤进于最重要之位置，不得不自觉觉人，而思有以改善及扩充。唯以校址狭隘，一切设施，无从着手，多年来苦心经营，仍觉著效甚微。今谨按本校之现状及社会之需要，草成改善及扩充计划如下：①扩充校舍；②增加授课时数及经费；③增加实习经费；④改善实习条件；⑤实习工场设备扩充；⑥增科计划（拟增设土木工程科和纺织、制革、造纸四科）。

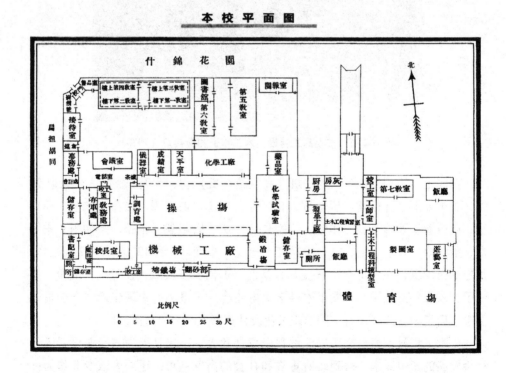

图1-2-7　北平市市立高级职业学校什锦花园校区平面图（1936）

其中扩充校舍等内容为：拟请筹拨临时费，扩充校舍。①占用官产。在本校附近觅用至少约需二百间之官产一所，将本校现在校址，全部充作学生实习工厂，原有教室及办公处所迁移新址。②购置校址。"前呈拟以五千七百七十五元购用本校东邻什锦花园门牌四十五号旧房一所，内计旧瓦房二十四间，平台十间，面积二亩四分七厘，据闻该房现在尚未售出，购充校址，加以改建，即可应用。"当年5月底，北平市社会局批复"关于核定市立高级职业学校扩充计划的指令"，同意第2项增加实习时数，第3项关于全年产品律以成本会计（学校工场制作的产品以成本核算后允许售卖）。"至于扩充班次和扩充校舍再议。"当年9月，学校又添租了嘎嘎胡同12号东院房屋二十余间，扩充为学生宿舍。一年后，学校得以购置东邻房屋四十余间，校园占地面积达到了5600平方米，建筑面积约3000平方米，共有房间120间，校舍得以扩充。本次扩充后形成了什锦花园校舍的最终平面图。

第三节　市立高职办学水平迈上新台阶

1933年到1937年，学校处于上升发展期。自改为市立高级职业学校后，专业建设和办学水平都上到了一个新台阶，可以从两部"学校一览"中看到学校欣欣向荣的面貌。

1933年6月，学校编印出版了《北平市市立职业学校一览》（32开竖排铅印本，简称《学校一览1933版》）。这是目前能够看到的学校最早的发展统计资料汇编，该书是在学校改为高级职业学校之前几个月出版的，从中可以看到学校的早期面貌。另外一册是1937年编印的《北平市市立高级职业学校一览》（32开竖排铅印本，简称《学校一览1937版》），记录了七七事变之前的学校办学面貌。两版"一览"相隔四年，除涉及学生班级、人数和新增设的土木工程科之外，内容基本相同，可以相互参照。《学校一览》的编辑条理清晰、内容丰富，能够让我们全面了解学校当时的历史信息和发展状况。主要包括：校旗校徽（1933版可见，1937版未见），校歌，校园平面图，校长、教员和学生生活照片，校史概略，校园景观和师生上课实习照片，学校章程及各项规约等各项规章制度，各科课程大纲和课程表，各种在校生数据统计图表，教员、学生和毕业生名册一览表，等等，反映了全民族抗战爆发前学校的办学规模、层次和发展水平。

《北平市市立高级职业学校章程及规约》包括学校的名称、设立、宗旨、编制、组织等内容，是继学校自成立之初的《京师初等工业学堂章程》《公立第一艺徒学校章程》《京师公立职工学校简章》《北平市市立职业学校章程及规约》之后可见到的第五部章程。纵观两部"学校一览"，可见当时学校目标远大、治学严谨、管理规范。

其一，办学宗旨。学校遵照民国教育宗旨，施行职业教育，以造就实用工业人才为宗旨。学校设机械、化学、土木工程三科，在校修业年限为三年。入学资格为年满 15 岁以上 22 岁以下、曾在立案之初级中学毕业为合格。学校以每年 8 月 1 日为学年之始，翌年 7 月 31 日为学年之终。学校开设公民、国文、算学、英语、物理、化学、体育、军事训练等普通学科课程，以及各职业学科课程，工程合同及实施法则、测量实习、工程实习、工程计划等突出实践技能培养的课程。除实习工场外，还设有图书馆，拥有中文图书 1272 种，外文图书 117 种，杂志报章 70 种。

其二，学校规章。在两版"学校一览"之间的 1935 年，还有一件本校的历史文献《北平市市立高级职业学校组织大纲及办事细则》（1935 年 5 月），也体现出严谨的办学条理。内容有两编，第一编为总则，共十四章：定名、设立、宗旨、编制、组织、会议、课程、学年学期和休假期、入学休学和退学、试验等级、升级留级补考和毕业、奖惩、纳费、附则。第二编为各处科办事细则，分为三处二科：教务处、训育处、事务处、机械科、化学科。

其三，学生成绩管理。学生成绩考查分为平时成绩、学期成绩、毕业成绩三部分，其中学生平时成绩考查由日常作业（制图、实习、报告、笔记、设计、随堂练习、随堂口试）与临时试验成绩合并计算：日常作业成绩占平时成绩的 2/3，临时试验成绩占 1/3。学期成绩考查由平时成绩与学期成绩合并计算，平时成绩占学期成绩的 2/3，学期考试成绩占 1/3。毕业成绩由各学期成绩平均与毕业考试成绩合并计算，各学期成绩平均占毕业成绩的 2/3，毕业考试成绩占 1/3。[①] 测量学、水力学、材料强弱学、结构学、铁筋混凝土、房屋建筑、市政工程、铁路工程等科举行笔试、口试及练习。制图举行练习实测及设计。测量实习包括链测量、罗盘仪测量、经纬仪测量、水平仪测量等科的成绩，按学生平时实习结果及工业报告情形的优劣，累积计算。工程实习包括道路模型、屋架模型、水文实测、坞工作物等科的成绩，按学生平时是否提交实习结果及工作报告累积计算。实习成绩占学业总成绩的 1/3。

---

① 北京普通中等专业教育志编纂委员会. 北京普通中等专业教育志稿 [M]. 北京：朝花少年儿童出版社，2001：365.

其四，学生品德。《北平市市立高级职业学校训育实施方案（1937 年）》中规定，根据教育宗旨力求发展德、智、体、群四育，以养成工业实用人才。学校德育分为目标、原则及实施等项。其中，德育标准分为思想方面、精神方面、行动方面、生活方面。实施方法包括两方面：个人方面包括注重学生平时的操行，教员与学生竭力接近，从共同生活中指导学生的行动，注意与学生家长联络，以考查学生回家后的状况等；团队方面则利用普通训话、班级训话、室长训话、自治会、各种会议组织等进行。① 此外还有教室规则九条、学生自习规则七条、学生参观规则七条等。

其五，师资力量。1933 年学校共有教职员 25 人。1937 年学校共有教员 12 人，分为各门课程任课教师，职员 19 人，教职员合计 31 人。职员包括校长 1 人、主任 6 人（校长和主任均担任课程教学），文牍、教务、训育、会计各 1 人，事务、工厂管理、书记各 2 人，制图兼书记 1 人，图书仪器管理 1 人；教员中毕业于国内大学 16 人、国外大学 2 人、师范学校 2 人、职业学校 7 人（含留校毕业生），专门学校 1 人，中学校 2 人，其他 2 人。1933 年的一张全体师生合影显示，有 19 名教职员和 157 名学生，1937 年全体教职员合影显示为 30 人。在校生最多为 1933 年 183 人，师生比 1：8.3；到 1936 年为 149 人，师生比为 1：4.8。1936 年，在校 149 名同学中来自直隶（河北省）的最多，达 105 名，占到总数的 70%。其他同学分布于全国 16 个省区。学生年龄最小 15 岁，最大 22 岁，以 18 岁者为最多。班级人数最多为机械科 39 人，最少为化学科 12 人。

其六，学校校歌。创作于 1933 年的校歌，词作者为孙松龄（1880—1954），字念希，清末举人，是我国近现代著名国学家、教育家、诗人。作曲为邵晓琴，为北京师范大学音乐系教师。校歌创作采用民国新诗风格，分循环两片，视野深邃、志向宏大，展现平民教育之风骨、振兴中华之新声，反映学校面向世界、发展科技的坚定信念。乐曲节奏鲜明、平实舒缓，极富信心和感染力，充分体现出学校早期的校园文化之精神：秉承振兴工业的爱国志向、注重实业技能的培养、培养实用型人才三个特点，内容具有深刻的教育价值和现实意义。2017 年，学校筹划重新谱写新校歌时，经过反复研究和慎重考虑，并征求师生意见，一致同意将这首创作于民国前期的老校歌，继续作为北京建筑大学校歌，并确定在学校重要活动中师生共同咏唱，以此激励一代又一代北建大人。

---

① 北京普通中等专业教育志编纂委员会. 北京普通中等专业教育志稿 [M]. 北京：朝花少年儿童出版社，2001：404-405.

全 體 職 教 員 合 影

高秀泉　李步雲　何慶綿　辛裕貞　馮永瑞　于秉義　丁樹聲　劉張霖　金裕滄　劉振岳　張鴻勤

耿懇掄　孟昭儒　陳清蔭　李彥斌　韓振芳　何宸瀛　張潤田　黃陰高　陳振原　李澴溪

張士偉　江同　艾宜裁　韓鑑波　王芝田　田殿元　李守愨　王經遠　王肇基

图1-2-8　北平市市立高级职业学校全体职教员合影（1937）

　　民生百计资之工，世界科学趋大同，我不努力斯愚蒙。

　　复兴我国，宜有新国风。

　　愿我同学，肩之我躬，居民之中。

　　我民兴隆，我国兴隆。

　　将来世界工学，还以我国为大宗。

　　民生百计资之工，世界科学趋大同，我不努力斯愚蒙。

　　以工伴读，以工救农。

　　即工即职，居民之中。

　　我民兴隆，我国兴隆。

　　将来世界工学，还以我国为大宗！

第四节　全民族抗战中坚持办学忍辱奋进

　　1937年7月7日，日本侵略者在卢沟桥发动了七七事变，7月29日北平沦陷。突然遭遇国难，学校的良好发展势头被迫戛然而止。中华民族到了最危险

图 1-2-9 北平市市立高级职业学校校歌（1933）（据《学校一览 1937 版》整理）

的时候，许多师生愤然离开北平，投笔从戎，或到大后方支援抗战，或直接奔赴抗战前线打击日本侵略者。

时任校长李潭溪先生直接撤到祖国西北大后方，负责组织领导生产抗战物资。[①] 1937 年抗日战争全面爆发后，他先后在陕西、甘肃等地，担任西安临时大学、西北联合大学工学院化工系教授，讲授制革学、油脂工业、化学工业及

---

① 李潭溪校长是学校历史上的第一位知名的教育家、化学家。1929 年起任校长，凭其脚踏实地的精神和高瞻远瞩的卓识，使学校走向符合时代发展的职业教育之路。

无机化学等课程。1938年西北联大撤销，该校的理、工、农、医等学院，分别成立独立学院，他又在西北工学院任化工教授并兼系主任。

抗战期间，陕南汉中地区的蜡烛及肥皂异常缺乏，他便利用桐籽灰提制烧碱，与当地产的乌桕油试制肥皂，并改良当地原产用桕脂做成蜡烛，与几位西北工学院化工系的毕业生在陕南城固县成立了油脂化工厂，制作肥皂及蜡烛，填补了市场空缺。1943至1945年，陇海铁路洛阳至天水段，因被日伪封锁，机车用的汽缸油不能进口，以致行车困难，于是他开始研究汽缸油及刹车油等，并在西安设立了化学工业社，生产汽缸油、刹车油及各色颜料、油漆，供陇海铁路使用，有力支援了抗战。

在李潭溪校长影响下，学校一直保持着以爱国爱民为本色的工业救国理想，并形成了浓厚的红色文化氛围，学生踊跃参加抗日救亡运动，涌现出勇于为国献身的先进知识分子。首届土木科学生折炳耀就是一例。他在七七事变爆发后回到家乡武威，投身抗日救亡运动，参加了"甘肃青年抗战团武威分团"并任副团长，1938年任团长，发动群众，在城乡广泛开展抗日救亡的宣传工作。他是学校有记录的第一个参加抗日救亡的学生。

1935年12月9日，在中国共产党领导下，发起组织轰轰烈烈的爱国运动，发表《北平市学生联合会成立宣言》，主张结束内战，一致对外。学校学生与北平数千爱国学生一起，参加示威抗议活动。尹鸿儒（1921年出生，山西盂县人），1935年在校期间，曾参加民先读书会和"一二·九"学生运动，1937年参加革命工作，1938年参加八路军。

七七事变后，日寇大举入侵华北，平津沦陷，日伪当局改北平为北京特别市。1937年12月到1940年8月，日伪建设总署总务处长俞大纯任校长①，校名改为北京特别市市立高级职业学校。② 日本侵略者为了长期占领中国，同时日伪当局出于粉饰太平的目的，在北京开展了一定程度的市政建设活动。为增强学校培养人才的能力，俞大纯任校长不久就撰写了《改革职业学校意见书》，提出了关于学校改革方案：建议将学制从三年延长至四年，以便对入学后的学生根据其各自的特长和兴趣进行专门的指导；根据北方地区农产品丰富的优势，建议设置关于农产品加工学科。从1939年起，学制从三年改成了四年，但新学科设置的建议未被采纳。

---

① 余子侠. 日伪统治时期华北沦陷区的职业教育［J］. 抗日战争研究，2007（2）：90-111.
② 俞大纯（1883—1940），字慎修，浙江绍兴人，清末民初著名人士俞明震长子，曾赴日本和德国留学，毕业于日本第一高等学校和德国柏林工科大学。20世纪30年代初曾任北洋政府工艺局局长、铁道部技正、交通部陇海铁路局局长。

　　学校作为一所地方性职业学校，招收学生大部分是社会中下层的平民子弟，以京津冀地区生源为主。沦陷后，学校不可能迁移，出于为百姓子女的学业和生活着想，学校在困境中坚持办学。据《北京普通中等专业教育志稿》记载：1938年，日伪当局出于市政建设需要，下令北京特别市市立高级工业职业学校特设土木工程班一班，招收高中毕业生，修业期限12个月，1939年6月修业期满，均由建设总团分别任用。即使有这批毕业生，仍感人才缺乏，因此北京特别市公署教育局又复函学校，继续举办第二期土木工程班，修业期限改为两学期，1939年9月间开课，其经费由建设总署拨发。①

　　从校史资料可看到1938年7月8日入学、1939年9月30日毕业的建署特班第一班编印的同学录，前面有校长俞大纯题字"筚路蓝缕"，其中有教职员名册、教学照片，校园建筑和实习照片，每个毕业生的照片与全班合影，还有班级同学会会章、通讯录、特班学习大事表和课程表均被收录其中。这些毕业生大多都在北京市政建设部门从事技术和管理工作。

图1-2-10　俞大纯题写"筚路蓝缕"

　　1940年8月，由曾经任北京第四中学物理教师的李直钧先生接任校长②。据学生们回忆，李直钧校长为人诚朴敦厚、治学严谨、嗜学不厌，通晓英、法、德、俄、日五种外语，教学水平之高在北平中等教育教师中号称"四大金刚"之一。他担任校长期间，正处于抗日战争的战略相持阶段，在险恶环境下他忧国忧民，坚持对学生宣传爱国主义思想。他负责工程材料力学课程教学，讲课生动，理论联系实际，经常利用假期带领学生外出参观工厂、研究所，重视培养学生的工程实践能力，深受学生的爱戴与崇敬。

　　经过李潭溪和李直钧校长殚精竭虑的付出，学校在筚路蓝缕中艰难发展，积累了开设中等专业教育的丰富经验，办学水平已非初创时可比。虽然遭到外

---

　　①　北京普通中等专业教育志编纂委员会. 北京普通中等专业教育志稿［M］. 北京：朝花少年儿童出版社，2001：126.

　　②　李直钧（1893—1989），字树城，北京顺义人，1922年毕业于北京大学土木工程系，历任工程师、中学教师，并于1927年创办北京直钧小学，任校长。

敌侵略而沦陷渊谷，办学条件日益艰难，但学校广大师生同仇敌忾，在逆境中坚持奋斗。自 1941 年起，学生宿舍原设在校外的嘎嘎胡同（今协作胡同）12 号，被迫迁至海运仓，开启了学校多次迁徙之路。1946 年迁至地安门东大街（原女二中校址，今为 117 号，民国期间为市立第二女子中学）。

图 1-2-11　李直钧

虽然面临艰困局面，但为获得更好的发展条件，李直钧校长认为学校已然达到一定的水平，应该更改校名使教育实际与校名相符。因此在 1944 至 1945 年，他代表学校数次呈请曰伪教育当局并亲自到伪教育局催促更改校名。[①] 在报告中论证道："属校自民国二十八年奉令改原有普通三年制为特定四年制后，增加修业年限，提高教学程度，培植中坚技术人才，适应国家社会需要，行之既久，改进亦多。时至今日，痛感有亟宜改定校名，以求名实相符之必要。……请求改定属校名为北京市立工业专门学校或北京市立工业学院，二者择其一，殆无不可。"这是学校兴办工业学院最早的设想，且是在最为艰难困苦中发出的呐喊，仅此可看出学校坚忍不拔和顽强奋进的精神传承。虽然国家处于风雨飘摇中，教育经费更是杯水车薪，致使学校若干建设计划未能实现，但是师生们教育救国的初衷不改，在国难中矢志不渝苦苦坚守、勤奋治学，期盼着毕业后运用自己的学识报效祖国。

1945 年 5 月，经日伪当局核准，学校改为"北京市市立高级工业学校"，简称"市立高工"[②]。本次更改校名因处于抗战胜利前夜，存在仅三个月，仅见上述资料，并未被学校所公开的历史大事记所记载。但从中可以看到学校自实业教育起家、走向平民职业教育之路，向着工业技术教育即中等专业教育发展的脉络。从此直到新中国成立之后一段时间，"市立高工"成为莘莘学子魂牵梦绕的学校，也成为优秀中专学校的代名词。

1945 年 8 月 15 日，日本帝国主义宣布投降。21 日，国民政府重新更名为北平。10 月，北平市政府成立。学校改为"北平市市立高级工业职业学校"，仍简称"市立高工"，归属国民党北平市教育局领导。转年 8 月，奉教育部令，学

---

①　北京市档案馆藏：《北京市立高级工业职业学校校长李直钧呈请市教育局更名校名的报告》1944—1945 年。

②　民国三十四年七月（1945 年 7 月）机械科汪绍屏毕业证书，校名款识：北京市市立高级工业学校，校长李直钧。

制由四年制改回了三年制，以加快为社会输送人才和解决就业问题。

抗战胜利后的首任校长为李庆深（1893—1963 年），字复生，河北高阳人。他是中共北平地下党员，1919 年入北洋大学采矿冶金学系学习，参加了五四运动，曾担任南下讲演团长。1920 年被蔡元培招收转入北京大学理学院攻读化学，1922 年毕业后，被李石曾聘为中法大学附属西山温泉中学首任校务主任。1947 年 2 月加入中国共产党。1945 到 1946 年任学校校长并兼任北京四中

图 1-2-12　李庆深

校长。他富有爱国热情和求实精神，从事教育工作多年，在北平中学界有一定影响。此时学校培养目标明确为工程师预备学校，极其重视理论基础与实践能力培养。教师闻国新在《教学生涯六十年》中写道："高工是培养机械师、土木工程师的预备学校，国文课每周只有三小时……专业课程负担太重，有的如微积分、解析几何、应用力学等课程，普通高中是没有的，学着很吃力……他们的观察和分析的能力却比一般高中生为高。"[1] 正是得益于高水平的教学与严格管理，学校办学质量一直得到社会高度认可。

1947 年 9 月 14 日，值北平市市立高工成立四十周年，学校举办了隆重的校庆活动，这也是抗战胜利后的第一个校庆日。校庆从早到晚整整一天，全天向校外开放，来参观的市民老幼络绎不绝。人们最感兴趣的地方是机械实习工厂和化学实习工厂。[2] 时任北京大学校长胡适出席了校庆开幕典礼并发表了演讲，对学校给予了高度称赞："高工四十年来，在困难环境下挣扎，感到非常佩服。"继而表示"希望社会人士，都上职校，务期人人有职业。"[3] 胡适还为学校举办的民众识字班题词："教人不厌、诲人不倦"。

来学校求学的学生绝大多数都是立志工业报国和家境比较清贫的子弟，他们学习刻苦、生活俭朴、务实爱国。学生在校的学习生活完全自费，宿舍的木板床由学生自备，伙食也由学生自己组成的伙食团管理，煤、米、油、盐、菜均由学生自己采购。由于经费困难，学生的伙食标准很低，经常是吃带沙子的

---

① 刘国正. 我和语文教学［M］. 北京：人民教育出版社，1984：318.

② 1949 届机械科徐德琛：《回忆北平市立高工四十周年校庆盛况》《北京工业学校校庆专刊 1907—2007》.

③ 胡适. 在北平市立高工成立四十周年纪念会上讲话［M］//季蒙，谢泳. 胡适论教育. 合肥：安徽教育出版社，2006：59-60.

小米、白菜汤。为此，学生曾向政府请求将本校改为公费，但未成功。难能可贵的是师生们学习报国的精神可嘉，教学成果亦很突出。当时"市立高工"为北平唯一一所工业职业学校，负有培植现代工业技术人才的使命和抱负，已经成为享誉全国的中专学校。

我国著名考古学家、中国历史和思想文化专家李学勤曾经回忆道："我是1948 年初中毕业。当时北平有两个高等工业学校，都很有名：一个是北平市立高等工业学校，一个是北平国立高等工业学校。"① 其中，市立高等工业学校即指本校。据 1948 届校友李光明回忆："学校里的基础课和专业课程安排得很紧，学习负担非常繁重，而且生活又很艰苦。……为了提高大家的身体素质，学校千方百计地组织各项体育活动……很快形成了一股'排球热'。并且长盛不衰。高工排球队多次获得过全市中等学校的排球冠军，在北京市和左邻右舍是很有点名气的。那时学校的篮球活动也开展得不错。有些同学毕业后曾分别代表过华北队、内蒙古队参加比赛。当时搞球类活动，条件是非常艰苦的，除场地设施简陋外，学生没有运动衣裤，穿的鞋五花八门……吃的照样是窝头老咸菜。但大家不畏苦、不怕累，热情一直很高。正是由于高工的艰苦环境，才能培养出我们这些肯于吃苦上进的学生"。

1949 届校友杨树杭也回忆道："老师常教导我们'图纸和仪器是测量的命根子，当遇到危险时，宁肯自己受伤也要保护好图纸和仪器。……要按照校训'实事求是 精益求精'的精神进行测量。记得在景山测量时，同学们餐风饮露，渴饮清泉水，饥食黑面馍，但个个精神饱满，不觉劳累。几十年来我确实深深感受到德智体全面要求办学方针的重要性。现在我虽已年近花甲，身体却依然健壮，坚持工作在祖国城市建设的第一线。这一点也不能不感谢母校对同学们身体健康方面的要求。"

第五节　地下党支部成立，迎接新中国诞生

抗战胜利后不久，古都北平很快被国民党的独裁统治和内战疯狂吞噬，学校不仅面临着艰苦的办学环境，还要面对国民党统治的渗透、破坏和威胁。为团结和组织进步力量反抗国民党反动派，1946 年 9 月，中共北平地下党在学校

---

① 李学勤，邹兆辰. 对中国古代文明的多学科多领域探索——访李学勤教授［J］. 历史教学问题，2007（4）：24-30.

图1-2-13　市立高工土木科第二十班暨建设局西郊测量留影（1949）

建立了党支部，王大明为书记①，李森、肖鸿麟为支委，属中共冀察冀中央局城工部领导。1948年改选，第二届党支部书记为钱统超，副书记为张振瑞，支委为徐德琛、杜声桐，共25名地下党员。1947年，市立高工党支部执行上级领导指示，在学校建立党的外围组织"民主青年联盟"（简称"民联"），先后共发展盟员43人。主要开展了以下斗争。

　　第一，建立秘密活动点。市立高工地下党支部自始至终在北平地下党学委直接领导下工作。先后建立两个秘密工作据点。一个是1946年9月至1948年5月，在原内二区宗帽四条胡同甲6号肖鸿麟的家；一个是1948年5月至1949年1月，在原内三区马将军胡同15号（现东旺胡同33号）徐德琛的家。上级向支部交代任务、支部研究工作、收听延安电台广播、传递宣传材料、中转地下党

---

　　① 王大明：1929年出生于北京，1944年考入北平市市立高级工业职业学校机械科。1946年7月加入中国共产党。1948年机械科毕业，分配到唐山铁路局机车厂当技术员，利用社会职业为掩护全身投入党的地下工作。北平和平解放前夕，任北平中共地下党中小学委员会委员、南城区书记。新中国成立后，历任北京市团区委书记、团市委宣传部副部长、中共北京市委工业部部长、北京市委常委、宣传部部长、中共中央宣传部副部长、北京市委副书记、北京市第七届政协主席，1998年3月任第九届全国政协常委兼社会和法制委员会副主任。

员和进步同学去解放区工作或学习，大多数是利用这两个据点进行的。

第二，瓦解反动组织。中共华北局城工部部长刘仁对如何开展对三青团的工作，曾专门做过指示，要求对三青团员要做具体分析、区别对待。对少数爱国、进步的，经过培养教育逐步发展其加入民主青年联盟，优秀的可以发展其加入中国共产党；对少数顽固坚持反动立场的，要在群众中给予打击、揭露；对大多数处于中间状态的普通三青团员，则采取观察、教育、等待的政策。肖鸿麟加入共产党后，根据上级指示保留了三青团副区队长的身份，在三青团内部探听情报，分

图 1-2-14　王大明

化瓦解敌人。在与国民党、三青团的斗争中，地下党支部对三青团领导骨干的思想动态和工作情况了如指掌，基本上做到了知己知彼，党的组织从未遭到特务破坏，党员和盟员从未遭到逮捕和迫害，直到北平解放。①

第三，创办红色"晨光"壁报。为了扩大政治影响，地下党支部在市立高工办起了第一份红色壁报"晨光"壁报。1946 年至 1948 年，在地下党支部领导下，各班先后出版壁报十多种，存在时间最长的出版五六期。1948 年上半年成立了壁报联合会，王大明任主席。

第四，组织动员群众。1946 年 4 月，市立高工举办民众识字班（后改为儿童识字班）。9 月，地下党支部看到识字班既可扫除文盲，又可以扩大政治影响，就动员党员和进步同学积极参加这项工作。参加识字班的民众多时达 250余人，年龄最小的 8 岁，最大的 18 岁，其中多数是曾失学的城市贫民及其子弟。由地下党员张广华、王大明、徐德琛分别担任三期班主任，被聘请的教员共 30 余人，他们之中三分之一是中共党员或进步学生。

第五，领导学生运动。1946 年 3 月，市立高工就成立了学生自治会，自治会每学期改选一次，选举办法是每个班级推选 1 名代表，然后由这 12 名代表选举 1 名会长、1 名副会长。最初自治会由三青团分子把持，但经过地下党支部组织进步学生力量的斗争，从第三届自治会选举开始，地下党就掌握了主动权，并领导开展了各项活动。1947 年暑假，全国学联和华北学联开展助学运动，市

---

① 北京普通中等专业教育志编纂委员会. 北京普通中等专业教育志稿［M］. 北京：朝花少年儿童出版社，2001：656-657.

立高工地下党支部积极发动学生参加，成立宣募义卖大队。8 月 21 日、22 日两天共计宣募义卖收入法币 740 余万元。全校有 60 多名同学参加了宣募义卖活动。1947 年 10 月，在地下党支部领导下，由学生自治会出面，组织学生请愿团到北平市教育局请愿，要求市立高工实行全面公费，全校罢课一天，支持自治会的活动。1948 年 7 月，学校成立 1948 届同学会（即校友会），编印同学录，并集资各加工了一枚银戒指，正面铸有"高工"二字，背面铸有"1948"年号。为了帮助经济困难的在校同学，由同学会发起向在北平已经就业的毕业班同学募集救济金，捐赠给由自治会推荐的在校同学。

地下党支部主办的"工声歌咏团"是在市立高工所有社团中存在时间最长、参加人数最多的一个，全校 300 名同学中有 60 多人参加歌咏活动，其中进步同学占 50% 以上。每星期五课后，学生们自动集中到制图教室里高唱进步歌曲，如《游击队之歌》《黄河大合唱》《团结就是力量》等。据张振华[1]回忆："那是在 1948 年的 7 月，我清楚地记得那天，在北京大学的广场上，好多进步的学生聚在一起开晚会，为贫困的学生募捐。当时的场面特别感人，特别是我第一次听到了《团结就是力量》，那可是我从来没听过的好歌，感觉全身的血液都在沸腾，一股莫名的力量涌动在胸口。"在市立高工师生中，中国共产党领导下的进步力量不断扩大影响。

在地下党支部王大明、席雄厚、肖鸿麟、徐德琛等老革命前辈联合撰写《北平市立高工地下党对敌斗争的经验——争取团结中间力量，发展壮大进步力量》一文中，指出市立高工地下党与国民党的斗争之所以取得胜利是正确执行党的政策和策略的结果，其成功经验如下：一是党支部领导核心相对稳定，支部人员的更替保证工作连续。二是确保党员质量，注意加强思想政治工作。在发展党员和民联成员时，一般都是挑选品学兼优、作风正派、联系群众、在同学中有一定威信的同学为对象。三是搞好与学校的关系，建立统一战线集中力量打击主要敌人。四是建立秘密工作点，为支部开展工作创造便利条件。五是区别对待普通三青团员，打入三青团领导核心，做到知己知彼。[2]

面对国民党反动派的白色恐怖，学校进步师生开展了坚决的斗争。当时的李庆深（字复生）校长和后来的曹安礼校长利用其在教育界著名的威望，给予学生进步活动积极支持和保护，对地下党组织在学校的发展有过巨大帮助，学

---

[1] 张振华，河北省鹿泉市，1946 年 7 月，考入北平市立高级工业职业学校机械科。

[2] 中共北京市东城区党史研究室. 东城地方革命史话［M］. 北京：中共党史出版社，1992：177—182.

校因此成为接受中国共产党影响和领导较早的北京学校之一。

图 1-2-15　曹安礼题写"精益求精"

　　1946 年 11 月，李庆深校长辞职，曹安礼（时任教务主任）接任为代校长，1947 年 6 月正式任校长。曹安礼（1898—1982），又名曹典三，直隶束鹿人，1922 年毕业于北京大学土木工学门，曾在天津南运河务局、保定第六中学等地工作。1937 年后来北平市立高工任教，先后担任教师、教务主任、校长等职。新中国成立后，任北京工业学校校长，1963 年加入中国共产党。曹安礼校长在高工和北京工业学校从事教育工作长达 32 年之久，为国家工业战线培养出大批建设人才，为祖国的教育事业做出了卓越的贡献。1948 年机械科毕业册中留有曹安礼的题字"精益求精"。这四个字成为学校办学的精神写照，成为今天校训的主要内容。

　　1948 届校友崔锟（土木科 9 班）回忆道："忆及我们在校的 4 年，基本上是在解放战争时期度过的。值得自豪的是，广大师生在中共地下党的领导下，开展和平民主运动，迎接北平的和平解放，发挥了重要的作用。值得庆幸的是，李复生、曹安礼两位德高望重的校长，热心教育事业，注重培养人才。学生自治会提出的一些建议与问题，只要与伪教育局的指令没有明显的对抗，他们一般都是支持和默许的。他们团结一批任教多年的老师们，坚持理论联系实际的教学特点，在教学中既要学懂理论，又要求我们掌握实际操作。校长和老师们循循善诱、关怀备至的情景，至今仍然历历在目。几十年过去了，一丝不苟的严谨学风一直眷留在我们心中，使我们在不同的工作岗位上，深受教益。北平解放前夕，曹校长为我们土木科九班毕业同学谋职，曾在全市各单位奔波。尽管当时经学校介绍就业的仅有二人，然而老校长确实是花费心血不遗余力了。

另外一件往事，我永远不能忘怀。1948年夏，我已就业于北京市自来水公司。曹安礼校长从伪教育局获悉我被列入'黑名单'时，在一个星期日的清晨风风火火地赶到我家，及时通知这一信息，并亲切地嘱告，已经步入社会，万不可与在学校时比，为人处世务必谨慎小心。近半个世纪了，老校长的话，言犹在耳。"现在北京建筑大学校史馆中还珍藏有一封曹安礼老校长为学生求职所书的推荐信，工整隽秀的小楷，落墨于淡黄色的信笺，干净利落的笔触，简明扼要的言语，无不流露出校长对学生成才的殷殷期盼："本期毕业生赵士铎，体力强健操行优良思想纯正成绩中上，如能使用予以练习机会可望有所成就，兹特检同该生成绩表另函介绍。"

图1-2-16　1945年冬至1946年夏，北平地下党组织，组织市
立高工等学校数百名青年进步学生赴张家口解放区参观考察，
图为考察期间部分青年学生和北平地下党负责人刘仁同志合影
（摘自《难忘1949》）

1948年11月，中共中央华北局城工部部长刘仁指示北平地下党要做好和平或武力解放北平的两手准备，宣传党的政策，发动群众护厂护校，保护文物、档案和国家财产。12月初，由学校地下党支部副书记、学生自治会会长张振瑞主持，在学生自治会基础上组织成立了"应变委员会"（后改为"迎接解放委员会"），开展了护厂护校、迎接解放工作。任务重点是负责保护学校附近东四北大街的大陆银行。1948年年底的寒假，许多同学都住在集体宿舍里，没有回家，全力完成党组织交付的工作。

1949年1月31日，北平和平解放，2月3日解放军举行入城式。根据党组织安排，市立高工的大批同学集体站在东四牌楼下欢迎解放军，庆祝北平解放。2月4日，中共北平市委在国会街北大四院礼堂召开第一次全市党员大会。2月12日，学校师生参加了在天安门广场举行的北平庆祝解放大会。2月17日，由中共北平地下党干部杜平①召集市立高工地下党员和民联成员开会，宣布张振瑞任党支部书记，钱统超任副书记，徐德琛和杜声桐任支部委员。从此，中共市立高工党支部由秘密转为公开。

为适应新形势的变化，更好组织北平学生运动，1949年2月21日，学校成为北平市学生联合会的15所执行委员学校之一，其中包括清华大学、北京大学、燕京大学、师范大学、汇文中学等北平知名学校。市立高工在解放战争中，继承革命传统，在地下党的领导下，进行了英勇斗争，支援了中国革命和人民解放。

1949年3月，北平市人民政府正式接管北平市立高级工业职业学校、北平市立高级商业职业学校。9月，在新中国开国大典前夕，北平市立高工的应届毕业生毕业了，为了新中国的建设事业，他们多数都奔赴到了华北各地厂矿，以煤炭、钢铁、电力、机械行业居多。百废待兴，新中国即将诞生，北平市立高工的广大毕业生肩负重任，将在祖国的工业化建设中建功立业，做出自己的贡献。

---

① 杜平，女，河北保定人，生于1924年11月，1944年3月参加革命，抗战期间，由中共晋察冀局城工部派至北平做地下工作，曾任北平辅仁女附中地下党支部书记，解放战争中，任北京大学文学院地下党支部书记，北平地下党中学工作委员会委员。

第三章

从北京市立工业学校到北京市建筑专科学校（1949—1952）

新中国的诞生，北京成为中华人民共和国首都，开辟了学校发展的新纪元。广大师生以高昂的爱国热情，积极投身开国大典、恢复经济、抗美援朝、首都市政建设等新中国成立初期的重大活动中。学校在招生规模、校址扩充、师资队伍、专业发展等各方面，取得显著进步。1950 年 7 月 24 日，"市立高工"更名为北京市立工业学校。这是学校在新中国成立后的第一个正式校名。1952 年7 月，为响应北京市急需大量城乡建设人才需要，其中的土木科并入北京市建筑专科学校（中技部）。1952 年 12 月，根据国家院系调整的战略方针，学校的中技部（土木工程专业）整体迁往新校址，单独成立北京市土木建筑工程学校。

第一节　建设新中国，北京市立工业学校展现新气象

1949 年 10 月 1 日，中华人民共和国中央人民政府成立。学校师生徒步走到天安门广场，参加中华人民共和国成立大典，接受毛主席等党和政府领导人的检阅。北平重新更名为北京。校名也改为北京市市立高级工业职业学校。根据中共七届二中全会精神，北京贯彻执行由消费性城市变为生产性城市的新建设方针，百废俱兴，社会各生产部门急需大量掌握专业知识、有实际工作能力的基层专业干部。中等技术教育发展很快。北京市委、市政府有计划、有步骤地对旧教育进行了很有成效的改造、整顿和提高工作，陆续接管旧的公立高级职业学校，指派有政治觉悟和一定业务能力的共产党员担任学校领导工作，建立党的基层组织，加强党的领导。①

1950 年 7 月学校更名为北京市立工业学校（后简称"北京工业学校"）。

---

① 北京普通中等专业教育志编纂委员会. 北京普通中等专业教育志稿 [M]. 北京：朝花少年儿童出版社，2001：2-11.

学校新一任领导班子为校长李庆深，副校长曹安礼，教导主任齐佐周，副主任王浚国，总务主任苏行健，机械科主任陈仁高，化工科主任王学明，土木科主任蔺尚义，新增设电机科主任温鼎。随着1949届毕业生学生党员的离校，学生党支部不复存在，学校公开建立了统一的党支部，领导全校工作。党支部书记分别为卢禹（1949）、齐佐周（1949—1950）、王浚国（1950—1951），工会主席为陈仁高（1950—1951）。在学校党支部领导下，全面贯彻党和国家在新中国建设初期开展的突出思想政治教育和依靠群众的教育方针。1950年5月，学校响应中央号召发起了第一个学习运动，使学生们深入了解了为人民服务的学习意义，克服散漫无纪律现象，初步建立批评与自我批评和集体学习的制度[1]。

图1-3-1　北京市立工业学校印（章）及纪念徽章（1950）

学校的管理机构比较简单，校长下设教务、总务两处，管理人员也很少，土木科仪器室只有两位职员负责管理、维修测绘仪器，兼管科里行政事务和晒图等。

新中国成立后，国家百废待兴，北京的工业和城市建设迅猛发展，急需大量建设人才。学校作为北京历史最为悠久的工业技术学校勇于担当，以满足国家经济建设的迫切需求，首先按行业对口细化专业，其次扩大招生规模，积极响应政府对于专业技术院校的调整。1950年，学校将在校三年级的土木十三班（1948年入学，1951年毕业）分为道路工程（道01班）、卫生工程（水01班）两个专业方向，这是道桥专业和给排水专业历史上的第一班，分别简称"道班"和"水班"。土木十三班16名学生成为首届道路工程专业毕业生，其中有原核工业部副部长赵宏。1949年入学的土木十四班部分学生为第二届毕业生。到当

---

① 中央人民政府政务院文化教育委员会. 文教参考资料：第一辑［M］. 北京：生活·读书·新知三联书店，1950：87.

年7月招生时，在继续兴办土木工程专业基础上，学校正式成立道路工程、卫生工程专业（土木科分专业招生），成为全国最早设立道路工程和卫生工程专业的学校之一。

图1-3-2　学校首次招收的女生在颐和园留影（1950）

　　1950年7月9日是新中国成立后学校的第一次招生报名日，不仅京津冀地区的考生热情极其高涨，全国各地的考生也非常踊跃。当天报考人数就达到3200多人，而招生计划还不到500人，报考人数超过了预备录取人数5倍多，创造了学校办学的历史纪录。本次招生首次招收了10名女学生，其中卫生工程专业9人、道路工程专业1人，她们不仅成为学校历史上第一批女学生，也开创了北京城建历史上第一批职业技术女干部的历史。1951年，土木科招收120名学生，分为土一甲、乙、丙三个班，即建筑、道桥、给排水三个专业，建筑专业的学生到三年级又分成建筑学、结构两个组，专业培养更加细化。1949年至1951年，土木科共招生七个班，学生300人左右。

　　随着招生规模的扩大，学校在什锦花园的校舍已远远不能满足人才培养的需要。党和政府十分重视中等专业教育事业的建设和发展，1950年在原有校舍基础上，学校购置了地安门内黄化门4号院和帘子库15号院、帘子库1号院为校舍。校本部迁入黄化门4号院办公。该院占地5600平方米，建筑面积2300平方米。土木科全部及机械、化学两科的低年级和新增的电机科学生全都进入新校址上课，土木科学生全部进入帘子库1号院住宿。这个时期是办学最为紧张和校舍最为分散的一个阶段。

1951年经北京市政府批准，北京工业学校在朝阳区三里屯征购土地建设新校园。为筹集部分建设资金，学校将什锦花园的旧校舍变卖。为临时解决校舍不足的困难，暂借了位于西城区西什库的原"耕莘中学"旧址，土木科全体学生迁入这里上课、住宿，直到1952年暑假。

新校址比什锦花园校址面积增加很多，教学条件、实验设备也较以前有所改善。1949年2月至1951年7月学校陆续购进5台经纬仪、5台水准仪及一些塔尺、花杆等，使测量仪器能满足两个大班（每班40人）同时进行测量实习。学校共有经纬仪10台、水准仪10台、大平板仪2台及小平板10套，还有钢尺、流速仪、六分仪、放大仪、求积仪、天文钟、步计器、视距算尺、视距算盘、普通计算尺、大小图版以及一些塔尺、花杆、皮尺、丁字尺、曲线板、三角板等测量与绘图仪器、用具。

此时，师资队伍中专职教师特别是基础课、技术基础课的教师有所增加，专业课的教师仍然是兼职的较多，多数是生产单位的高级技术人员和聘请的大学教授、专家。学校注重教学质量，并且延续了重视培养学生动手能力的传统，特别是在党和政府的关心和各生产单位的支持下，学生能亲身投入新中国的生产建设中去经受锻炼，将所学知识与生产实践相结合，达到了理论与实际相结合的效果。由于划分了专业，除基础课、技术基础课外，专业课各有侧重，并且增加了课程设计、毕业设计等环节，对学生的专业教育更为全面。

学生的学习积极性和政治热情空前高涨，除刻苦学习、完成专业作业外，还积极参加各项政治活动。1950年10月，以美国为首的联合国军悍然发动了朝鲜战争，极大地威胁着刚刚成立的新中国，全国人民同仇敌忾掀起了轰轰烈烈的抗美援朝运动。此期间，学校暂时停课，成立了抗美援朝保家卫国委员会，由校工会、团委、学生会分别组织教工、学生展开大讨论，声讨美国侵略，支持抗美援朝。各专业科组成宣传队来到天安门广场和走向各繁华街道路口，演出自编的揭露帝国主义侵略阴谋的"活报剧"。同时师生自发捐献了一大批慰问金、慰问袋送给赴朝参战的志愿军。进入12月份，全校学生响应号召踊跃报名参军达97人，最后蔡孝琪、俞大刚、李广生、贾庆徽、肖声、唐国浩（归侨）、武景厚七名同学获批参军，成为光荣的志愿军战士，全校师生为他们举行了隆

图 1-3-3　北京市立工业学校学生在天安门前参加抗美援朝宣传活动（1950）

重的欢送大会。

图 1-3-4　在抗美援朝运动中获批参军的同学留影（1950 年，左起前排：蔡孝琪、俞大刚、李广生，后排：贾庆徽、肖声、唐国浩）

　　新中国成立后，学生享受到人民政府提供的助学金，多数贫困学生的生活、学习费用得到解决，但仍然保持艰苦朴素的作风。伙食仍由各班组成的伙食团管理，每月竞选，同学们都以中选为荣。生活虽有所改善，但由于新中国刚刚建立，各方面困难很多，学生的生活还是比较艰苦的，吃的多是小米、窝头，偶尔吃顿馒头，就是改善生活了。对于在旧社会过惯了苦日子的学生来说，这样的生活已是很知足了。从1950届毕业生（1947年入学）起，学生由国家统一安排工作，每年毕业生都受到生产单位的热情欢迎。

图1-3-5　北京市立工业学校土木科师生参加北京市地政局房屋测绘工作（1950）

　　学校多次被《人民日报》报道，特别是学校求真务实的优良传统、理论联系实际的教学方法与教育成果非常符合新中国建设的需要。1950年3月28日，《人民日报》刊登《市立高工实习结合生产，提高业务技能补助实习费用》一文，报道学校参加工业生产，教学结合实际，为北京多家企业恢复生产，加工高质量产品。1950年4月27日，北京市人民政府在1950年1、2月份综合报告中指出：着重发展社会教育、职业教育和师范教育，以培养工农知识分子和生产建设所需的技术人才。市立高工、高商增设十七班。《人民教育》1950年第5期报道《新旧现象：北京市增班增校，面向工农》：扩充市立高工、高商两校，除增班外，并添设新科，高工拟增设电机科。①

　　校友王忠诲（机械科1950级，后转入土木科）回忆道："1950年初夏，我们这一批归国华侨学生选择了一所简称为'高工'的专科职业学校……后来我方知，想考进这所看来不起眼的'高工'绝非易事：一向被誉为'中国文化学府'的老'高工'在社会上是块牌子，她培养出来的人才是了不得的。因她办学资格老、理工底子厚、师资水平高、学生学业深、学习内容全，加之学校历来传承着艰苦朴素的校风和理论联系实际的学风，故深得社会各界的爱护，享有盛名而名扬京东……别看母校是一所职业中专，但任课的老师却都是来自高等学府的教授、讲师或系主任。学校虽非大学，但学习任务特别繁重，每天留有大量的作业，尤其是制图，要求非常严格：整洁、线条清晰、粗细准确；文字美观，布局恰当。这一切，为的是毕业后走上工作岗位的学生都能胜任工作需要，确保为人民服务的素质，虽则辛苦不已，但确实受益匪浅。学校里各不相同的专业科目，除了课堂学到的专业知识外，还要分别到工厂、实验室、现场参观或实习。我们土木科主要由专职老师（蔺尚义、袁德熙、李钦等）亲自带领全班同学到距学校较远的崇山峻岭、深谷大河等地参观实习。如北京西郊的三家店、野溪等铁路、公路、道路桥梁、大型土石方工程等施工现场，参观通往大同方向的长1009米的第9号隧洞（铁道），以及沿路60多处长短不一的隧道，最长的达2004米，等等。这些都让我们增长了见识，开阔了眼界。"

　　在首次招生的同时，新中国第一个毕业分配政策开始执行，1950年7月毕业的学生成为学校历史上第一届由国家分配工作的毕业生，他们受到了生产单位的热情欢迎，日后均成为各行各业的骨干力量。

第二节　从两次分合到独立办学

　　1952年是学校发展变迁的一个关键之年。学校经历了"两次分合，两易校址"，最后单独立校，延续为今天北京建筑大学西城校区的校址所在。

　　新中国成立之初，首都北京的建设面临着艰巨任务，建设人才极端匮乏。北京市委、市政府预见到北京市建设事业发展急需大量人才，需要尽快培养中等专门技术人才。时任北京市委第二书记刘仁一再强调要从长远着眼，派得力干部去把旧中国的学校完整地接管下来，旨在以此为起点，经过整理改造、扩

---

　　① 新旧现象：北京市增班增校，面向工农 [J]. 人民教育，1950（5）：50.

大提高，迅速发展成为教育部统一规范的中等专业学校。随后北京市开始进行中等学校布局调整，以期在原有学校基础上经过整合组建出更多的学校，尽快培养出更多的人才。因此在1952年上半年，北京工业学校划归北京市地方工业局（原北京市公营企业公司）领导，明确任务为地方工业培养技术人才，任命公司副经理佘涤清兼校长，调面粉厂厂长孙仲鸣任专职副校长、党支部书记，张恩岂任总务处主任，电机科主任温鼎调离，由高汉接任。

同年，北京市委、市政府决定把北京工业学校一分为二，首先以机械、化学和新增设的电机科，组建北京工业学校。当年，经北京市人民政府批准，根据北京市总体规划，东郊为工业区，所以在朝阳区三里屯征购土地，投资旧币40亿元（当时变卖了已经历时44年的什锦花园校舍，获得20亿元，政府投资20亿元）建设新组建的北京工业学校新校舍（今北京市机电研究院所在地，即为北京工业学校校址），新校园总建筑面积达4万多平方米。新建立的北京工业学校坚持面向和服务北京地方工业培养应用型人才的办学方针，经过几年建设成为规模较大、专业种类较多、领导师资雄厚、质量较高的工业类中专学校，在20世纪五六十年代成为著名的北京地方工业人才的摇篮，同时还支援全国其他省市区，在新中国成立初期中等教育蓬勃发展的十几年中，毕业生达8000余人，能文能武，深受各方欢迎。但是，北京工业学校在"文革"中遭到了严重破坏，于1969年被迫停办，自此再也没有恢复。

1952年，北京市委、市政府决定将北京市工业学校原有的土木工程科分离出来，按照北京市规划布局迁到西郊文教区，组建北京建筑工程学校。① 实际上，1952年1月，机械、化学、电机三科迁到建设中的朝阳区三里屯新校舍，土木科则暂时保留在原地。半年多后，市政府决定将学校的土木科与北京市建筑专科学校合并。到1952年年底，市政府又决定将土木科从北京市建筑专科学校剥离出来，兴办北京市土木建筑工程学校，迁往西郊二里沟新校址独立办学。

北京市建筑专科学校前身为公营永茂建筑公司开办的永茂建筑技术培训班（1950年夏成立）。"公营永茂建筑公司"于1949年8月组建，1950年10月1日正式成立，是新中国北京市建筑行业的开拓者，是后来的北京市建筑工程局（北京建工局）、北京市建筑工程总公司、北京建工集团的前身。1951年11月1日，在永茂建筑技术培训班基础上正式建立了北京市建筑专科学校，校址在东城区帅府胡同。

按照北京市委、市政府的要求，1952年6月6日，北京市建筑专科学校、

---

① 中共北京市委《刘仁传》编写组. 刘仁传 [M]. 北京：北京出版社，2000：316.

北京工业学校两校合校（合并办校）委员会召开第一次会议，由王之平①主持确定成立合校委员会，研究两校合并的原则与计划等，负责人为著名建筑学家赵冬日。会议决定两校同时迁至西城区复兴门外南礼士路新校址（今北京建筑设计研究院），原北京市建筑专科学校改为大专部（大专），设有建筑、结构、暖通、电气等专业。以北京工业学校土木科成立北京市建筑专科学校中技部（中专），暑期扩大招生，分建筑工程、道路工程、卫生工程三个专业招生，各录取3个班共380多名新生，是1951年土木科招生数量的三倍多。

1952年7月，北京工业学校土木科正式合入北京市建筑专科学校。校长由主持城建工作的北京市副市长吴晗兼任，副校长为赵冬日，党支部书记为刘小石。土木科二、三年级五个班185名同学与380余名刚入学的一年级新生以及教职员工（包括土木科主任、测量教师蔺尚义，建筑学教师臧尔忠等十余名教师和王镇西、李钦等七名职员干部及少数工人，还有1952届刚刚毕业留校的十名学生）共计600余人，与北京市建筑专科学校约100人合并，组建成立北京市建筑专科学校的中技部，主任为黄畸民，校址在北京复兴门外南礼士路，教学区设在南礼士路（现在的北京建筑设计研究院），住宿和办公在复外大街南侧的真武庙居住区。中技部设置建筑工程、道路工程、卫生工程三科，受北京市建工局领导，后又转市政建设委员会，由薛子正副市长分管。

中技部新录取的学生按照当时苏联的教学计划和教学大纲进行教学，基础课、技术基础课外，专业课各有侧重，并增加了课程设计、毕业设计等环节，同时延续了重视培养学生的动手能力、理论与生产实践相结合的优良传统，对学生的专业教育更为全面。但由于师资力量不足，只能依靠大专部教师和外聘教师上课，学校管理与教学运行也出现了困难。此时中央人民政府对旧中国延续下来的全国高等学校及其院系设置进行了史无前例的大

图1-3-6　吴晗

图1-3-7　薛子正

---

① 王之平，时任北京市人民政府文教委员会办公室主任。

规模调整。正是在此背景下，学校的历史变迁在 1952 年一年之内发生了急遽改变。

1952 年 7 月 17 日，北京市建筑专科学校校务行政会议提出：因学校规模扩大，复兴门外原址扩充困难，需另觅新址。此设想与年初市政府计划在西郊建设一所建筑类新学校的意图正相吻合，新建校址的动议获得市政府支持。根据北京市建设需求分析，计划建一所土建类高等院校，新校规模按 1000 人计划。校址选在了北京西直门外二里沟西郊公园和京门铁路的南面，征地四百多亩。这正是今天北京建筑大学西城校区的所在地。实际上自 8 月至 11 月之间的四个月，正在建设中的二里沟新校址的校名还是北京市建筑专科学校，学校由北京市人民政府文化教育委员会领导，校长吴晗，副校长朱兆雪、赵冬日。[①] 朱兆雪、赵冬日即为著名的《对首都建设计划的意见》的作者，简称"朱赵方案"，与梁思成、陈占祥提出的"梁陈方案"共同对北京城市发展产生了重要而深远的影响。

直至 12 月，北京市政府最终决定北京市建筑专科学校的中技部（土木科）独立建校，单独成立北京市土木建筑工程学校，学制三年（1955 年起改为四年），而北京市建筑专科学校大专部则被并入清华大学土木系。可以看到当时北京市对中等技术人才的需求是多么迫切，北京市土木建筑工程学校以为首都经济建设服务的优势和办学传统得以持续发展起来。

12 月 5 日，正式成立满一年的北京市建筑专科学校和刚刚成立的北京市土木建筑工程学校，共同成立了分校（分离办校）委员会并召开第一次会议，确定两校负责人分别为赵冬日、张若平；原有机构保持到年底，自 1953 年 1 月 1 日起正式分开。12 月 6 日，分校委员会召开第二次会议，确定两校分校干部分配名单和教师队伍的分离原则。分离原则为原大专部的回归大专部、原中技部的回归中技部，中央教育部派到大专部的归大专部，北京市教育局派到中技部的归中技部，其他人员按主讲课程归属。图书设备按原属单位归属，新添置的按数合理分配。

1953 年 4 月 29 日，高等教育部发布决定：北京市建筑专科学校因受校舍、经费、师资、设备等条件的限制，不易办好，应于今年暑假结束，调整合并于清华大学。据《清华大学志》和《清华大学建筑学院（系）成立 50 周年纪念文集》记载，"1953 年夏季，原北京市建筑专科学校建筑学教师戴志昂、关广志、王之英、陈乐迁及二年级专科生 27 名并入学校建筑系"。据《今日风貌，

---

① 北京档案馆. 北京市建筑专科学校资料《高等学校普查表》，1952-11-13.

清华大学"供热通风与空气调节工程"专业的建立》记载，1953 年，"清华大学暖通专业是在 1952 年全国高校院系调整之后成立的。……次年由北京市建筑专科学校调入 9 名学生，经过两年专业学习后毕业，这可以说是本专业首批从事暖通专业的毕业生"。

　　至此，学校经过"两次分合，两易校址"的辗转变迁，最终落户京城西郊。从北京工业学校分离出来的土木科以北京市唯一一所建筑类高校的身份将北京工业学校及其前身市立高工的血脉传承下来，继承悠久传统，砥砺前行，开启又一段辉煌壮丽的发展新篇章。

第二篇

02

立足首都　建功立业
（1952—1977）

进入 20 世纪 50 年代后，经过院系调整，学校开启了以建筑工程学科为主要方向的发展新阶段。学校贯彻党的教育方针，坚持社会主义办学方向，紧密围绕首都城市建设需要，积极探索适合中国建筑业和城乡建设的专业教育办学道路，在人才培养、科学研究与社会服务等方面做出了重要贡献。从 1953 年至 1977 年，学校共为首都培养了中专毕业生、业大毕业生、财会班（大专）、工农兵学员、短期培训班等毕业生共计近 12000 人，绝大部分被分配到北京的建筑设计、施工及房管等基层单位做技术和管理工作，普遍受到用人单位的欢迎，成为首都城乡建设战线的生力军和技术干部的重要来源。

第一章

北京市土木建筑工程学校（1952—1958）

新中国成立初期处于国民经济恢复时期，1953 年我国开始了以实施发展国民经济第一个五年计划为中心的大规模经济建设。中国共产党提出社会主义过渡时期总路线，其核心内涵是"一化三改"：即逐步实现国家的社会主义工业化，对农业、手工业、资本主义工商业进行社会主义改造。为了适应国家建设需要，党中央和政务院着重发展培养各种专门人才的高等教育。全国高等学校开始进行院系调整工作，通过对大学的系科、专业进行初步调整，设置了国家迫切需要的专业，改变了旧中国工科、师范、医科等比重过小，而政法、财经居于首位的畸形状况。与此同时，中等教育也进行了相应调整。中共北京市委、北京市政府十分重视中等技术教育，把中专教育事业的发展纳入北京城市建设总体规划，与首都经济建设合理布局、同步发展。为了克服当时财政经济十分拮据的困难，北京市委市政府建立了一些新的中等技术学校，北京市土木建筑工程学校就在其中。1952 年下半年，根据中央关于高等学校院系调整的精神，北京市委市政府决定，北京市建筑专科学校中技部迁至西直门外二里沟（现展览馆路 1 号校址），独立创办一所中等专业学校，校名为北京市土木建筑工程学校，学制为三年（自 1955 年改为四年）。

第一节　学校体制机制变化

一、建立直属市政府行业领导的新型办学体制

新中国成立后，中共北京市委市政府有计划、有步骤地对教育进行了很有成效的改造、整顿和提高工作，接管了旧的公立高级职业学校，指派有政治觉悟和一定业务能力的共产党员担任学校领导工作，建立党的基层组织，加强党的领导。1952 年，政务院颁布《关于整顿和发展中等技术教育的指示》、教育

部颁发《中等技术学校暂行实施办法》《各级中等技术教育委员会暂行组织条例》之后，北京市政府成立有各业务部门领导参加的北京市中等技术教育委员会，统一领导全市中等技术教育，由副市长吴晗任主任。这一时期，北京市委选派了一批干部充实、加强中专学校的领导班子。北京各中等技术学校毕业生，成为首都各条战线的生力军和技术干部的重要来源。①

1953年1月19日，经中央人民政府政务院批准，北京市委市政府成立北京市建筑工程局（简称"市建工局"），决定北京市土木建筑工程学校由北京市人民委员会直接领导，由主管城市建设的副市长（兼市政府秘书长）薛子正分工负责。北京市人民政府副秘书长李公侠兼任校长，张若平任常务副校长，主持学校日常工作，吴华庆为教务副校长。学校设立校务委员会，由副市长（兼秘书长）薛子正任主任，各有关业务局主要负责人参加，委员有王明之、陈明绍、董文兴、沈勃、齐岩、翁独健、王纯、王林、张若平、吴华庆等人，负责确定办学方针、筹集办学经费、提升办学条件等。同年学校制定组织章程（草案）规定：设正、副校长各一人，负责全校领导工作，由北京市人民政府直接任命，在正、副校长领导下，设校长办公室、政治辅导室、教务处及总务处。②永茂建筑公司和有关业务局派出有经验的工程师来校担任教师，并分担建校经费，纾解办校困难，师资队伍得以加强。至此，新型的办学体制形成。在行政上，学校受北京市人民委员会薛子正副市长办公室领导，教学计划及有关专业方面教学问题由城市建设部领导，普通课教学大纲及有关教学规章制度方面由高教部领导，学校工作重大问题由校委会研究决定。

1954年1月4日，北京市政府决定，学校转归北京市市政建设委员会领导，成立由副市长薛子正为主任委员、市政府副秘书长李公侠为副主任委员、市城建委主任、城建口各局局长或副局长及学校常务副校长为委员的九人校务委员会，其后增加了市教育局局长等人。

1956年5月，为了更好为经济建设服务，加强教育同生产实际的联系，全国中专教育工作会议确定：根据"谁用干部谁办学校"的原则，以业务部门办学为主要形式的各类中专学校，均归中央各业务部门主管，中央和地方办的学校分别由中央业务部门或省、市人民委员会直接领导。之后，北京中专教育确立了基本管理体制，实行依靠中央与北京市各级业务部门办学，由业务部门主

① 北京普通中等专业教育志编纂委员会. 北京普通中等专业教育志稿［M］. 北京：朝花少年儿童出版社，2001：2.

② 北京普通中等专业教育志编纂委员会. 北京普通中等专业教育志稿［M］. 北京：朝花少年儿童出版社，2001：666.

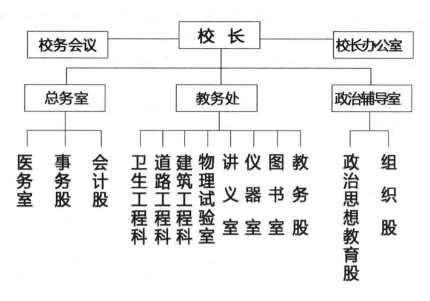

图 2-1-1 北京市土木建筑工程学校组织系统图（1953）

管，中央和北京市教育行政部门综合管理的制度，使北京中专教育与社会及经济建设紧密结合，在业务指导、干部配备、经费投入、专业师资、专业实习等方面得到业务部门有力支持，能够按用人单位的要求培养人才。[①] 1957 年后，北京市土木建筑工程学校一直由主管城市建设的副市长冯基平、赵鹏飞任主任委员领导。学校的财务工作，由市财政局直接负责。当时学校的领导体制，实际上执行的是党委（起初为党支部、党总支）领导下的校长负责制，重大问题都经过党组织讨论，而后由行政领导贯彻执行。这样的领导体制，对学校的发展建设，特别是克服办学中的各种实际困难（如学校的经费、基建、实验设备、教师队伍的建设等）和解决教育教学改革等方面的重大问题，都起到了决定性作用。

1953 年 2 月 4 日，市政府任命北京市市政府副秘书长、建工局副局长李公侠为校长（兼职）、张若平为副校长。学校党员数量不多，截至 1953 年 9 月共有党员 28 名（正式党员 19 名、候补党员 9 名，其中学生党员 11 名）。学校设立党支部，张若平兼党支部书记。按属地管理原则，党支部隶属西四区委领导。1956 年党员人数已超过 50 人，同年 7 月 4 日，北京市人民委员会任命张若平为学校校长，党的组织由支部改为总支，王远荫任党总支书记。在西四、西单两

① 北京普通中等专业教育志编纂委员会. 北京普通中等专业教育志稿［M］. 北京：朝花少年儿童出版社，2001：3.

区委合并为西城区委后，学校党总支隶属西城区委领导。学校的办事机构则由校长办公室、教务科、总务科构成。

在教学管理方面，基础课和技术基础课以课程为单位成立学科委员会，每个学科委员会设主任 1 人，由教师兼任，归口教务科，由教务副校长直接领导。专业课按专业方向设工业与民用建筑、给水与排水、道路与桥梁三个专业科，各专业科设主任 1 人、秘书 1 人，全面负责教学行政及学生班主任工作。

学校第十八任校长张若平（1913—1996），是一位曾追随叶剑英同志参加革命的老一辈革命家，也是学校历史上深受师生爱戴的校长之一。他在学校一直担任领导职务至 1982 年 12 月离休。在学校大力发展中专教育、创办本科教育，度过"文革"劫难，经过拨乱反正，迈向改革开放的历程中做出了卓越贡献。张若平校长于 1996 年 1 月 12 日逝世，逝世前留遗嘱用自己仅有的一万元积蓄设立奖学金资助优秀的贫困生，"张若平奖学金"至今仍在学生资助工作中发挥重要作用。

1956 年，根据北京市建设单位人才培养需要，学校成立"北京市业余城市建设学院"，由北京市城建系统有关各局的局长及本校校长组成院务委员会，决定业余城建学院的重要问题。由北京市建设局局长王明之兼任院长，张人隽为常务副院长兼教务长，张若平兼任副院长。业余城建学院设办公室，分秘书、教务两组，党的工作由学校党总支统一领导。

1957 年年底，市政府决定撤销位于五棵松的北京市建工局干部学校，并入北京市土木建筑工程学校。1958 年 1 月干部学校全部学员和 21 名教职工，共计300 余人并入学校。

二、艰苦创业，建设新校园

在 1953 年独立建校之前，北京市人民政府已先期于 1951 年在二里沟征地200 多亩，在一片农田、菜地和荒野上，动工建设新校舍。原计划把整个北京建筑专科学校全部迁过来，后来根据中央关于院系调整的指示，中技部在这里独立建校。

1952 年 12 月 22 日晚上，新到学校不久的张若平副校长宣布了 12 月 29 日迁往新校舍的决定，又提到了新校舍的困难，比如，尚没有接电，自来水未通，厕所卫生设备不能用，没有暖气，房子也很潮湿等，要求同学们克服困难，并号召同学们到新校舍后要边学习边进行劳动建校。同学们听后并无畏惧，积极投入新校园的搬迁工作，开始了自力更生建设新家园的历程。

1952 年 12 月 29 日至 31 日，全校 600 名师生员工发扬"延安抗大"精神，

图 2-1-2 从北京展览馆鸟瞰北京市土木建筑工程学校 (1956)

自己动手,除床是由汽车拉送外,课桌、课椅、行李、图书等都是由师生徒步从复兴门外(原北京市建筑专科学校旧址,现北京市西城区南礼士路62号)扛到西郊二里沟新校区(现在的展览馆路1号校址),当天就将新宿舍、新教室收拾得整齐干净,晚上已有同学在装有日光灯的教室里上晚自习。

1952年年底的新校园,只建成了第一教学楼(现为教4楼),第一、二宿舍楼(现第一宿舍楼尚存,第二宿舍楼改建为学生综合服务楼),学生食堂(1958年改为校办厂,后重建为现在的南家属塔楼),盥洗室(现重建为学生宿舍6号楼)和北面的两栋平房家属宿舍(后重建为北家属宿舍楼)。当时,学生食堂的墙缝还没勾完,盥洗室水电也还没通。寒冬腊月,天寒地冻,新校舍水电未接通,师生们都在第一宿舍楼北面(现在为西城校区图书馆位置)的一口水井里打水洗漱。第二教学楼(后又改称为"机械楼",现为教5楼)、第三宿舍楼(后重建为现在的青年公寓)、教工食堂正在施工,校内还是一片凌乱的施工现场。当时第一宿舍楼暂时用作办公和教职工单身宿舍,第二宿舍楼作为学生宿舍,第一教学楼作为教室上课。

表 2-1-1 20世纪50年代学校师生自建教学楼概况

年度	主要设计人	完成建筑	现名称
1952	臧尔忠、张兆栩	实验楼	科研楼
1956.7	臧尔忠	学生食堂(礼堂)	大学生活动中心
1958.7	臧尔忠、张兆栩	教学9号楼	教1楼
1960.1	高履泰	学生宿舍楼(八角楼)	4、5学生宿舍楼
1963	臧尔忠、张兆栩	行政办公楼	办公楼
1965	臧尔忠	机电楼、建筑系馆	教学4、5号楼

学校总占地近 400 亩（当时市政府按照 400 亩地划批给学校，但受历史时期和办学前期条件所限，实际建成校园面积为 200 多亩），学校大门暂时朝北开（最初设计朝北开门，后因地块南移，校门最终开在东边），出校门往北可通往西直门外大街，往东可以从西直门进城，校门对面稍往西就是重新开放刚刚两年的"西郊公园"（现北京动物园），正北则是正在施工的苏联展览馆（现北京展览馆，当时现在的展览馆路还没有开通）。校舍周围很荒凉，处于郊区农田和乱岗地区，自然地貌是一片沟壑纵横及坑洼水塘，原始地形高差从-2 到+4 米，西北方有一座约 3 万立方米的土台须铲平，从东北角至西南角有一条 5 米深 3 米长 400 米的"二里沟"需要填平（学校附近地名"二里沟"据说即源于此）。

1953 年 1 月 2 日，学校在一片凌乱的施工工地中正式开课。在边建校、边上课的特殊情况下，校长鼓励师生排除干扰，集中精力全力以赴迎接期末复习考试。当年 13 个班中的每一个同学平均成绩均在 82 分以上，没有不及格的课目。

在全校师生齐心协力、共同努力下，学校于 1953 年五一国际劳动节前完成了新校区楼间场地的土方平整工作。五四青年节，全校师生在平整好的场地上召开大会，校长宣布第一期建校工程基本完成，第二期工程即将开始。在上级领导和城建系统有关单位的大力支持下，1953 年完成了第二教学楼、第三宿舍楼、教职工食堂的收尾工程，水、电全部接通，校园环境得到进一步改善。此后的十几年间，学校又相继建成实验楼、教学主楼（现在的教学 1 号楼）、机械楼（现在的教学 5 号楼）、饭厅兼礼堂、学生宿舍、教职工宿舍等共计 33818 平方米，基本上满足了教学的需要。

师生共建校园过程中最经典的工程是建设教学 9 号楼（现教学 1 号楼）。该教学楼由学校建筑工程系臧尔忠、张兆栩、高履泰三位教授主持设计，于 1958 年 7 月 18 日正式开工。开工后，地基开挖之初，正值雨季，突发的挖槽塌方让师生们经受了一次艰巨的考验。经过慎重商讨后，师生们决定进行基础加固，为此追加工程建设款 5.6 万元。挑砖、测绘、弹线、排砖……师生一起上手，共建校园。老师在实践中传授工程之道，学生在实践中感受劳动的乐趣，师生关系其乐融融。为了保障共建教学楼的顺利进行，学校各部门积极做好后勤保障服务：财务处老师提供上门服务，将学生的助学金送到施工现场；办公室老师为施工现场的师生端茶送水……一幕幕动人的画面在那一刻上演。但是求真务实更是学校的办学根本，考虑到建设一个五层建筑，和施工单位相比，学校自身在施工技术、设备、人员等方面还是存在质的差距。为了保证工程质量，学校决定在师生完成基础加固和一层建设工程后，将二层至五层的建设工程转交给市五建公司。工完料尽、质量第一是学校精于设计、精于施工的教学追求。在全体师生和市五建公司的共同努力下，1960年年初教学9号楼工程竣工并获得全优工号。工程的奠基石上刻有张若平老校长题写的"北京市土木建筑工程学校勤工俭学自建教学大楼 公元一九五八年七月十八日兴建"，现仍嵌在教学楼东北墙面上。

图 2-1-3 教学 1 号楼

图 2-1-4 张若平校长题写奠基石并镶嵌在教 1 楼基座上。题字为"北京市土木建筑工程学校勤工俭学建教学大楼 公元一九五八年七月十八日兴建"

　　独立建校初期，除了从原工业学校带过来的几架测量仪器、少量图板和物理实验室的几台仪器以及部分图书外，没有其他实验设备和体育器材。随着基建的逐年竣工，实验室也相继建立起来。1953年首先在第二教学楼一层，打通两个教室建起了物理实验室。实验设备简陋，只有八张粗制木板实验桌，学生做的实验只有物理测量、密度测量、单摆定律、摩擦定律、力的平行四边形等七八项；老师的演示实验也只有牛顿第一定律、第二定律、离心力、连通器原理等十几项。1954年又增加了自由落体、电阻定律等七项实验，老师演示的实验新增了液压与深度的关系等三项。1955年实验楼落成后，物理实验室迁至实验楼三层，至1956年已能开出教学大纲规定的全部实验项目。之后随着招生规模扩大，学校办学类型的发展变化，物理实验室面积不断扩大，学生的实验项目和演示实验都有较大增加。

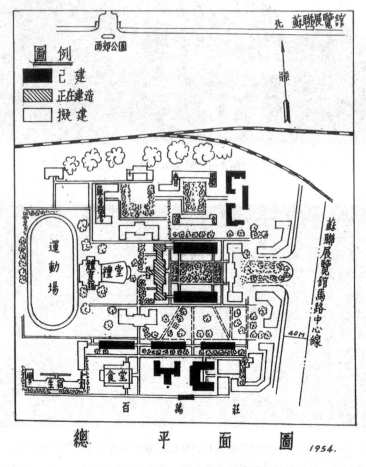

图2-1-5　1954年时学校总平面图

化学实验室始建于1955年实验楼建成后,到1959年化学实验不仅能满足中专教学大纲的要求,也能开出本科教学大纲规定的实验项目。

建筑材料实验室始建于1955年,除了购置砂、石、混凝土实验的设备外,还购置了一台120吨的压力机,到1957年基本达到了当时中等专业学校工民建、道桥、给排水等专业建材课大纲的实验要求。之后实验设备逐步增加,试验能力150千克到200吨的万能机和压力试验机均已具备,并增设了试件养护室、天平室等。

电工学课程约有四分之一的时间需通过实验课完成教学任务。电工实验室1955年基本建成,实验由电路、电动机、变压器三部分组成,此外还有上杆架线、实习操作等。

测量仪器室1955年建成,除原有的部分测量仪器设备外,又陆续购进了瑞士、德国、意大利等国生产的光学经纬仪、水准仪等25台。这批仪器的购进,使学校的测量仪器设备由旧式金属仪器更新换代为光学仪器,达到20世纪50年代的先进水平。

学校的大操场,当年是一片乱坟场。经过建校初期几届同学的课余劳动,于1955年建成400米长的标准跑道和足球场,后又在足球场北面陆续建成四块标准篮球场。同时,结合建筑专业的特点,在操场东南角设置了一些锻炼攀爬、登高能力的运动器械。

三、加强党的群团工作,推动学校事业发展

1953年独立建校时,学校即建立了"中国新民主主义青年团北京市土木建筑工程学校总支委员会"(学生团组织)和"中国新民主主义青年团北京市土木建筑工程学校教职工团支部",直属北京市西四区团委员会的领导。学生团总支和教职工团支部在学校党支部和团区委领导下,分别在学生和教职工中开展工作。1956年学生团总支改为校团委,教职工团支部改为团总支。1957年5月"中国新民主主义青年团"改为"中国共产主义青年团"。共青团西四区委与西单区委合并后,学校团委由西城区团委领导,教职工团总支隶属学校团委领导。1958年学校改大学以后,校团委由共青团北京市委直接领导。恢复中专后,团的工作仍由团市委领导。共青团组织在学校党委和上级团组织的领导下,无论在建校初期整顿学校秩序,开展先进班集体的活动,还是受学校党组织委托指导学生会的工作等方面都充分发挥了党的助手作用,取得了很好的成绩。各团支部在学生中组织了学习毛主席著作小组,定期为要求入团的学生讲团课。团委、学生会在学生中成立了各种文娱、体育社团,如乐队、舞蹈队、球队等,

丰富了学生的文体生活。乐队等文艺社团每逢节日都组织丰富多彩的演出，球队等体育社团在校内外的体育比赛中都获得了好成绩。学生会在组织全校学生搞卫生、协助有关部门搞好伙食等方面都做了大量的工作。教职工团组织团结青年教职工搞好本职工作、开展政治学习、向党组织推荐入党积极分子，做了大量工作。学生中共青团员约占学生总数的40%左右，教职工团员约占青年教职工总数的70%左右。

1953年学校建立了教职工工会组织。1956年学校工会改选，隶属西四区工会领导，1958年以后上级工会组织为西城区工会。1959年以后，学校工会归属北京市教育工会领导。在学习苏联教学经验进行教育教学改革中，工会组织全体教职员系统地学习了教育学相关理论、组织报告会，对推动教育教学改革起了很大作用。为了解决教职工生活中遇到的临时困难，工会组织了互助会，这项工作从20世纪50年代一直到后来的"文化大革命"都没有停止。工会还在配合教职工的时事理论学习，编发学习资料，组织观看电影戏剧，排练节日文艺演出，组织教职工开展文体活动，解决运动器材，组织运动会、旅游、休养以及办职工夜校等方面，做了大量工作，丰富了教职工的文化、娱乐、体育生活。

20世纪50年代初期，学校只有个别的民盟和九三学社成员，没有建立基层组织。1955年前后建立起基层组织，1957年年初九三学社、民盟各有成员十名左右。最初，学校的党支部、党总支对怎样做好民主党派工作还不甚了解。1957年4月7日中共北京市委召开会议，做出了"关于民主党派工作"的指示，明确了对民主党派要做到"政治上领导，生活上照顾"。党总支对做好民主党派工作的认识提高了，总支委员会及以后的党委会专门设了统战委员，每月召开一次九三学社和民盟的联席会议，听取他们对学校各方面工作的意见。九三学社、民盟两组织也经常召开组织生活会，开展批评与自我批评，民主党派成员思想觉悟不断提高，大多数成员能积极认真地做好本职工作，有的同志还发挥了学科带头人的作用，在培养青年教师工作中做出了贡献。

第二节　为首都建设培养中等技术人才

新中国成立后，北京中专教育体制逐步建立。1951年6月12日，教育部在第一次全国中等技术教育会议关于《积极整顿和发展中等技术教育》的报告中提出："中等技术教育的基本方针任务是根据新民主主义的教育政策，从国家建设的实际需要出发，整顿与发展中等技术学校，以理论与实际一致的方法，培养具有一般文化、科学的基本知识，掌握现代的生产技术，体格健康，全心全意为祖国为人民服务的初、中级技术人才。"① 1953 年，北京市制定了《改建和扩建北京市规划草案要点》，提出：首都应该成为我国政治、经济和文化中心，特别是要把它建设成为我国强大的工业基地和科学技术的中心。

根据国家"一五"发展规划的要求，为适应首都社会经济的发展需要，贯彻北京市委和市政府关于"学校的任务是为首都的城市建设培养合格的中等技术人才"的指示精神，1953 年 3 月，学校确定了"以理论与实际相结合的教育方法，培养具有文化科学知识，掌握一定工程技术，身体健康，全心全意为人民服务的技术人才"② 的办学方针和目标。

1954 年 6 月，为适应首都大规模的建筑和市政建设需要，北京市人民政府确定学校以培养中级建设人才为根本任务，这契合了 1954 年 11 月 24 日高教部颁布的《中等专业学校章程》中提出的"中专学校的任务在于培养具有马克思列宁主义基础知识和必要的普通教育、普通技术知识，掌握一定专业，身体健康，全心全意为社会主义建设服务的中等专业干部"③ 的培养要求。

一、适应北京城乡建设的工程专业，发展应用型建筑学科

1953 年 1 月 2 日，北京市土木建筑工程学校正式开课，增设了建筑工程科，形成了独立建校初期的建筑工程、道路工程、卫生工程 3 个学科专业。

新中国成立后，全国掀起了学习苏联教学经验的热潮。1953 年北京中专学校的专业设置完全采用了苏联中等技术学校的专业目录。同年，高教部发布《中等专业学校专业一览表》。1953—1957 年，北京中专学校专业设置须经教育部门审定，任何学校都不能自行设置专业。④ 在这种背景下，学校对专业设置进行了调整。1953 年暑假后，按照市领导对学校任务、培养目标的指示，学校确定了工业与民用建筑、道路与桥梁、给水与排水 3 个专业，学制 3 年，并着手组织教师修订教学计划，一年级增加了化学、几何，二年级增加了电工，三年

---

① 北京普通中等专业教育志编纂委员会. 北京普通中等专业教育志稿［M］. 北京：朝花少年儿童出版社，2001：94.

② 北京普通中等专业教育志编纂委员会. 北京普通中等专业教育志稿［M］. 北京：朝花少年儿童出版社，2001：102.

③ 北京普通中等专业教育志编纂委员会. 北京普通中等专业教育志稿［M］. 北京：朝花少年儿童出版社，2001：94.

④ 北京普通中等专业教育志编纂委员会. 北京普通中等专业教育志稿［M］. 北京：朝花少年儿童出版社，2001：130-133.

级增加了一些专业课、课程设计和生产实习。试行一段时间后，发现学生课业负担过重，学生考试成绩和身体健康状况下降，校领导组织全校教师研究了出现这种情况的原因，并修订教学计划，对教学内容贯彻"少而精""宁可少些但要好些"的原则，纠正了考试过多、作业过多、辅导不及时等问题，减少了学生会议和社会工作任务。

1954年，根据华北行政委员会的调整方案，学校拟增设房屋卫生技术设备专业，后因办学条件不足，特别是师资无法解决，校务委员会决定缓办，已招生的一年级学生第二学期转入道桥专业。1955年9月，学校建有工业与民用建筑、道路与桥梁、给水与排水3个专业，设有建筑学、结构、施工、测量、道路学、上下水、材料等7个学科委员会。

随着学校办学条件的改善和北京市城市建设发展的迫切要求，1958年增设了供热通风专业，1959年增设了建筑机械专业，1960年增设了园林专业。后来，经北京市城建委研究，认为园林专业需求量不大，决定停办，故该专业只招收了一届学生。

图2-1-6 北京市土木建筑工程学校首届学生毕业三十年合影（1983）

综上所述，1953—1978年，学校在原有的建筑工程科、道路工程科、卫生工程科3个学科专业的基础上，根据北京大规模城市改造和市政设施建设的需要，围绕建筑和市政两大领域，相继设立了工业厂房与民用建筑、建材材料、建筑机械、道路桥梁、城市园林、给水排水、采暖通风、供燃气、工程测量等新专业，先后建立建筑工程、市政工程等系，并强调与工程施工的紧密结合，务求实际应用。

二、全面学习苏联教育体制

1952年8月，教育部推行苏联中等技术学校用的数学、物理、化学及制图、工程力学、电工学、金属工艺学、机器学等八种普通课和专业基础课教学大纲，要求从当年起全国工业性质中等技术学校一年级新生使用。1953 年 8 月后，高教部陆续颁发了中等技术学校数学等普通课和制图等专业基础课的统一教学大纲。1954 年高教部颁发的《中等专业学校章程》规定，普通课和专业基础课的教学大纲由高教部制定和批准。1952 年至 1956 年，北京中专学校严格执行以中央教育部门颁发的教学大纲作为教学的基本文件。①

北京中专学校全面学习苏联办学经验，深入进行教育改革，逐步建立中专教育制度。各学校组织教师、干部参加各种讲习班，听苏联专家讲课，学习凯洛夫《教育学》及苏联教育理论。教学工作采用苏联模式：根据社会需要设置专业，确立各专业培养目标，按照理论联系实际的原则，制订各专业的教学计划、教学大纲，把政治课列入教学计划；建立完整的组织机构、规章制度和教学报表。系统引进苏联教育模式，促进了北京中专教育事业迅速发展。

1952 年，独立建校之前，学校就已经开始试行苏联的教学计划和教学大纲。苏联教学模式对学校教学工作的影响呈现出以下特点。

一是为各专业统一制订四年制教学计划的方法本身就是苏联教育体系影响的结果。1955 年，学校推行苏联教育模式、专业设置、培养目标、教学大纲和教材，实行校长负责制。学制由三年制改为四年制（故 1958 年没有毕业生）。只有道桥专业没有采用苏联的"城市道路专业"名称，而是坚持"道路与桥梁专业"名称。四年制的教学制度下，学生在入学时按照专业进行分班，之后几乎一直不变更。他们依照统一规定的学年课程进行学习，毕业后由国家统一分配至需求单位工作。

二是教学计划内容十分详细，具有制度化、统一化特点。学校建立了校务委员会和教务委员会，贯彻了国家考试制度。学校各专业制定了培养目标的具体内容，明确了课程设置，包括政治课、普通课、技术基础课、专业课与体育课。教学方式有课堂讲授、课堂讨论、习题课、答疑、作业、实验课、教学实习、生产实习、毕业实习、课程设计、毕业设计（论文）、考试、考查等，形成了一个比较完整系统的培养体系。在修订教学计划、编审教材的基础上，各专业依据教学计划审查了教学内容，避免了课程重复和脱节的现象。随后各专业开始研究试行苏联的教学及管理经验。各科一、二年级实行了新的考试、考查办法和五级分制，部分课程（力学、数学）试行口试，要求教师写出课时授课

---

① 北京普通中等专业教育志编纂委员会. 北京普通中等专业教育志稿［M］. 北京：朝花少年儿童出版社，2001：314.

计划才能上课。

学生各学年要学习的课程全部能事先制定，包括具体时间、考核方式（考试或考查）、占用学时数等都有安排。各科的学时还进一步被分配为实验、讨论自习、设计及论文等不同类型学习的时数。教学计划还将实习环节以制度形式加以固定，确定了专业实习、生产实习、毕业实习等内容的专门时间安排和持续周数。另外，在具体课程方面，各门课程的教学内容都有详细的大纲，不同的任课教师必须按照统一大纲内容进行教学，保证学生们接受到的教育都是相同的。考虑到当时师资力量和教学条件不足的具体情况，学校提出了逐步实施苏联教育模式的措施，决定从一年级开始严格执行部颁教学计划，三年级根据培养施工技术人才的目标，制订过渡性教学计划。学校选派教师观摩由苏联制图课专家的讲课和高教部在北京电力学校的全国制图学习班，教学水平得到很快提高。

三是注重理论联系实践。苏联教学计划的安排十分重视实习环节。1953年，学校在国家总体方针政策指导下，试行苏联的教学计划和教学大纲，除基础课、技术基础课外，专业课各有侧重，增加了课程设计、毕业设计等环节，同时延续了重视培养学生的动手能力、理论与实际、与生产实践相结合的传统，对学生的专业教育更为全面，形成了延续到改革开放之初的教育教学体制。学生在每个暑假都要进行对应于各学习阶段的学习，如教学实习、生产实习、毕业实习等等。同时学校实习环节真题真做，例如，师生共建西外大街的步道工程、新街口大街的便道灰土工程、展览馆路32号院砖混工程、参与密云水库及怀柔水库建设等，强调教学与劳动生产密切结合。

四是加强思想政治工作。为了加强学生的思想政治工作，学校注重对班主任的选配与领导，明确了专业科主任既要抓好教学，又要领导班主任工作。各专业科选配了秘书，协助科主任做好班主任工作。各班级开展了社会主义思想教育及专业思想教育，整顿了学校纪律。

三、成立北京市业余城市建设学院，开启成人教育

1956年，高教部在第三次全国中等专业教育工作会上提出："为适应第二个五年计划对中等专业干部的需要，在最近三年内，中等专业教育要加速发展，同时发展业余中等专业教育。"① 为了多出人才、出好人才，适应首都城乡建设

---

① 北京普通中等专业教育志编纂委员会. 北京普通中等专业教育志稿［M］. 北京：朝花少年儿童出版社，2001：11.

图2-1-7　学生参加北京展览馆广场施工（1954）

图2-1-8　学生在西滨河路污水截流管工地毕业实习（1954）

对中等专业技术人才的需要，北京市土木建筑工程学校在办好全日制普通中专班的同时，积极开展业余教育，经过教学改革，逐步由单一的全日制学历教育，发展为学历教育与非学历教育结合，全脱产与半脱产、业务结合，长班与短班结合等多种办学形式，为学校成为北京市建设人才和干部的重要培养基地奠定了基础。

图2-1-9　北京市业余城市建设学院校徽

学校经过四个月筹备，于1956年8月正式获批成立"北京市业余城市建设学院"（改革开放前简称"业大"，这也是后来学校夜大学、继续教育学院的前身），设中技班、大学班。设置工业与民用建筑、道路与桥梁、给水与排水三个专业，学制六年（相当全日制大学本科四年），周学时为12。大学班学生来源为首都城建系统各部门业务骨干及本校具有中专文化程度的职工。中技班学制五年，学生为城建系统的具有相当初中文化程度的职工。所有报考人员均应由各主管单位人事部门审核统一报考。

1956年8月，业余城建学院大学班首次招收给排水专业、道桥专业各2个班共165人（包括试读生28人），学生中具有中专毕业学历的占90%。中技班招收给排水专业、工民建专业各一个班共174人。1957年高教部决定业余大学思想政治工作由各单位负责，取消政治课，周学时数由12改为9，学制由六年改为五年。1957年5月至1958年7月，因全国开展整风、反右运动及"大跃进"的影响，学生出勤率受到严重影响。

从1956年至1961年，业余城建学院大学班共招收给排水专业、工民建专业、道桥专业学生660人，中技班学生360人。1962年未招生，接收市政设计院给排水专业37人，接收六建公司工民建专业19人。到1963年，业余城建学院大学班在校生有给排水三个班96人，道桥专业一个班21人，工民建专业四个班242人，共计359人。中技班在校生为工民建专业一个班共10人。业余城建学院从1963年起停止招生。

业余城建学院的任课教师，中技班是本校教师，大学班主要靠外聘，也陆续调入一些教师。到1957年调入教授2人、讲师2人、助教10人，还有行政干部8人。1958年学校升格为大学，即北京市土木建筑工程学院更名为北京建筑工程学院。院党委提出学校实行大学与中专并举，日大与业大并举，教师统筹安排，业大的14名教师并入北京建筑工程学院各系，原业大常务副院长兼教务长仍负责业大工作，教务处有 2 名同志负责监管和办理业大教务工作。1961 年北京建筑工程学院大学部并入北工大，学校恢复中专教育与业大仍为一体，原业大院务委员会自然消失。

业余城建学院总计有正式毕业生（发毕业证书）67 名，其中 1957 年 9 月至 1962 年 7 月，工民建专业毕业 36 人，给排水专业毕业 8 人。1958 年 9 月至 1964 年 1 月，工民建专业毕业 14 人，给排水专业毕业 9 人。

第三节　会聚学科骨干，注重实践教学

1952 年 6 月，教育部发出通知，要求高等学校采取短期速成与长期培养统筹兼顾的人才培养方式，大量举办专修科，为中等学校培养师资；并要求中等技术学校的主管业务部门从自己企业或单位的技术人员中聘任兼职教师。北京市中专学校师资来源渠道有多方面：教育行政部门负责配备公共课、政治课教师；各业务主管部门负责配备专业基础课和专业课教师。①

1953 年在建校初期，学校教师队伍和干部队伍的数量、质量与实际需要相差甚远。当时专职教师很少，基础课、技术基础课、专业课加上近三年留校的助理教师，总共只有三十人，大部分课程靠兼职教师。面对教师严重不足的情况，校领导非常重视，一方面积极请示北京市领导和有关各局，请求继续支持、安排兼职教师；另一方面校务委员会和校领导认真研究，采取了三项措施加强教师、干部队伍的建设。

一是北京市领导从各有关委办局和其他单位协调、支援，先后抽调、聘请了一批专业理论和实践经验丰富的高级技术人员来校任教。1953 年暑假后，市领导先后为三个专业调来了三位科主任（工民建张兆栩、道桥袁德熙、给排水兴振声）。1953、1954 两年间又先后调入十多位专业课教师、十多位基础课教师，缓解了一些课程特别是专业课缺乏教师的状况，有些教师还担任了教研组的领导和培养年轻教师的工作，发挥了学科带头人的作用。到 1966 年已调入六十多位专职教师。

二是争取上级人事部门分配一些业务较好的本科毕业生，或由高校支援一些早期留校的青年教师。这些教师虽然数量不多，但他们年富力强、基础扎实，

---

① 北京普通中等专业教育志编纂委员会. 北京普通中等专业教育志稿［M］. 北京：朝花少年儿童出版社，2001：417.

后来大多成了教学的骨干力量。至1966年，以这种方式来校的教师有五十人左右。

三是每年选择一批本校优秀的毕业生留校担任助理教师，走自己培养的道路。除1950年到1952年由原工业学校留校的十三人外，从1953年起到1959年毕业生共留校七十多人，除少部分人做教辅和行政工作外，大多数经过培养担任了教学工作。

为了加强师资队伍建设，1953年3月10日，学校将以上措施写进学校组织章程（草案），规定："建筑、道路、卫生等专业科的科主任及技术课教师，按不同业务性质分别由建筑工程局、建设局、卫生工程局及其他有关部门调派或聘请一定的技术人员专任或兼任。""为培养各专业技术课师资，得配备品学兼优的毕业生为技术课助理教师。"并提出："为有计划地培养专任教师，增强技术课教师的技术能力及科学理论水平，得商请业务单位试行建立定期交流技术课教师和技术人员的制度。"①

通过采取上述措施，教师队伍逐年发展，到1956年专职教师已成为教师队伍的主体，1958年以后全部课程都由专职教师担任，并且能够轮流安排一部分青年教师到高校进修，使教师队伍的业务素质不断提高，到1966年已形成一支结构合理、素质较好的教师队伍。

学校会聚了一批相关领域的著名专家、学者。

结构工程专家陈九征教授，美国康奈尔大学工学博士、著名结构力学专家，是学校结构工程学科奠基人。

给水排水及环境工程专家张人隽教授，美国哈佛大学博士、给水排水工程专家，抗战期间曾主持重庆下水道工程，享誉中国市政工程领域，是学校环境工程学科奠基人之一。

建筑光学专家吴庆华教授，毕业于唐山铁道学院，后赴美留学，获美国伊利诺伊大学建筑学院硕士。曾任北京都市规划委员会建筑师，首都人民英雄纪念碑工程处副处长、北京天安门和人民大会堂的灯光照明系统总设计师。1953年任学校副校长，为学校建筑电气学科创始人。起草我国建筑物理十年发展规划，是我国建筑光学的开拓者和推动者。

能源环境工程专家陈明绍教授，1936年毕业于清华大学土木工程系，曾历任北京市卫生工程局副局长兼总工程师，上下水道工程局局长兼总工程师，

---

① 北京普通中等专业教育志编纂委员会. 北京普通中等专业教育志稿［M］. 北京：朝花少年儿童出版社，2001：417.

1958 年来学校任教。担任龙须沟工程的设计和施工总负责人，参加十三陵水库、密云水库、永定河引水工程等北京重点水利工程的规划与设计。

建筑设计专家高履泰教授，毕业于日本东京工业大学建筑学科，1953 年来学校任教，曾任学校建筑科副主任、建筑系主任等职。在建筑色彩设计方面享有较高学术声誉，精通多国语言，翻译了维特鲁威的《建筑十书》等多部国外建筑学经典著作。

城市规划专家温梓森教授，曾参与北京旧城的规划和改造工作，是北京城市规划的先驱者之一。1953 年来校任教，为学校建筑与城市规划教育奠定了坚实的基础。

建筑设计与中国古建专家臧尔忠教授，毕业于北京大学工学院，1952 年来校任教，主持设计过学校多座教学楼、实验楼、大礼堂、宿舍等校园建筑，是中国古建构造及文物保护专家。20 世纪 80 年代初，赴美国纽约布法罗大学开设"中国古建"课，成为在美国大学开设中国建筑课程的第一位中国学者。

同时，学校的党政干部力量也不断得到加强，对领导学校事业发展、管理学校党政事务起到重要作用。学校的党政管理干部一部分是由原工业学校来的，一部分是上级逐年调入的（包括建工局干校合并过来的），到 1966 年达到六十多人；本校毕业生中也有一些留校专职从事党政工作，到 1966 年留校从事教辅或党政工作的约有五十多人。

从 1953 年到 1966 年，教职员工队伍的发展呈现两个高峰，第一个高峰是 1958 年改学院以后到 1961 年年初恢复中专，这期间教职工队伍曾发展到 550 人左右。从 1961 年 1 月至 1962 年 11 月精简教职工 250 多人，其中合并到北京工业大学 30 多人，还有一部分青年教职工调到生产单位。第二个高峰是 1963 年办财会班时又调入一批财会专业的教师，并留校了一批政治辅导员，到 1964 年教职工队伍达 400 多人，其中教师人数约占 50% 左右。

学校抓住首都大规模建设有利契机，围绕为城乡建设服务，加快推动首都住房建设与市政基础设施建设这一主线，培养学用结合、务求应用的工程专门人才。在基本功训练、专业教育、工程实习等方面，努力探索出一条新路。

一是结合专业开展勤工俭学活动。新校区建设过程融入了广大师生的共同智慧与汗水，师生在十几年里，克服困难，通过勤工俭学，自己动手建设校园，先后完成了实验楼、学生食堂（礼堂）、教学 9 号楼、宿舍楼、行政办公楼、教学 4 号楼、教学 5 号楼等建筑。除此之外，学校师生还通过边干边学、勤工俭学的方式承接了众多首都市政建设工程：建筑科师生承担了百万庄住宅楼等四项房屋建筑施工工程 1.087 万平方米和 1.0036 万平方米的设计任务；道桥专业师生承担了西外大街的步道工程和新街口大街的变道灰土工程，两项工程共计2.232万平方米；给排水专业师生承担了2537米上水道管道安装修建工程。据不完全统计，1958年全校师生参加勤工俭学劳动11.687万个劳动日，完成产值48.2405万元，创造净收入14万元；1959年完成12万个劳动日，完成产值50万元，净收入7万元。

图2-1-10　道54届同学在北海公园（时为学校的实习基地）学习测量课（1954）

二是结合实际工程进行专业培养。学生的毕业设计由过去的假题真做改为结合工程实际进行真刀真枪的设计。如道桥专业结合门头沟斋堂公路大桥建设、给排水专业结合清河上下水道工程建设进行现场教学，工民建专业结合本校宿舍楼工程进行实际应用的毕业设计。

图2-1-11　道410和411班在斋堂大桥工地勤工俭学劳动，老区人民专程到学校表达感谢（1958年2月）

图 2-1-12　道桥专业同学到正在建设的京张国道实习（1952）

　　三是结合科研和生产一线实际需求修订人才培养方案。组织师生走访生产单位、高等院校、科研单位，广泛征求工程技术人员、工人的意见，结合我国土建类学科发展实际，开展教学计划修订、教学大纲和教材编写工作，促进教学与人才培养质量的提高。

　　短短 5 年时间，学校迅速发展，师生们边干边学，积极参与校园建设以及首都城乡建设，实习工厂不仅满足学生的实习，还能够生产加工各类工业制品和机械零件。大批高质量毕业生源源不断地被输送到北京和全国各地，在城乡建设战线大展宏图。其中，很多毕业生都在北京和全国的大型建筑企事业、设计院所担任要职，一大批毕业生成为国家建设战线的技术骨干力量，为城乡建设做出重要贡献。

第二章

北京建筑工程学院（1958—1961）

1958年5月，中共八届二次会议通过"鼓足干劲，力争上游，多快好省地建设社会主义"的总路线，全国掀起建设社会主义的新高潮。1958年9月，中共中央、国务院《关于教育工作的指示》提出"争取在15年左右的时间内，基本上做到使全国青年和成年，凡是有条件和自愿的都可以受到高等教育"，全国高等教育开始迅猛发展。在此背景下，1958年9月，学校升格为大学，校名改为北京建筑工程学院。在这一期间，学校有了新发展，办学层次与规模迅速提高，广大师生热情高涨，积极投身首都建设大潮之中。

第一节 开启全日制本科教育新阶段

1958年至1960年，随着全国掀起社会主义建设新高潮，北京城市建设全面展开，北京中专学校高速发展。原有学校招生规模成倍增加，1958年下半年，北京8所条件较好的中专学校升格为高等学校。根据国家发展形势需要，1959—1961年，这8所学校又先后恢复了独立的中专学校建制①。北京市土木建筑工程学校就在其中。1958年9月学校升格为北京建筑工程学院，设置大学部、中专部，院长由北京市建委主任赵鹏飞兼任、张若平任副院长。改为学院后，党、政隶属关系发生了变化，党的工作及教育大政方针由市委大学部负责领导，教育行政主管归属市高教局领导，干部人事工作、专业设置等方面由市委建工部和市建设委员会负责；财务仍由市财政局直接管理。

学院的管理机构设院长办公室、教务处、人事处、总务处、学生科、科研生产处。教学单位设一部两系，即基础部、建筑工程系、市政工程系，统筹安

---

① 北京普通中等专业教育志编纂委员会. 北京普通中等专业教育志稿［M］. 北京：朝花少年儿童出版社，2001：20.

图 2-2-1　北京建筑工程学院优秀工作者合影（1958）

排本科与中专的教学工作。基础部负责基础课、技术基础课的教学工作。建筑工程系设三个专业，工业与民用建筑专业（招收大学本科班与中专班），建筑材料专业（1958年设立，招收大学本科班），建筑机械专业（1959年设立，招收中专班），市政工程系设四个专业：道桥专业，给水排水专业（招收大学本科班与中专班），采暖通风专业（1958年设立，招收中专班），园林专业（1960年设立，招收中专班）。

1958年9月，中共中央、国务院《关于教育工作的指示》要求，多快好省地发展教育事业，并确定了"教育为无产阶级政治服务、教育与生产劳动相结合"的工作方针。北京各高校掀起"教育大革命""教育大跃进"运动。"大跃进"期间，虽然学校在教学方面存在缺乏经验、急于求成的现象，但是学校办学条件有了明显改善，以为首都城乡建设培养专业技术、管理干部为特征的教育体系逐步建立，学校中专、大专、业大等多种类型的毕业生逐步成为北京市城建系统各部门技术干部与管理干部的重要来源。

升格学院后，由于增设了大学本科的相关专业，为了满足一般专业的实验大纲要求，需要新建实验室，原有实验室需要添加大量实验设备、开设科研场地，师生们建设校园的热情高涨。1958年建材实验室增添大量实验设备，准备筹建大型实验馆和开设科研场地，1960年建成土力学实验室。土力学实验室由土工实验室、土力学实验室、地质资料室三部分组成。土工和土力学实验室可以做土质学和土力学的基本试验，地质资料室还有各种地质模型，基本满足了土力学课程要求。1964年建成力学实验室，能够开设钢筋、木质等建筑材料的拉伸、压缩、弯曲等试验。1959年，测量仪器室购置了德国制造的光学经纬仪、水准仪各11台。1960年至1966年，又相继购置了国产游标经纬仪、水准仪各10台，完全满足了测量课教学的需要。

　　学校招生规模也逐年扩大，自1958年暑假至1961年年初大学部分并入北京工业大学前，共招生三届21个班673名学生。1958年入学的学生，在并入北京工业大学前，学完了基础课和技术基础课及部分专业课，专业课也学习了部分内容，并结合生产实际进行了课程设计和科研活动，还参加了生产实习、劳动等实践环节。1959年和1960年入学的学生在学校学习期间主要学了基础课和部分技术基础课。

表 2-2-1　大学本科班招生统计表

时间 专业	1958年		1959年		1960年		1961年
	班级	人数	班级	人数	班级	人数	
工业与民用建筑	1	40	2	82	4	133	本科班转入北京工业大学
建筑材料	2	68	2	58	2	68	
道路与桥梁	0	0	2	51	2	61	
给水与排水	0	0	2	59	2	53	
合计	3	108	8	250	10	315	
总计：1958、1959、1960年共招生673人，21个班							

　　1958年冬，一场大炼钢铁的运动在全国打响，北京建筑工程学院也不例外。校园里到处都在砌炉炼钢，白天工作，轮流劳动。教师们晚上加班干到深夜，第二天清晨又赶到学院上班。学校加强政治思想教育和生产劳动教育，强化教师全面负责的教育思想，提高学生生产实践和实际工作能力。但由于缺乏对教育方针的全面理解，教学工作存在主观主义，一段时间内忽视了教师在教学工作中的主导作用。1958年年底，学校党委在总结工作时，提出应以教学为主，适当控制劳动时数，发挥教师主导作用，正确处理红与专、政治与业务、干劲

表2-2-2 中专历年招生、毕业生统计表

班级人数 年份	招生班数 水	道	建	供	机	园林	总数	毕业班数人数 水 班	人	道 班	人	建 班	人	供 班	人	机 班	人	园林 班	人	总数 班	人
1950	1	1					2														
1951	1	1	1				3														
1952	3	3	3				9														
合计	5	5	4				14														
1953	2	2	4				8	1	45	1	43									2	88
1954	2	2	4				8	1	34	1	32	1	38							3	104
1955 改四年制	2	2	6				10	3	112	3	118	3	151							9	381
1956	2	2	6				10	2	88	2	75	4	175							8	338
1957			2				2	2	94	2	90	4	183							8	367
1958	1	2	7	1			11														
1959	2	2	1	2	2		9	2	85	2	70	6	229							10	384
1960	2	2	4	2	2	1	13	2	105	2	93	6	265							10	463
1961	3	1	5		2		11					2	55	1	39					3	94
1962	1	1	2	1	1		6	1	40	2	71	7	278							10	389
1963	1	2	2	1	2		8	2	67	2	57	1	50	2	55	2	73			9	302
1964	1	1	2	2	2		8	2	90		43	4	121	2	88	2	60	1	18	13	420
1965	1	1	2	2	2		8	3	111	1	38	5	180			2	68			11	397
1966								1	37	1	34	2	71	1	32	1	33			6	207
合计	20	20	47	11	13	1	112	22	908	21	764	45	1796	6	214	7	234	1	18	102	3934
1967								1	44	2	63	3	106	1	41	2	84			8	338
1968								1	40	1	48	2	78	2	75	2	79			8	320
1969								1	42	1	43	2	81	2	83	2	81			8	330
合计								3	126	4	154	6	265	5	199	6	244			24	988
总计	25	25	51	11	13	1	126	25	1034	25	918	51	2061	11	413	13	478	1	18	126	4922

与修整、教师与学生、老教师与青年教师等关系问题。1959 年 9 月，学校贯彻市委西苑会议精神，提出"稳定教学秩序，提高教学质量"的方针。同年 2 月，学校根据中央六中全会指示的冲天干劲与科学分析结合的精神，制定并上报了《1959 年跃进计划纲要》。4 月，学院成立第一届院务委员会并颁布《北京建筑工程学院院务委员会组织条例》。学校工作虽然受到运动影响，但是运行管理还属正常。

第二节　投身北京建设主战场，参加首都"十大工程"建设

　　1958 年 8 月至 1961 年，为贯彻落实党的教育方针，学校加强了思想政治教育和生产劳动环节，实行教学、生产、科研三结合的培养方式，既提高研究水平，又促进教学提升。广大师生结合专业特长，深入工地，边干边学，积极参与人民大会堂、十三陵水库、怀柔水库、密云水库、门头沟斋堂公路大桥等重大工程建设，在首都"十大工程"建设中建功立业。

一、参加首都水利工程建设

　　为了灌溉北京郊区和周边的 100 万亩农田，1958 年 2 月，经河北省委和北京市委批准，通县地委决定以民办公助方式修建怀柔水库。这项工程由北京市派技术人员负责勘探设计，通县地委筹措工力并组织施工，北京建筑工程学院负责水库施工质量控制。1958 年 3 月 9 日，学校师生组成庞大的质控队伍，深入水库工地，逐层逐段检查化验。为了让水库建设者都能掌握施工质量要求，师生们在每项新任务下达后，立即分头召开支队民工大会讲授这些要求，比如，讲材料的标准、铺填层的厚度、每层碾压的遍数、层层段段的衔接方法等，反复说明层与层之间不能有任何草根、烟头、纸屑等。有一次，李振环同学看到一块约 150 千克重的石头正顺山滚下，便奋不顾身地扑上去挡住石头。叠水下面和山腰间施工的民工得到安全，他却受了伤。他的事迹很快传遍了工地。1958 年 6 月 26 日，周恩来总理视察怀柔水库工地，接见了学校师生并合影，还与水 11 班学生包黛妹交谈。周总理笑着说："会做吗？"包黛妹回答："边做边学。"周总理高兴地鼓励道："边做边学是我们革命的特点。"①

---

　　① 宋庚龙.周恩来总理视察怀柔水库［N］.春秋周刊（人民政协报），2011-12-08（B1）.

图 2-2-2 周恩来总理视察怀柔水库，接见北京市土木建筑工程学校师生
（1958 年 7 月 20 日）

1958 年 9 月，应北京市委农村工作部的要求，学校派出 280 名学生赴密云水库建设工地支援，从事大坝施工测量、坝体质量控制工作。其中道路和给排水专业二年级学生 176 人、建筑专业一年级学生 51 人、给排水专业一年级学生 53 人。学校非常重视结合实际加强教学，教师在工地现场讲课，学生实行半工半读，一边在工地劳动一边上课，持续一年多才撤回学校，为此学生推迟一年毕业。学校以"一带一"的形式为密云水库建设工地培养了近 500 名初级技术员（高小程度），部分民工学会了使用计算尺，检查材料配合比，评定建筑材料质量等技术常识，形成了一批水库建设新生力量，为北京水利建设做出了重要贡献。

1958 年至 1961 年，学校先后有 700 人参加十三陵水库"工兵营"的建设生产劳动，组织全校师生参加西四区人工湖义务劳动。

二、参加人民大会堂建设

1958 年，时任副校长吴华庆教授率领团队参加国庆工程之一人民大会堂光

图 2-2-3　学校师生在十三陵水库实习和劳动合影（1961）

学设计及测试工作，对人民大会堂大礼堂富丽堂皇的照明设计提出了宝贵意见。

曾任学校副校长的赵冬日主持设计的人民大会堂方案，经过 35 天 7 轮评选，从 185 份方案中脱颖而出，一举夺魁。方案包括万人大会场、5000 人宴会大厅和全国人大常委会机关办公楼三大部分。其中大会堂后门外，设计了宽敞的中央大厅，既可作为休息厅，还能举行纪念活动；宴会厅设计更堪称一绝，由最初设计在一层改成二层，跨度 108 米。人民大会堂建筑设计，将几种不同功能的巨型建筑融于一体，举世罕见。

1958 级校友李瑞环，时任北京第三建筑公司木工青年突击队队长。他们接到工程指挥部下达的急重任务——8 天内制作一段 200 米长的屋顶外檐模板。以往这种活儿需要采用传统工艺"放大样"，即按照设计图纸上的小样放大，绘制到一张几平方米甚至更大的木板上。李瑞环想：如果按照老规矩放大样，占用场地大、工作效率低，而且现有的施工场地不够用。他便大胆运用刚在学校学会的数学知识，直接在施工现场制作模板，只用了 3 天时间就完成了任务。李瑞环后来被誉为"青年鲁班"，获评"全国劳动模范"，受到毛主席接见。

（a）　　　　　　　　　　　（b）

图 2-2-4　学校 400 余名学生在人民大会堂工地进行实习并参加劳动

建筑科广大师生参加了人民大会堂的施工劳动，从混凝土基础到砌墙，从绑扎钢筋到浇灌混凝土，学生们在生产劳动中学到了很多实践知识，教师结合施工现场进行现场教学活动。在这些生产劳动锻炼中，师生中先后涌现出 11 个先进班集体、350 多名先进个人，并多次受到北京市的表彰。

三、建设实习工厂

1958 年，全国掀起"大跃进"建设高潮，北京很多中专学校积极落实中央关于"学校办工厂，工厂办学校"的指示，除将原来的实习工厂改造、扩建为生产工厂外，还进一步扩建实习工厂。

这一年，学校利用旧食堂改建成厂房，把 1955 年建立的简陋的实习工厂扩大，建成了一座教学实习与生产相结合的校办工厂。据统计，1958 年创造产值20 万元。实习工厂原来只有木工、金工两个车间，只有八台木工机械和很少的钳、锻、焊工具。全厂职工自力更生，采取土洋结合、自己制作和外加工相结合的办法，把工厂发展成一个有铸工、锻工、车工、钳工、焊工、刨工、木工等多工种及多台机器的校办厂，建成能够紧密配合教学、理论联系实际、对学生进行劳动教育的基地，同时还能接受加工订货，成为具有实际生产能力的校办工厂。

此外，全校师生还创办了联合工厂、小水泥厂、菱苦土构件厂等，后都因设备、原材料、资金等问题无法解决而停产或不能投产而结束。

四、科研成果服务社会

1959 年物理教研组研制的"精密电子稳流稳压器""Ⅰ型电子模拟计算机""京建 105 型定标器"等 12 项科研项目及产品，除一项为仿制外，其余均为自行设计、研制，其中"精密电子稳流稳压器"经南开大学鉴定，稳定度电压达到二十万分之一，这台仪器被选送参加了在北京及武汉举办的全国展览会，并由出席世界青年联欢节的中国青年代表团作为礼物送给了莫斯科青年。

在此期间，学校师生与业务单位协作，参与了长安街规划、道路翻浆问题、沥青路面泛油问题、污水污泥综合利用、放射性污水处理等科研项目，提高了科研能力，推动了教学质量的提高。

第三章

北京建筑工程学校（1961—1977）

　　1961年2月，随着国家高教政策的调整，北京市委市政府对首都高校进行战略布局调整，学校大学部的师生被合并到新筹建的北京工业大学。学校更名为北京建筑工程学校，继续以培养中等工程技术人才为主，直到1976年粉碎"四人帮"，恢复高考。这段时期，学校发展大概分为三个阶段：一是1961年至1966年，学校根据国家经济发展需求，不断调整和制订新的战略规划，探索中等专业教育发展之路；二是1966年至1971年，"文化大革命"全面爆发，学校受到严重冲击，正常的教学、科研和生活秩序被完全打乱；三是1971年至1976年，学校克服重重困难，采取多种措施，在逆境中坚持办学。

　　从"大跃进"结束后的调整与提高，到调出大学部支持创建北京工业大学，再到"文化大革命"中的逆境前行，学校可谓不断面临着挑战与压力，却也在这段考验中不畏艰难、抓住机遇，顽强拼搏、坚毅笃行，上交了一份勤勉奋进、自强不息的答卷。

第一节　调整办学类型，推进教学改革

一、大学部调整，支持创建北京工业大学土建系

　　1961年6月，中共北京市委市政府贯彻中央提出的"调整、巩固、充实、提高"的八字方针以及教育部三次全国学校调整工作的精神，对北京中专学校采取定（定发展规模）、缩（缩小发展规模）、并（与他校合并）、迁（全部或部分迁离北京）、停（停办）等方式进行调整。① 在全国调整教育的精神指引

---

① 北京普通中等专业教育志编纂委员会. 北京普通中等专业教育志稿［M］. 北京：朝花少年儿童出版社，2001：5.

下，1961 年 2 月，北京市将学校部分专业和师生并入北京工业大学，学校更名为北京建筑工程学校，学制 4 年，隶属北京市建设委员会。

图 2-3-1　学校领导和全系同志欢送抽调到北京工业大学的师生合影（1961）

1961 年 2 月，学校 41 名教职员工被调到北京工业大学工作，副校长吴华庆也在其中。同时，学校 4 个专业共 21 个班级的学生，转入北京工业大学学习。合并到北工大的师生，分乘六七辆大轿车浩浩荡荡地从北京展览馆路的校园出发，直奔北工大在潘家园南磨坊的临时校址。那时候的北工大四处都是农田，视野开阔，只有几栋楼孤零零地矗立在那里，没有围墙也没有大门，教学条件也比较差。[①] 北京工业大学的校报曾记载了那段历史："1961 年，……北京建筑工程学院大学部的 58、59、60 三个年级，四个专业的 645 名学生进入北京工业大学学习……原北京建筑工程学院副院长吴华庆教授就是其中一员。""北工大当年会集了几位建筑领域大师级的人物。陈明绍是我国著名的能源环境专家，原是北京建筑工程学院的一员。"

二、调整专业办好中专

更名为北京建筑工程学校后，学校专注于中等专业教育，学制四年，上级隶属关系没有变化，仍隶属于北京市建设委员会。学校领导班子和管理机构调整为：校长张若平，党委书记周立人。

---

① 李荣发. 风雨征程五十载 [M]. 北京：北京工业大学出版社，2010：45.

1963 年党委改选后，选举产生 7 名党委委员：周立人、罗茜、李钦、张若平、常紫亮、朱金川、黄云芳。周立人任党委书记。1966 年 3 月 22 日党委改选，选举产生 11 名党委委员：周立人、李钦、张若平、常紫亮、朱金川、郑次葵、付敏、骆太乡、祝铁成、朱九富、刘兰英。周立人任党委书记。

1961 年，学校行政办事机构有：校长办公室、教务处、总务处。教学单位设一室三科，即公共教研室、工民建专业科、市政专业科、机械供热科。专业设置为工业与民用建筑专业、道路与桥梁专业、给水与排水专业、建筑机械专业、采暖通风专业 5 个，学制均为 4 年。

学校调整专业设置。1961 年 9 月 13 日，学校党委研究决定专业科的机构合并为三个，即工民建园林专业科、道桥给排水专业科、机械供热通风专业科。1962 年 5 月 12 日，又将 3 个专业科调整为 2 个专业科，即建筑工程专业科和市政工程专业科。原机械供热专业科分为两部分：机械、电工教研组并入建筑工程专业科，供暖教研组并入市政工程专业科。

1962 年，教育部发布《关于进一步调整教育事业和精简职工的报告》后，北京中专学校进一步调整。从 1961 年 1 月至 1962 年 11 月，学校精简教职工 250 多人，其中合并到北工大 30 多人，返乡工人 20 多人，还有一部分青年教职工调到生产单位。1963 年学校办财会班时，调入一些财会专业的教师。一批学生留校做政治辅导员，到 1964 年教职工队伍达 400 多人，其中教师人数约占 50% 左右，教职工人数又一次达到高峰。

重视教材编纂。1956 年，建设部开始组织"统编"教材，学校踊跃参加相关专业统编版教材的编审工作。20 世纪 50 年代初期，北京市乃至全国都没有适合中等专业学校的专用教材，普通基础课大都选用大学教材择其部分内容讲授，技术基础课、专业课则由任课教师自编讲义。经多年的努力，到 1966 年，学校绝大部分基础课、技术基础课和专业课都有了自编或统编的专用教材。由学校教师主编、出版社正式出版发行的《工程制图》《钢筋混凝土》等教材，成为全国通用教材，受到社会一致好评。此外，学校还出版了袁德熙主编的《城市道路设计》、方志禾主编的《钢筋混凝土桥梁》、张儒源主编的《施工组织设计》等教材。全国中专"道路专业"通用教材由学校与上海城建学校编写。1964 年，学校著名结构动力学家钱培风教授编著了中国第一部《结构动力学》，为中国地震工程研究奠定了重要的理论基础。

修订规章制度。这段时期，学校党委组织全校教职工系统学习了教育部苏州会议的精神和《高教六十条》《中专 55 条》等。各专业又在此基础上依据建工部《关于修订建筑类中等专业学校教学计划的原则规定》，修订了教学计划及一系列的规章制度。如 1962 年修订了《学籍管理暂行规定》《学生考勤暂行规定》《学生成绩考核及升降级暂行办法》，制定了《关于学生参加校内公益劳动的暂行规定》。1963 年制定了《各级领导制度暂行规定》，划分了专业科、公共教研室、教学研究组以及校、科（室）的职权。1964 年制定了《关于贯彻执行教育部颁发的〈中等专业学校学籍管理办法（草案）〉的具体办法（草案）》《关于贯彻执行教育部颁发的中等专业学校学生成绩考核和升留（降）级办法（草案）具体办法（草案）》《关于组织学生进行生产劳动及实习工作暂行规定（试行）草案》。1966 年制定了《半工半读班级生产劳动期间有关制度暂行规定》《非半工半读班级劳动期间关于劳逸结合原则几项具体规定》，对劳动时间、加班夜班、作息制度等都做了具体规定。这些规章制度的制定为贯彻教育方针提供了制度保障，对其他兄弟院校起了一定的示范作用。

三、培养建筑企业财务骨干人才

1963 年，随着城市建设发展，北京市急需一大批财务管理干部，根据市委市政府指示，学校开始举办北京市城市建设财务会计训练班，大规模培养北京建筑企事业财务骨干人才。培训班学制为 2 年，当年计划招生 500 人，实际招生 452 人（男 295 人、女 157 人），并于 9 月 25 日正式开学。从 1963 年至1965 年，共招收三届，先后培训学生 1100 余人。各项工作在学校党委统一领导下进行，学生来源为应届高中毕业生。财会班所学课程除了政治理论课、体育课之外，主要有会计原理、企业财务管理、技术定额与预算、建筑安装企业会计核算、经济活动分析等课程。培训班教师除普通课由本校解决外，专业课多是来自基层单位财务管理工作的骨干，他

图2-3-2 北京市城市建设财务会计训练班开学典礼留影（1963年9月）

们边教边学，对学生认真负责。根据北京市城市建设的迫切需求，经北京市委建筑工程部批准，学校 1963 年 9 月入学的首届"北京市城市建设财务会计训练班"学员提前于 1965 年 1 月毕业，在北京城乡建设部门发挥了重要作用。

第二节　发挥专业特色，培养应用型建设人才

作为一所工科类院校，对实践能力的重视和培养是学校一直以来的办学特色和优秀传统。在实际教学中，学校注重发挥工程类、建筑类专业特色，努力培养工程实践型建设人才，为首都建设和发展添砖加瓦。

一、半工半读，加强现场实践教学力度

1964 年 5 月，中央工作会议提出，要实行全日制和半工半读的劳动制度和学校教育制度。之后，刘少奇在北京、天津等地多次讲到要推行这个制度，并提出了"五年试验，十年推广"的实施方针。同年 9 月，中共北京市委成立了半工半读、半农半读教育领导小组，北京市教育局成立半工半读教育办公室，制订了 1964 年至 1965 年年度半工半读学校规划，并积极举办多种形式的半工半读学校，旨在培养既从事体力劳动、又从事脑力劳动的新型劳动者，这是一种新的教育制度下的重要办学形式。①

经北京市委大科部、城市建设政治部、城建委批准，学校自 1965 年 2 月入校的新生起，在一、二年级学生中推行半工半读制度，以建 248、249 两班为试点；时任党委书记周立人亲自在北京东郊电机厂进行半工半读试点。办学形式以厂校合办为主、自办工厂为辅，设置多个劳动基地，学制为 4 年。在劳动技能方面要求一个工种方面达到二三级工水平；在业务知识方面要求达到中专水平；学习和劳动时间大体上各占一半，具体安排根据生产、教学、学生年龄特征、劳动基地离校远近等特点来定，一、二年级劳动安排得少些，三、四年级劳动安排得多些。一年级在校内工厂劳动，以训练基本功为主，参加顶班劳动，打好基础，二、三、四年级到校外工厂参加劳动。劳动轮换多种多样，有间周、双周、间月轮换的，有半学期、一学期集中劳动的。

---

① 北京普通中等专业教育志编纂委员会. 北京普通中等专业教育志稿［M］. 北京：朝花少年儿童出版社，2001：153-154.

各专业理论教学总学时数由全日制的 3200 至 3700 减为 2200 至 2600，约减少 1/4 至 1/3。课程门数由全日制的 19 至 22 门减为 14 至 19 门，一般减了 1 至 3 门课程。在课程内容上，学校本着加强政治、保证基础、精简专业的精神，在全日制教学计划的基础上，对各类课程进行了调整，从时间和内容上重点保证学好本专业的主要基础课程和专业课程：政治课学时略有增加；普通课、专业基础课根据少而精的原则，精简了部分内容，总学时略有减少；专业课学时削减较多。①

图 2-3-3　学生在校内测量实习

1965 年，学校工业与民用建筑、给水与排水、道路与桥梁、建筑与建筑机械四个专业开始实行半工半读学制。在学生的毕业设计中进一步加大生产实践的分量，由过去的假题真做改为结合工程实际进行真刀真枪的设计。工民建专业结合学校宿舍楼工程进行毕业设计。1963 年，财会班教学楼（现在的建筑学院办公楼）施工建设，工期 4 个月，由本校自行设计，外墙加砖垛，被评为优良工程。1976 年唐山大地震波及北京，学校各处房屋受损，唯独此楼未受震害。1965 年建筑工程系臧尔忠教授、张兆栩教授主持设计，带领师生完成学校体育场东侧实验楼（现在的科研楼）的建设。1965 年，建筑系臧尔忠教授主持设计完成位于学校中心区域的教学 4、5 号楼。

图 2-3-4　学生在北海测绘实习（1963）

---

① 北京普通中等专业教育志编纂委员会. 北京普通中等专业教育志稿［M］. 北京：朝花少年儿童出版社，2001：155-156.

二、为北京城建战线培养中坚力量

从 20 世纪 50 年代开始的新中国首都大规模城市建设到"文革"前，学校组织师生参加了一系列首都重要建设项目，形成了理论联系实际、突出实践能力培养的特色。如参加了北京市八条道路选线，道桥教研室全体教师和 1960 届毕业生参加设计了北京路网骨架；参加十三陵水库、怀柔水库、密云水库三大水库建设，其中 300 多名师生承担了怀柔水库四分之三的技术管理工作；720 人共投入 16000 个劳动日参加了十三陵水库的劳动；给排水、道桥两个专业共 320 人参加了密云水库的建设工作；参加地安门、西单路口道路交通方案竞赛；组织师生修建新街口至西单、北京展览馆前的人行道。1964 年，道桥 20 班在河北涞水县北义安大桥劳动实习。"文革"结束恢复办学后，道桥教研室在教学中努力加强教学与生产劳动的密切结合。开展的实践教学项目有：由王守业等带领学生劳动完成展览路便线道路的施工，袁德熙、王光遐、佟炳勋、王涛、方志禾带领道 01 班学生完成"秦九路"的测设，张泽生、方志禾等带领道 03 班学生完成市农委任务"坝河改造工程"的便线测绘设计；佟炳勋、张力等带领学生完成市委规划委员会任务"新农村规划"；方志禾、冯国明等带领道 01 班学生完成"房山小清河漫水桥"设计；胡达和等教师完成"密云西门桥""妫水河桥"及"通县桥闸"等设计。1975 年，水 05 班学生在十渡公社西庄村进行新农村规划。

图 2-3-5　道桥 20 班在河北涞水县北义安大桥劳动实习（1964 年 6 月）

图 2-3-6　1964 年学校射击队获北京市中专运动会射击比赛团体冠军

随着首都建设对人才需求的增加，学校招生规模也逐年扩大，自 1953 年至 1966 年，学校共为首都培养了中专毕业生、业大毕业生、财会班（大专）毕业生共计近七千名。这些毕业生基础知识牢固，动手能力强，能较快地适应工作要求；在基层单位留得住，务实肯干，吃苦耐劳，工作踏实；没有架子，勤奋好学，能与第一线的工人和来自四面八方的技术干部打成一片，虚心向周围的同志学习。他们中的绝大部分被分配到北京的规划设计、施工及房管等基层单位做技术和管理工作，普遍受到用人单位的欢迎。经过多年实践锻炼和刻苦自学，他们大多在专业理论上都达到较高水平，取得了优异的成绩，不少人被评为劳动模范和先进工作者，成为北京市城建战线的骨干和中坚力量。仅以道桥专业为例，20 世纪 60 年代到"文革"前，道桥教研室培养了 24 个班的毕业生，成为国家和首都"一五""二五"期间首都经济社会建设骨干人才，一大批毕业生后来成为 20 世纪八九十年代各公司、委办局主要领导和总工程师，成为技术骨干力量。

第三节 "文化大革命"期间克服困难，坚持办学

1966年5月4日至26日，中共中央政治局召开扩大会议。会议于5月16日通过《中国共产党中央委员会通知》，"文化大革命"全面爆发。十年浩劫，党和国家陷入新中国成立以来最严重的混乱。北京中专教育也遭到严重破坏，中共北京市委被改组。中专教育、半工半读制度被错误地作为修正主义教育路线、资产阶级教育制度受到批评和否定。北京中专学校全部"停课闹革命"，各校革委会接管了学校领导权，一批干部、教师被批斗、迫害，关进牛棚，有的甚至被迫害致死。"两派"群众进行武斗，学校校舍、设备遭到严重破坏，中专学校局势混乱，中专教育完全瘫痪。①

"文化大革命"期间，学校正常的教学、科研和生活秩序被完全打乱，学校蒙受了重大损失，各级党组织和广大教职工与违背教育规律的种种倒行逆施进行了抵制和斗争。1966年6月"文化大革命"开始后至1975年，学校曾先后由北京市建设局革委会、北京市建设局党委领导，办学经费仍由市财政局直接拨款。1975年后又恢复到"文化大革命"前的隶属关系。

在此期间，学校的情况大致可以分为两个阶段：1966年至1971年，为遭受严重破坏的五年；1971年至1976年，是逆境中坚持办学的五年。

一、遭受严重破坏的五年（1966—1971年）

1966年6月中旬，学校党委、党政机关各职能部门和基层组织全部瘫痪，由市委派工作组领导学校的运动和一切工作。7月底工作组撤离学校后至1967年12月26日，学校处于无政府状态。基础部教研室、建筑专业科、财会班、总务处等基层单位先后自发地成立了临时党支部。

1967年1月，人民解放军派遣干部进驻北京各中专学校进行军训，实行"革命大联合""斗、批、改""复课闹革命"。1968年8月后，工人毛泽东思想宣传队进驻北京中专学校。② 从1967年12月26日群众组织联合成立革命委员

---

① 北京普通中等专业教育志编纂委员会. 北京普通中等专业教育志稿［M］. 北京：朝花少年儿童出版社，2001：5.

② 北京普通中等专业教育志编纂委员会. 北京普通中等专业教育志稿［M］. 北京：朝花少年儿童出版社，2001：5.

会起，至 1971 年年底中共北京建筑工程学校委员会成立之前，学校先后由"军训团"领导下的革命委员会、"中国人民解放军驻建校毛泽东思想宣传队""首都工人驻建校毛泽东思想宣传队"（简称军宣队、工宣队）领导下的革命委员会开展学校的一切工作，下设办事组、政工组、后勤组等工作机构。

1969 年 9 月，经校革命委员会决定，全校教职工被编成建筑、机械、水道（给水排水与道路桥梁）、供热、财会五个专业连队和后勤连队，成立连队党支部。党政机关干部、原基础课教师分别编入除后勤外的五个专业连队中。直至 1972 年下半年，才取消连队建制恢复之前的组织机构设置。1969 年 12 月 6 日，革委会又决定在学校机关设立政工组、教改组、后勤组三个职能部门，并任命了各职能部门的负责人。

1966 年 6 月"文化大革命"开始后不久，以青年学生为主体的红卫兵组织兴起，学校共青团组织受到严重冲击，被迫停止活动。1968 年年底，按中央规定，给各校的应届毕业生分配工作，至此，北京中专学校的在校学生绝大部分离校，各中专学校陆续停办或撤销。[①] 在长达十年的"文化大革命"中，学校的教育教学工作遭到严重的摧残和破坏，特别是 1966 年至 1970 年停课、停止招生达五年之久，按办学规模粗略估计，少为国家培养 3000 多名技术干部，同时，1963、1964、1965 年入学的 1450 名学生，也未能完成学业而被分配工作。

在这五年中，批判、揪斗、迫害、打派仗……此起彼伏，"清理阶级队伍""清查 5.16""一打三反"等政治运动一个接着一个，不少干部和教职工受到打击和迫害，许多干部被打成"走资派""黑帮分子"，学术造诣较深的老教师被打成"反动学术权威"，年轻的骨干教师被扣上"修正主义苗子"的帽子。据不完全统计，先后被揪斗并遇到迫害的教职工 40 余人，因所谓历史、现行问题被列入清查对象，立案审查的达 50 多人。

"文化大革命"时期，北京中专教育遭到极大破坏，71.1% 的中专学校被撤销，65.7% 的校舍（45 万平方米）被外单位占用，大批干部、教师被下放劳动或被遣散转入其他行业，图书资料、教学设备散失、损坏殆尽。[②] 学校教学设施也同样遭到严重破坏，很多教室、宿舍的门窗被打烂，桌椅、床板大量损坏、

① 北京普通中等专业教育志编纂委员会. 北京普通中等专业教育志稿［M］. 北京：朝花少年儿童出版社，2001：5.

② 北京普通中等专业教育志编纂委员会. 北京普通中等专业教育志稿［M］. 北京：朝花少年儿童出版社，2001：5-6.

丢失，学校部分档案遭抢毁，近 13000 平方米的田径运动场、2000 多平方米的篮球场和 7000 平方米的建设用地（校内称"北方领土"）、6333 平方米的学生宿舍（第四、五学生宿舍）、2400 平方米的教室（第二教学楼）、各工种设备齐全的 1603 平方米的实习工厂等，先后被基建工程兵、市建设局、西城区菜站等单位占用。"文化大革命"前的 1965 年，学校共有教职工 422 名，其中教师 256 名。"文化大革命"开始后，教职工人数下降，特别是 1970 年 8 月大批教师和职员被调离学校下放劳动，至 1971 年年底教职工总数仅有 213 名。工会组织除生活福利工作外基本停止活动，1967 年虽曾受群众组织夺权的冲击，但校级工会组织领导成员未发生变化。一时间，校园内刮起一股"斗、批、散"之风，学校濒临被撤销的境地。

二、在逆境中坚持办学的五年

1969 年，北京市革命委员会文教组和"三支两军"① 办公室拟定了《关于北京大专院校留、撤、并、迁的初步意见》，遭受严重破坏的北京建筑工程学校还要不要继续办下去，成为讨论的热点。学校广大教职工听闻后坚决要求继续办学。9 月 11 至 12 日，根据毛主席"七二一"指示精神："理工科大学还要办，但学制要缩短，教育要革命，要无产阶级政治挂帅，走上海机床厂从工人中培养技术人员的道路。要从有实践经验的工人农民中选拔学生，到学校学几年以后，又回到生产实践中去。"北京建筑工程学校工宣队、军宣队和革命委员会向北京市建设局请示：北京建筑工程学校应该继续办下去。当时建委领导万里同志指示："北京就这么一个专门培养建筑人才的学校，暂时保留"。经万里批示和学校领导与教职工的努力，学校最终被保留下来。

1971 年 4 月，国务院在北京召开全国教育工作会议，中央各部委和各省市代表，根据社会主义建设的迫切需要，强烈要求恢复中专学校。周恩来总理也肯定了中专要办。该会议纪要中也明确指出：中专学校必须认真办好。从此，北京中专学校结束了等待徘徊的局面，在动乱中开始走向恢复。②

1971 年，根据中共中央 57 号文件和上级指示精神，各连党支部在学校整党

---

① 三支两军，是中国"文化大革命"时期用语。1967 年 3 月 19 日中央军委发出《关于集中力量执行支左、支农、支工、军管、军训任务的决定》（简称"三支两军"决定）。

② 北京普通中等专业教育志编纂委员会. 北京普通中等专业教育志稿［M］. 北京：朝花少年儿童出版社，2001：6.

领导小组的领导下，于 9 月 23 日至 27 日选举产生了新的党支部。1971 年 12 月 18 日至 19 日召开了全校党员大会，学校整党领导小组向大会做了工作总结报告，选举产生了北京建筑工程学校第四届（实为第五届）委员会。委员会由 12 人组成。党委会不设常委，于庆（军宣队负责人）任党委书记，沈勃、刘生才任副书记。1973 年经建工局党委批准，增补 4 名党委委员。1974 年 12 月 15 日，学校召开党员大会选举产生中共北京建筑工程学校第五届（实为第六届）委员会。1975 年 2 月 25 日经北京市建委党委批准，党委会由 16 名同志组成，张启功、查海波、金舜、张汝楫、杨志杰、张栋才、申章勤七同志为常委。张启功任党委书记，查海波任党委副书记。

在办学条件遭受严重破坏的情况下，学校在接连不断的"批林批孔""批邓反击右倾翻案风"等一系列运动的逆境中，在党委领导下，坚持正确办学方向，克服重重困难，继续为首都城乡建设战线培养适用的人才，采取"多元化、多层次、多类型"的培养方式，从生产第一线招收学生，面向生产实际，开展各个类型的专业培养道路。共先后举办短期培训班、工人班、中专班、大专班等共计 100 多个，培养各级各类专业人才近 5000 人。

（一）办学条件的恢复与改善

1971 年 12 月恢复招生后，学生班级和青年教职工分别成立团支部。1972 年 3 月，学校召开共青团北京建筑工程学校第三次团员大会，选举产生了共青团北京建筑工程学校委员会，张廷芳（军宣队负责人）任团委书记，李世昌、孙尧东（学生）任副书记。随着在校学生规模扩大，到 1973 年上半年，全校团员总数达 286 人，共建立 19 个团支部。1973 年 11 月改由申章勤任团委书记。

根据恢复招生、继续办学的需要，1972 年后学校将调离学校的大部分教师陆续调回学校。1975 年后，除继续从外单位引进一些有工程实践经验的技术人员充实教师队伍外，又从毕业学生中选留了 65 名优秀毕业生，充实辅导员、教辅人员及教师队伍，至 1976 年全校教职工总数达到 533 名，其中教师 214 名，教辅 16 名，干部职员 126 名，工人 177 名，基本上恢复到了"文化大革命"前的队伍状态。

为提高现有教师特别是青年教师的教学水平，学校在工作计划中提出，根据教师的不同情况和教学需要，采取以下多种方式进行培养锻炼：一是在有经验的老教师指导下，通过教学实践锻炼培养，逐步胜任教学工作；二是结合教学任务，深入生产实践或参加业余学习，有针对性地培养进修；三是适当参加

图2-3-7　建74-10班在青年沟工地测量实习（1975）

生产、科研有关专业会议或协作任务，对某些专题深入研究，学习提高；四是短期脱产，深入工地参加劳动锻炼或者参加生产单位的生产任务，进行实践锻炼；五是部分青年教师可酌情长期脱产，到兄弟院校进修学习；六是与挂钩、合作单位协商，采用交流使用、定期轮换的方法培养教师的实际业务能力。在之后的几年中，先后有60%以上的青年教师到本市及外省市高等学校进修学习，并用一定时间在生产、科研、教学等实践中锻炼提高。学生辅导员、实验员及其他教辅人员多数在工作实践中锻炼提高。

　　学校努力恢复被侵占的校舍并进一步改善基础设施建设。1971年恢复教学后，原有的实验室经过整修，补充了部分仪器设备，陆续恢复正常使用。1974年又兴建了450平方米的水力学实验室，配齐了相应的仪器设备，改建240平方米100吨万能实验机机房。为便于教师结合工程实际进行教学，在校内新建125平方米的小型建筑构件厂并组建了建筑设计室。1972年，被外单位占用的2400平方米教室、6333平方米的学生宿舍、1603平方米的实习工厂和13000平方米田径运动场等陆续收回。由于学生活动场地狭小，又于1974年改建200平方米竹板房做乒乓球室。为改善教职工的住房条件和引进教师的需要，1974年和1976年分别建成2200平方米（现在16号楼）、2800平方米（现在19号楼）的教职工宿舍，共计5000平方米，师生的生活和工作条件得到一定改善。

1976 年受唐山大地震影响，学校部分房屋受到比较严重的损坏。为保证学生和教职工的安全，1976 年至 1977 学年第二学期，学校对破坏较严重的第四、五学生宿舍楼，第一、二教学楼，实验楼，第 9 号、第 16 号教职工宿舍进行了抗震加固。部分学生班级，主要是房屋建筑专业的学生，停课参加了抢修加固劳动。

复课前的 5 年，图书馆和资料室基本停止借阅，也未增添新的图书资料。复课后，图书馆、资料室重新开放，并陆续添置了一些图书资料及相关设施，充实了图书管理员。

（二）尝试多种形式坚持办学

1971 年 4 月，全国教育工作会议上，国务院有关部委和各省市代表提出"各条战线需要大量的人才，单靠大学培养远远不能满足，中等专业学校是我国教育战线上的一支重要力量，一定要认真办好"。7 月 6 日，周恩来总理接见会议领导小组时指出："中专可以委托厂矿来办，或联合办，或地方办，多种多样"。此次会议的纪要第九条明确指出："中等专业学校和技工学校是我国普及科学技术、文化教育的一支重要力量，必须认真办好"。受"文化大革命"的影响，恢复办学后的北京建筑工程学校受师资、教学设施等办学条件的限制，对如何恢复办学做出了多种尝试，并取得了显著成绩。

一是举办短期专业技术培训班。

早在 1971 年，学校根据首都城乡建设的实际需求，就开始积极承办各种层次的短期训练班，为首都城乡建设系统培养合格的技术人才。据不完全统计，自 1971 年至 1976 年的 5 年间，学校共举办各类短期培训班 44 个，共培训学员 1702 名。1971 年 5 月，学校短期培训班首次招生，只在房屋建筑专业招了 28 名老工人学员作为实验班，在东方红炼油厂（现燕山石化）建筑工地结合工程实际组织教学，为期四个月。

在总结试点班经验的基础上，学校分别举办了一期八个月的"为房屋建筑、道路桥梁、给排水三个专业培养施工技术骨干，为建筑机械专业培养机修配料管理员"的老工人培训班。把房屋建筑、道路桥梁、给排水三个专业的培养目标定为施工技术骨干，建筑机械专业培养目标定为机修配料管理员。

这批学员文化水平较低，但有较丰富的施工实践经验，因而培训班在课程设置上，除了补习必要的文化基础（数学）以外，房屋建筑、道路桥梁、给水排水三个专业的识图课、测量课，建筑机械专业的识图课、金属材料课分别作为主课，各专业再根据本专业的需要开设相应的专业课，结合典型工程实例讲授专业基本理论知识。

1970年7月22日，《人民日报》和《红旗》杂志第8期发表了清华大学工宣队、军宣队《为创办社会主义理工科大学而奋斗》的文章。文章针对办学体制，提出"开门办学，厂校挂钩，校办工厂，厂带专业，建立教学、科研、生产三结合的新体制"，并把这种新体制上升到政治高度，"学校要不要紧密联系社会实际，实行开门办学，这是关系到举什么旗、走什么路、坚持什么方向的原则问题"。在此背景下，学校根据北京市建筑企业事业单位的现实需求，又先后举办了水质检测、房屋抗震、中学测量教师等专项技术短期培训班，以及电气焊、汽车驾驶、电工等技工短训班。同时，房屋建筑、道路桥梁、建筑机械、测绘、地质勘探、供热等专业还举办了学制为1至2年的综合技术培训班，赢得了社会良好反响。

此外，学校还根据上级的要求，与市有关部门联合，开始留学生教育，为越南培训建机修理、挖土机驾驶、塔式起重机驾驶、电气安装、瓷砖铺砌等技工共计350名。1974年10月，北京市革命委员会建设委员会发文，同意建工局借用学校教室、食堂及工厂举办"越南留学生培训班"。1976年唐山地震后，学校在全国率先举办抗震讲习班，共32期，为在全国普及抗震设计做出了重要贡献。

二是恢复普通中专教育。

自1972年年初开始，学校逐步恢复普通中等专业技术教育的招生。招生制度由"文化大革命"前的统考，改为学生自愿报名、学校或群众推荐或工地报送、领导批准、学校复审。学制由"文化大革命"前的四年改为三年。根据北京市城市建设的需要，除了原有的房屋建筑、道路桥梁、给水排水、建筑机械、采暖通风、供热供燃气等专业外，又增设了测绘专业。招生对象有应届初中毕业生，也有少数插班委培的在职工人学员，1974年还招收了420名在郊区插队的知识青年。

三年制中专班的培养目标，与"文化大革命"前四年制的培养目标是基本一致的，但在政治上更强调提高所谓阶级斗争和路线斗争觉悟，在专业方面除个别专业的个别班级为设计单位培养中等技术人才外，其他都是为基层施工单位培养中等技术人才。

在课程设置方面，贯彻"课程设置要精减"精神，合并、减少了部分文化课和专业基础课。在教材建设方面，根据"教材要彻底改革"的要求，对原四年制教材删繁就简，并强调革命性、科学性、实践性、针对性。在教学计划安排上，强调加强政治理论课和形势教育，强调"以学为主、兼学别样"即学工、学农、学军，强调加强实践环节，结合典型工程组织教学活动，强调与"三大革命"实践相结合，实行开门办学。根据上述指导思想，各专业三年教学计划的总体安排为政治理论课和形势教育课占 13.4%，专业理论课占 52%，实践教学占 5%，体育课占 3%，学工、学军（或学农）及校内劳动占 19%。同时，学校先后与 20 个建筑企事业单位建立了"挂钩"关系，作为开门办学的教学基地。

1974 年 3 月，学校与北京市公用局签订合办供热、供煤气专业班教育革命领导小组，招生 40 人，学制二年。4 月，学校与北京市公路管理处签订合办道桥专业的协商纪要，成立道桥专业班教育革命领导小组，招生 40 人，学制三年。

三是招收"工农兵学员"普通大专班。

1968 年 7 月 21 日，毛泽东关于高等教育改革的《七二一指示》发布。7 月 22 日《人民日报》引述毛主席的指示："大学还是要办的，我这里主要说的是理工科大学还要办……要从有经验的工人农民中选拔学生，到学校几年以后，又回到生产实践中去。"强调大学毕业生应先到工厂、农村参加劳动，当普通劳动者；由基层选拔经劳动实践锻炼的初高中毕业生进入大专院校学习。

学校根据"七二一"指示精神和北京市的统一安排，1975 年、1976 年面对北京市城建系统各单位选派的具有五年以上工龄的在岗职工，先后招收了 9 个大学普通班，即工农兵学员班，学制为三年。三年制工农兵学员大学普通班的培养目标、课程设置、教学计划安排等与同时期其他高等学校基本相同。同学校三年制中专班相比，由于其具有五年以上本专业的工程实践经验，在教学计划中因材施教，减少了学工和劳动实践环节的时间，加强了基础和专业理论课的教学。据初步统计，1972 年至 1976 年年底，招收三年制中专班和工农兵学员大学班学生共计 1691 名。

招收和培养工农兵大学生虽然是中国教育史上短暂而又特殊的文化现象，但也为学校恢复正常教学秩序，积累办学经验，特别是升格学院、恢复本科教育做了一定准备。仅仅 4 个月之后的 1976 年 12 月 16 日，北京市革委会、计委、建委、科教组联合向市委提交《关于筹建北京建筑工程学院的请示报告》，报告

图 2-3-8 水 05 班学生在房山县十渡公社西庄村进行新农村规划（1976）

图 2-3-9 建 74-10 班在 88101 部队实习（1976）

对学校名称、专业设置、学校规模、办学形式、人员组成、学校校舍、领导体制，均做了阐述，报请北京市委同意，建议以北京市革委会名义报国务院审批。这是学校自 1958 年后，第二次提出申办本科高校的申请。

1977 年 7 月，经北京市政府报请国务院批准，正式成立北京建筑工程学院。学校成为"文化大革命"后最早增设、改建的新办高等学校之一。学校之所以能够抢抓再次升格本科院校的机遇，与学校悠久的办学历史、扎实的中专办学经历、1956 年成立"北京市业余城市建设学院"、1958 年开启全日制本科教育、"文革"后期逆境中坚持办学时恢复部分教学工作以及连续两年招收"工农兵大学班"的本科教育经验等有着密切关系。

在"文化大革命"的艰难岁月，学校虽遭受了险些裁撤的重创，但依然持续奋进，克服重重困难，在校党委的领导下，坚持正确办学方向，实时调整教学方针，重视理论学习与生产实践相结合，为首都城乡建设培养了一大批适用的优秀人才。

图2-3-10 北京建筑工程学校1975年全体毕业生合影

03

第三篇

彰显特色　开拓创新
（1977—2020）

改革开放后，学校进入蓬勃发展的新时期，历时四十余年，这是学校的重要发展阶段之一。伴随着国家拨乱反正、改革开放、迈进新世纪、走进新时代等波澜壮阔的历史进程，高等教育向普及化、大众化转型的发展步伐，学校坚持正确方向，深化教育改革，坚持为首都经济社会发展需要服务的方针，培养德、智、体全面发展的建设人才；始终以人才培养为根本任务，深化改革、更新教育理念，提高教学质量和科研水平，努力将学校办成面向首都城乡建设战线，服务建设需要的人才培育基地、科学研究基地，努力达到全国建设类高校先进水平。面向 21 世纪的重大机遇与挑战，学校以更大的规模、更快的速度进入一个新的建设发展阶段。在学校党委坚强领导下，学校圆满完成了"新校区建设、攻博工程、更名工程"三大工程建设，全校师生精神振奋，团结一致，以习近平新时代中国特色社会主义理论为指导，遵循"立德树人、开放创新"的办学理念和"团结、勤奋、求实、创新"的校风，秉承"实事求是、精益求精"的校训和"爱国奉献、坚毅笃行、诚信朴实、敢为人先"的北建大精神，坚持高水平特色大学类型定位，坚持"北京味十足""建筑味十足"的办学特色，坚持内涵发展和改革创新，全面推进"提质、转型、升级"，走"提档、加速、冲A、晋级"的内涵发展道路，向着国内一流、国际知名，具有鲜明建筑特色的高水平、开放式、创新型大学的远景目标奋力前行。

第一章

北京建筑工程学院（1977—2000）

"文化大革命"结束后，首都城市建设迎来了大发展的新时期。为适应新形势下北京城乡建设事业迅速发展对人才的需求，发挥学校深厚的人文底蕴和优势条件，1977年7月，经北京市报请国务院批准，正式成立北京建筑工程学院，再次恢复本科教育。在党委坚强领导下，学校贯彻党的教育方针，解放思想、奋力进取，全校师生同心同德、艰苦奋斗，办学指导思想更加明确，1986年学校成为硕士学位授予单位，2000年学校办学规模逐步扩大，教育教学质量进一步提高，学校朝着建设高水平的现代大学目标前进。这一时期学校的发展大体可以分为两个阶段：第一个阶段是1977年至1992年，首都城市建设迅速发展对人才需求背景下，学校申请建立北京建筑工程学院，完成了再次从中等技术教育向高等教育的转换；第二阶段是1992年至2000年，随着全国高等教育事业的发展，学校进行了以人事制度改革为突破口的内部管理体制改革，实行全员聘任制和岗位工资制；探索以两段式教学、学年学分制改革为主要内容的教学改革。学校根据1995年国家教委提出对新办本科院校进行本科教学工作合格评价的有关精神，开展了以迎接本科教学合格评估为中心的"以评促建"工作，1998年接受教育部专家对学校的本科教学合格评估，1999年复评通过。

第一节 领导体制与机构变迁

随着揭批"四人帮"的深入，在"文化大革命"中被迫撤销、外迁、合并的一些北京高校陆续恢复办学。同时，根据国家和首都建设的需要，国家增设、改建了一批高等学校。1977年7月27日，教育部下达《关于建立北京建筑工程学院的通知》，文中批示："同意你市所报将北京工业大学建筑工程系与北京建筑工程学校合并改建为北京建筑工程学院"，"该院面向北京市，兼顾华北地区，由你市领导。普通班学制三年，在校学生规模一千二百人。现有中等专业学校学生，按原定教育计划继续进行教学，毕业为止，不转为高等学校学生，待遇不变。"根据上级文件精神，学校重新建立北京建筑工程学院，迅速恢复了高等学校建制，再次开办本科教育。因情况变化，北京工业大学建筑工程系实际并未与学校合并。根据北京市意见，学校由原北京建筑工程学校领导班子组成筹备组领导。

当时，学校工宣队仍然存在。1977 年 11 月，中共中央转发教育部党组《关于工宣队问题的请示报告》后，工宣队撤出高等学校。11 月 21 日，学校根据文件精神召开全校师生大会，欢送工宣队师傅回生产第一线。① 1978 年 5 月，北京市革命委员会下发通知：撤销各单位的革命委员会。至此，革命委员会在高校的领导才告终止。② 学校初期的建设与国家拨乱反正的步伐同向同行，学校领导体制、管理机制的逐渐完善到 1984 年成立正式党委才基本结束。

图 3-1-1　部分教职工合影（1977）

党的十一届三中全会以后，经过拨乱反正，高等教育逐步恢复了正常的领导管理体制。1979 年 9 月，中共中央批转了教育部党组《关于建议重新颁发〈关于高等学校统一领导、分级管理的决定〉的报告》，肯定了 1963 年颁发的《关于加强高等学校统一领导、分级管理的决定（试行草案）》试行效果是好的，并要求各地研究执行。此后，国务院各部委和北京市高教局分别对各自所

---

① 本报通讯员. 热烈欢送工宣队 [N]. 北京建院，1977-11-30（第 4 版）.

② 北京高等教育志编纂委员会. 北京普通高等教育志 [M]. 北京：华艺出版社，2004：389.

属的高等院校的领导关系进行了调整，北京地区高等院校逐步恢复了"中央集中统一领导，中央和北京市两级管理"的领导管理体制①。

从 1977 年 7 月国务院批准学院成立至 1978 年 4 月，学校由原建工学校领导班子组成的筹备组领导，党的工作由临时党的核心领导小组负责，张启功任临时党的核心领导小组代组长。1978 年 5 月 27 日，北京市委下达《关于成立北京建筑工程学院的通知》，进一步明确学校隶属关系："在北京建筑工程学校的基础上，成立北京建筑工程学院，由市建委和市委科教部双重领导。党的工作、政治工作、教育革命由市委科教组负责，教学、行政、财务、物资、基建等由市教委负责。该院财务、物资、基建、劳动等方面的工作，应同市属其他高等院校一样，统一纳入市的计划。"

1978 年 7 月，北京市政府任命许京骐担任北京建筑工程学院院长。许京骐（1919—2018），国内知名给排水专家，浙江瑞安人。1942 年毕业于清华大学土木系。1978 年 7 月至 1984 年 2 月，任北京建筑工程学院院长。他曾长期主管北京市道路工程设计、施工、城市与工业给排水等工作，为首都城市基础设施建设和培育人才队伍付出了心血，做出了重要贡献，作为全国市政工程著名专家被列入《中国市政工程设计通志·人物志》。他任职期间为学校的学科专业建设与学校发展打下了坚实基础。离休后，他还心系学校、关爱学生，将自己的一套住房卖掉在学校设立了"许京骐-方烨奖学金"，完成了《许京骐文存》，为我们留下了宝贵的精神财富。

1978 年 10 月，教育部下发了《关于讨论和试行〈全国重点高等学校暂行工作条例〉（试行草案）的通知》，根据修订后的条例规定，高等学校的领导体制实行党委领导下的校长分工负责制。根据教育部规定，北京市各高校均实行党委领导下的校长分工负责制，系一级实行系主任负责制。②

1980 年 6 月 10 日市委决定，学校组建临时党委，张启功任临时党委书记，许京骐任临时党委副书记、院长，临时党委由 10 名委员组成。参照"高教六十条"中关于"高等院校的党委会是学校的领导核心，对学校工作实行统一领导"的规定，临时党委会统一领导学校工作。

1984 年 2 月 9 日，市委批准学校建立正式党委，任命尹凤翔任党委书记，院长王浚国，党委由 6 名委员组成。学校实行党委领导下的院长分工负责制。

至此，历时六年有余，学校成立初期的领导体制和组织架构，完成了筹建、

---

① 北京高等教育志编纂委员会. 北京高等教育志［M］. 北京：华艺出版社，2004：380.

② 北京高等教育志编纂委员会. 北京高等教育志［M］. 北京：华艺出版社，2004：389.

整顿、恢复、初建到逐渐完善的过程，学校工作逐步走上正常轨道。

1986年3月29日，党委书记尹凤翔离休。市委任命许秀为党委书记。

图3-1-2　北京建筑工程学院召开第一次党代会（1986）

1986年7月18日—19日，中共北京建筑工程学院第一次党代会召开。会议总结了1984年2月学校正式党委建立以来的工作。大会选举产生了新的党委会和纪委会，党委委员20名，党委常委为许秀、王浚国、彭正林、赵松、杨克芳、罗斗明、孔庆平，许秀任党委书记；纪委委员5名，彭正林任纪委书记（兼）。

学校实行党委领导下的院长分工负责制。党委下设办公室、组织部、宣传部、武装部、学生工作部、老干部办公室，还有纪委、工会、团委；学校行政设办公室、人事处、教务处、科研处、总务处、保卫处、高教研究室、基建办公室、技术咨询部、设计研究所。

1987年5月，学校召开了首届教职工代表大会筹备会议，会议指出：实行教职工代表大会制度，是高校落实教职工民主管理、民主监督的有效形式。教职工代表大会制度与党委领导下的院长负责制并驾齐驱，体现了党委集体领导、院长行政负责、教职工民主管理的根本原则。紧接着，学校第一届教职工代表大会召开，王浚国院长向教代会代表做工作报告，明确了学校发展方向和办学规模，提出了"严谨、求实、团结、奋进"的校训。

1988 年 12 月 3 日，北京市政府任命邵震为院长，免去王浚国院长职务（离休）。

1989 年，春夏之交的政治风波平息之后，中央要求大力加强党对高等学校的领导和管理。8 月，中共中央下发了《关于加强党的建设的通知》。12 月，中共北京市委高校工委颁布了《北京高等学校党组织工作试行条例》，其中规定："高等学校党组织是党在高等学校的基层组织，是学校的政治核心。高等学校实行党委领导下的校长负责制。高等学校党委对学校工作实行统一领导，但要充分发挥行政组织和行政负责人的作用，不包办代替行政工作。党总支和党支部在党委领导下进行工作，是所在单位的政治核心和战斗堡垒。"①

图 3-1-3 北京建筑工程学院召开第二次党代会（1991）

1991 年 11 月，学校召开第二次党代会，这次党代会总结了自 1987 年第一次党代会以来学校教育事业发展的成绩，特别是在 1989 年春夏之交的政治风波中，党委旗帜鲜明地坚持四项基本原则，坚持稳定压倒一切的政治立场，保证了学校正常的教学秩序。大会选举产生了新的党委会和纪委会，党委委员 17 名，党委常委为孔庆平、李大年、杨克芳、吴淑荣、邵震豪、胡昱、彭正林，邵震豪任党委书记，孔庆平任纪委书记（兼）。

---

① 北京高等教育志编纂委员会. 北京高等教育志 [M]. 北京：华艺出版社，2004：389.

1992 年 8 月，市委任命叶书明担任党委副书记，主持党委工作。1993 年 4 月，叶书明任党委书记。1994 年 12 月，市政府决定叶书明兼任院长，免去邵震豪院长职务（退休）。

在第二届党委任期的 4 年内，学校正确贯彻执行党委领导下的院长负责制，重大改革事项、重要人事任免、有关学校发展的重要问题等，都由党委集体讨论决定，学校行政领导负责贯彻执行。与此同时，学校坚持了教职工代表大会制度，每年召开教代会，就学校改革发展的重大问题，听取代表意见，尊重教职工参与学校民主管理和民主监督的权利。

图 3-1-4　北京建筑工程学院召开第三次党代会（1995）

1995 年 12 月，学校召开第三次党代会。党委书记叶书明向大会做工作报告，孔庆平作纪委工作报告。大会总结了 1991 年以来学校党委在领导全校教职工深化教育教学改革、提高教学质量、推进内部管理体制改革方面，所做的工作及取得的成绩。大会选举产生了新的党委会和纪委会，党委委员 17 名，党委常委为王保东、叶书明、吴淑荣、张凡、胡昱、钱正秋、裴立德，王保东任党委书记；纪委委员 7 名，张凡任纪委书记（兼）。

第二节 为首都建设培养高级应用人才

1977 年,根据国家和首都建设需要,经国务院批准,北京市将北京建筑工程学校恢复改建为北京建筑工程学院。① 筹建期间,北京市计划委员会、基建委员会、市委科教组向市委提出了《关于筹建北京建筑工程学院的请示报告》,对学校办学层次、学生规模、专业设置、领导体制和办学条件等做了较为详细的说明。其中,专业设置为工业与民用建筑、建筑施工机械、供热与通风、给水排水、道路与桥梁、建筑材料和测绘专业。

1978 年 10 月,教育部颁发《全国重点高等学校暂行工作条例(试行草案)》,在"高等学校的基本任务"中,提出"培养社会主义革命和社会主义建设所需要的各种专门人才"的目标。② 当时,全国高等教育发展正处于拨乱反正、恢复和整顿教育教学秩序阶段,这一阶段的调整和发展是在计划经济体制下进行的③。同时,我国高等教育也从非常艰难的拨乱反正期进入改革开放黄金期,高等学校后来应用的主要经验都是那个时期创造出来的。④ 学校在 1986 年之前,即学校召开第一次党代会之前的近十年时间,一直按照成立之时上级下达的基本任务:即"办成北京市的一所为城市建设部门培养专业人才的普通高校"的要求办学,组织教学,完成培养任务。

1982 年 7 月 4 日,在中央军委召开的座谈会上,邓小平指出:"搞社会主义精神文明建设,主要是使我们的各族人民都成为有理想、讲道德、有文化、守纪律的人民。"⑤ 根据邓小平的这一重要思想,中共十二大报告郑重地把"四有"确定为社会主义精神文明建设的根本目标。在 1982 年年底召开的第五届全国人民代表大会第五次会议上,全体代表一致通过把"四有"教育写入《中华人民共和国宪法》。这样,"四有"便成了新的历史时期全国人民必须遵守的法律规范和行动准则,自然也成为新时期高等教育的指导方针。⑥

---

① 北京高等教育志编纂委员会. 北京高等教育志 [M]. 北京:华艺出版社,2004:72.
② 北京高等教育志编纂委员会. 北京高等教育志 [M]. 北京:华艺出版社,2004:124.
③ 王孙禺,刘继青. 中国工程教育:国家现代化进程中的发展史 [M]. 北京:社会科学文献出版社,2013:323.
④ 刘道玉. 中国高等教育改革论 [M]. 武汉:武汉大学出版社,2018:4.
⑤ 邓小平. 邓小平文选:第二卷 [M]. 2 版. 北京:人民出版社,1994:408.
⑥ 董宝良. 中国近代高等教育史 [M]. 武汉:华中科技大学出版社,2007:407.

　　与此同时，社会主义现代化建设蓬勃发展，各部门人才奇缺，急需大批掌握现代科学技术和管理知识的人才。经济和社会发展对教育提出了更新更高的要求。世界新一轮的技术革命向我国提出严峻挑战。教育应制定新的发展战略来适应现代化建设的需要。1983年9月，邓小平提出了"教育要面向现代化，面向世界，面向未来"的思想。"三个面向"从总体上指出了我国教育发展的方向，展示了我国面向21世纪教育的宏伟蓝图，成为那个时期我国高等教育改革和发展的战略指导方针。[1]

　　1983年7月14日中共中央、国务院批复了《北京城市建设总体规划方案》（以下简称《批复》《规划》），新时期北京市建设蓝图已然规划。在上述时代背景下，学校党政领导班子结合"四有"教育及"三个面向"，带领全校师生认真学习贯彻党中央和北京市关于高等教育改革的精神，密切关注北京城市建设改革新部署、新要求，深入思考学校"如何办学，如何进一步建设与发展"的问题。1983年10月29日，副院长刘传瑛在校报发表署名文章《贯彻批复精神实现规划目标，努力提高教学质量》，提出要制订好学校发展规划，将《规划》和《批复》中的精神相结合，提高教学科研水平及人才培养质量；紧密结合北京市城市建设发展实际，进一步探讨专业发展方向和内容；凝练专业特色，适应首都建设人才要求；将《规划》和《批复》的主要精神，贯彻到教学、科研和生产中去，在工程技术和重大方针政策方面积极开展研究。[2]

　　1985年5月27日，第一次全国教育工作会讨论通过的《中共中央关于教育体制改革的决定》正式公布实施。[3] 这标志着国家教育进入全面改革的新阶段。高等教育开始了以体制和结构改革为主要内容，建立为社会主义现代化建设服务，与经济体制改革相配套的教育体系改革。中共中央进一步明确了高校的根本任务是全面贯彻党的教育方针，培养具有坚定正确的政治方向，坚持四项基本原则，坚持改革、开放，搞活的总方针、总政策，为建设具有中国特色的社会主义献身的德智体全面发展的"四有"人才。[4] 1985年10月，北京市委市政府发布了《关于贯彻落实〈中共中央关于教育体制改革的决定〉的规划和措施》，提出逐步调整高校科类结构和专业设置；允许学校挖潜采取多种形式培养不同层次规格的人才；学校有权自行安排委托培养以及其他社会服务的收入等

---

① 董宝良. 中国近代高等教育史［M］. 武汉：华中科技大学出版社，2007：408.

② 刘传瑛. 贯彻批复精神实现规划目标，努力提高教学质量［N］. 北京建院，1983-10-29（第1版）.

③ 北京高等教育志编纂委员会. 北京高等教育志［M］. 北京：华艺出版社，2004：76.

④ 北京高等教育志编纂委员会. 北京高等教育志［M］. 北京：华艺出版社，2004：124.

指导意见。①

　　学校的办学指导思想也随之调整。1986 年 7 月，党委书记许秀在学校第一次党代会报告中强化了"面向首都城乡建设、面向基层、为首都城乡建设培养实用型人才的基地，加强实践环节、实行多层次多种形式开放式"的办学方针，强调"以邓小平理论为指导，以教育思想观念改革为先导，深化学校各项改革"，提出"面向新世纪，面向首都城乡建设，坚持并发展以建筑学和土木工程为主体，以机电工程及其自动化和管理工程为两翼，以测量工程为补充的工管结合、结构优化的学科建设体系。"人才培养目标定位为：以本科为主，兼顾专科，适度发展研究生教育，根据社会需求有计划地开展成人继续教育，为首都城建系统培养德智体全面发展的面向基层和实际工作第一线的应用型高级人才。学校还树立了使各层次办学水平逐步达到全国建设类地方院校先进水平的长远目标。这是学校历史上第一次系统而全面确定的发展蓝图，涵盖了办学指导方针、人才目标定位、学科建设体系、长远发展目标等方面，对学校后来的发展起到重要指导作用。

　　1987 年 5 月，王浚国院长在第一届教职工代表大会做工作报告时明确指出，学校要主动适应首都社会经济发展的需要，培养德、智、体全面发展的"四有"的高级建设人才。学校以培养本科生为主，力争在两三年内，在充分调查研究的基础上根据首都建设发展需要，认真解决现有专业的调整改造问题，慎重考虑新专业的建立，制订相应的教学计划、教学大纲等教学文件。同时考虑在一些主要的专业培养研究生，根据需要在有关的专业培养专科生，有计划地办好成人教育，包括夜大学、函授教育和各种形式的继续教育。学校今后发展方向是坚持为首都经济社会发展需要服务的方针，大力推进教学改革，把学校建设成为多层次、多形式、多途径招生，面向首都城乡建设需要、校风较好、教育质量较高的市属土建类高等工科院校。

　　1988 年 4 月，国家教委发出《关于加强普通高等学校本科教育工作的意见》。《意见》明确提出，工科教育要注意克服目前在人才培养中存在的重学科理论、轻实际应用的现象，应培养能到基层解决工农业生产和医疗卫生保健工作实际问题的各种专门人才。② 1990 年 12 月，院长邵震豪在第二届教职工代表大会上阐述了学校的办学指导思想：学校作为北京市属土建类普通高等工科院校，要主动适应首都四化建设的需要，培养热爱祖国、业务基础扎实、有较强

---

　　① 北京高等教育志编纂委员会. 北京高等教育志［M］. 北京：华艺出版社，2004：78.

　　② 郝维谦，龙正中. 高等教育史［M］. 海口：海南出版社，2000：435.

实践能力、面向基层、面向生产实际的应用型工程技术和管理人才；在办学层次上，以培养本科生为主，适量招收大专生和少量研究生，成人教育以社会需求为前提，以提高教育质量和办学效益为重点。学校的人才培养目标定位，是以本科为主，兼顾专科，适度发展研究生教育，根据社会需求有计划地开展成人继续教育，为首都城建系统培养德智体全面发展的面向基层和实际工作第一线的应用型高级人才。

为落实学校的办学目标，更好为首都城乡建设事业输送合格人才，1977年以来，学校一直重视加强与北京城建系统的联系，特别是与市建委、市规委、市政管委（以下简称"三委"）保持密切的联系，主动争取"三委"对办学的指导和支持，并探索建立了两个阶段的工作机制。这两个阶段的工作机制不断推动学校研究落实办学指导思想与服务面向，成为学校事业发展的助推器。

图 3-1-5　现场办公会会场

第一阶段：1986—1992年，学校建立与北京市"三委"等服务面向单位保持密切联系的工作机制。1986年，在有关部门支持下，北京市城建系统各局、总公司、院、所等十七个单位负责的同志和代表参加了首次在学校召开的教学改革座谈会。北京市建设委员会主任、北京市高教局局长等相关领导出席会议并讲话。座谈会就学校专业及课程设置、人才培养及科研合作等提出了积极建议。在此基础上，形成由学校、用人单位共同组织的联席会制度。此后，联席会规模不断扩大，学校每年召开"三委"及中央在京用人单位的教育及人事部门负责人联席会，在专业设置、人才规格、招生计划、教学安排等教育教学各个方面，听取用人单位的意见，协调人才供求矛盾，共同研讨提高人才培养质量的改进措施。学校教务、人事、组织部门也主动深入了解相关部门及单位对学校人才培养的意见和建议。联席会制度一直保持到1992年，后逐渐被就业供需见面会取代。

第二阶段：1991—2000年，学校与北京市"三委"等服务面向单位建立常态化联络机制。1991年1月19日，张百发副市长在学校召开北京市城建系统局以上负责同志现场办公会，研究如何充分发挥学校在首都城乡建设事业中的作用，把学校建成北京市城建系统人才培养基地、继续教育基地和科学研究基地。会议就学校办学方向、专业设置、城建系统人才需求情况和如何发挥建工学院作用，以及支持学校发展、解决当前办学存在的实际问题等方面互相交流，并达成共识。会议决定成立北京建筑工程学院办学领导小组，张百发副市长任顾问，定期研究解决学校办学中的重大问题；委托学校办一份《城市建设经济研究》杂志；批准学校基建经费问题的报告；基本确定西城区菜站归还占用学校土地；把学校纳入城建系统的工作中。与会领导在发言中充分肯定了学校几十年来为首都城市建设做出的重要贡献，对今后的办学提出了许多积极的建议，并表示要继续支持、关心建工学院，发挥"三个基地"的重要作用。这次现场办公会使学校广大师生深受鼓舞和鞭策。北京市领导重视学校发展，全系统集中支持学校建设"三个基地"，这是学校发展的重要契机。

1991年年底学校召开第二次党代会，党代会报告中提出"要把我院办成面向首都城乡建设、面向基层、为首都城乡建设培养实用型人才的基地，加强实践环节、实行多层次多种形式开放式的办学方针"。为了实现"三个基地"的目标，精准服务首都城建系统对人才培养、科学研究等业务的需求，学校实行多种形式办学，除了招收普通本科生外，坚持面向"三委"各下属单位招收委培生；试办了两期工程管理试点班。1992年5月，为了适应首都建筑业"走出国门，走向世界"需要，学校受北京市城乡建设委员会委托，开办了第一期国际工程管理班。与此同时，从新入校的学生开始，在三年级选拔适量学生学习国际工程承包。各专业结合学科发展需要，积极建立与城建系统的密切联系。例如，建筑系根据"三委"人才急需增设了室内装饰、古建保护培养方向。土木系坚持为"三委"工程技术人员举办工程监理培训班等。1992年6月，市建委批准在学校机电系建立机械行业产品质量监督检测站。1994年9月，学校成人教育部举办建筑经济管理专业劳模大专班，张百发副市长出席开学典礼并讲话。

图 3-1-6　张百发副市长来校看望第一批监理班学员（1991 年 5 月）

图 3-1-7　受北京市建委委托，学校举办监理工程师培训班

这些工作为学校坚持正确的办学方向，落实培养适应首都城市建设需要的、有较强实践能力、面向生产实际的应用型工程技术和管理人才的办学定位，密切

图 3-1-8 国际工程管理强化培训班开学典礼（1992 年 5 月 20 日）

与首都城市建设系统的联系，起到了非常重要的作用。

图 3-1-9 劳模大专班开学典礼（1994 年 9 月 13 日）

1995年12月，学校召开第三次党代会，结合制订"九五"计划和2010年远景规划，进一步明确办学指导思想、办学思路和奋斗目标。按照学校的总体奋斗目标，党委提出并实施了"质量工程""人才工程""凝聚力工程""安居乐业工程"；以"深化教育教学改革，提高教育质量"为工作重点，开展了全校教育思想大讨论；确定学校校训为"团结、勤奋、求实、创新"，以凝聚全校师生员工；教职工"以教学为中心"的意识明显增强。"八五"期间，先后通过了给排水毕业设计、建筑学、成人教育等评估，取得了较好成绩，1996年学校获北京市高校党建和思想政治工作先进校提名奖。

在总结历史经验的基础上，经过全校教职工多次开展的教育思想大讨论，1998年学校党委和行政从办学精神、整体定位、层次定位、人才规格定位、办学水平定位、办学特色等六个方面总结阐释了学校的办学指导思想和发展方向，提出了努力探索产学研相结合的人才培养模式，确定教学工作的中心地位，不断深化教育教学改革的具体目标与措施。

总的精神：以邓小平理论为指导，以教育思想观念改革为先导，深化学校各项改革，面向21世纪，面向首都城乡建设，坚持以教学工作为中心，以本科教育为基础，全面贯彻教育方针，加强教学基本建设，严格教学管理，深化教学改革，全面提高教学质量和办学效益，培养德智体全面发展的面向基层和实际工作第一线的应用型高级人才。

整体定位：面向首都城建系统生产一线，培养应用型高级技术人才。

层次定位：以本科教育为主，兼顾专科教育，适度发展研究生教育，根据社会需求有计划地开展成人教育。

人才规格定位：为首都城建系统培养德智体全面发展的面向基层和实际工作第一线的应用型高级人才。

办学水平定位：各办学层次逐步达到全国建筑类地方院校先进水平。

办学特色：面向21世纪，面向首都城乡建设，坚持并发展以建筑学和土木工程为主体，以机电工程及其自动化和管理工程为两翼，以测量工程为补充的工管结合、结构优化的学科建设。突出为首都城建系统生产一线服务的特色，在专业设置上不贪大求全，在土建学科比较齐全的基础上，更突出"精"的特色，在人才培养上突出工程实践能力训练的特色。

1977年至2000年，学校为首都乃至全国城乡建设培养了约2.5万名毕业生，毕业生在后续工作中被评为全国勘察设计大师的共计12名：张在明、袁炳麟、高士国、赵冬日、罗玲、包琦玮、沈小克、杨伯钢、刘桂生、胡越、张宇、马海志（截至 2022 年 5 月）。

第三节　本科专业的增设与发展

一、专业与学科发展与建设

1977 年，国家恢复高等学校统一招生。恢复高考是高等教育战线拨乱反正的重要标志，是中国改革开放的重要起点。学校的发展迎来了新的春天。当时学校只有三系一部（建筑工程系、市政工程系、机电工程系、基础部），共六个专业：房屋建筑、采暖通风、给水排水、道路桥梁、工程测量、建筑机械。这六个本科专业是学校教育教学发展的基石，也是学校逐渐形成具有鲜明建筑特色办学优势的根基。

表 3-1-1　学校系部设置（1977）

系部设置	系	专业
三系	建筑工程系	房屋建筑、采暖通风
	市政工程系	给水排水、道路桥梁、工程测量
	机电工程系	建筑机械
一部	基础部	

为适应首都建设事业对大量专业人才急迫的需求，从 1978 年开始，学校在建筑工程系增设了建筑学专业。1979 年开始筹办，1980 年正式设立建筑系，并开始招生，成为我国较早设置建筑学专业的高校之一。学校调入一些具有丰富建筑设计教学和实践经验的专家学者担任建筑系的教师，聘请当时北京市建筑设计研究院副总建筑师傅义通兼任建筑系系主任。建筑系培养目标是为首都城市建设培养具有良好道德品质、坚实理论基础、较高艺术修养、较强设计能力，并富有创新精神的建筑设计人才。与此同时，1978 年，市政工程系增加了城市燃气热能供应工程专业，1979 年，机电工程系增加了城建企业电气化自动化专业，本科学制为四年，专科学制为二年。

1980 年年初，教育部颁发《关于直属高等工业学校修订本科教学计划的规定（草案）》。北京各高等工科院校随之进行了以提高教学质量为中心的教学改革。各高校加强了专业和学科建设，调整了专业结构，拓宽了专业方向，本科专业设置也随之有了较大的变化。① 1984 年 2 月，学校对系的设置进行了调整，共设置四系一部（建筑系、土木工程系、城市建设工程系、机电工程系、基础部），九个专业。调整后系和专业的设置为：建筑系，设建筑学专业；土木工程系，设工业与民用建筑专业、道路与桥梁工程专业、工程测量专业；城市建设工程系，设供热通风与空气调节专业、给水与排水工程专业、城市燃气热能工程专业；机电工程系，设建筑机械专业、建筑企业电气化自动化专业。

表 3-1-2　学校系部设置（1980）

系部设置	系	专业
四系	建筑系	建筑学
	建筑工程系	工业与民用建筑、供热与通风
	市政工程系	道路与桥梁、给水与排水、工程测量、城市燃气热能供应工程
	机电工程系	建筑机械、城建企业电气化自动化
一部	基础部	

表 3-1-3　学校系部设置（1984）

系部设置	系	专业
四系	建筑系	建筑学
	土木工程系	工业与民用建筑、道路与桥梁工程、工程测量
	城市建设工程系	供热通风与空气调节、给水与排水工程、城市燃气热能工程
	机电工程系	建筑机械、建筑企业电气化自动化
一部	基础部	

1980 年之后，我国工科高校按照"理工结合，文理渗透"的发展战略，陆续新建了一批高新技术专业与新兴学科，逐步恢复和增设了理科、文科、经济管理等方面的院系。② 1986 年 10 月，为了加强学生的马列主义基本理论、中国

---

① 北京高等教育志编纂委员会. 北京高等教育志［M］. 北京：华艺出版社，2004：126.

② 北京高等教育志编纂委员会. 北京高等教育志［M］. 北京：华艺出版社，2004：126.

特色社会主义理论和人文科学教育，学校在原马列教研室的基础上成立了社会科学部。1987 年 2 月，高教局批复同意学校增设工程管理专业专科，学制三年，并于当年开始招生。

1987 年，学校对系部设置再次进行调整，土木工程系划分为土木工程一系和土木工程二系。学校共设五系二部（建筑系、土木工程一系、土木工程二系、城市建设工程系、机电工程系、基础部、社科部），十个专业。建筑系有建筑学专业；土木工程一系有工业与民用建筑专业、工程管理专业（专科）；土木工程二系有公路与城市道路工程专业、工程测量专业；城市建设工程系有供热通风与空调工程专业、给水排水工程专业、城市燃气工程专业；机电工程系有起重运输与工程机械专业、工业电气自动化专业。

表 3-1-4　学校系部设置（1987）

系部设置	系	专业
五系	建筑系	建筑学
	土木工程一系	工业与民用建筑、工程管理（专科）
	土木工程二系	公路与城市道路工程、工程测量
	城市建设工程系	供热通风与空调工程、给水排水工程、城市燃气工程
	机电工程系	起重运输与工程机械、工业电气自动化
二部	基础部	
	社科部	

随着改革开放的深入推进，学校逐渐形成以土建为特色的学科和专业建设体系。学校的土建类学科和专业设置在北京市属院校中比较齐全。到 1992 年，学校共有本科专业 9 个，研究生专业 4 个（其中有 1 个硕士授权点）。随着北京市建筑业市场规模的增长和对管理的规范化要求越来越高，行业对建筑工程管理人才水平的期望也愈来愈高。1995 年，经北京市高教局批准，学校增设工程管理本科专业。

为了使学校各专业更加紧密贴合首都经济社会发展需要，1996 年 12 月，学校根据 1993 版《普通高等学校本科专业目录》进行专业合并与名称调整，将供热通风与空调工程专业和城市燃气工程专业合并为建筑环境与设备工程专业，保留两个方向。工业与民用建筑专业改称建筑工程专业，公路与城市道路工程专业改称交通土建工程专业，工程测量专业改称测量工程专业，起重运输与工程机械专业改称机械电子工程专业。建筑学、工程管理、给水排水工程、工业电气自动化专业名称未变。

表3-1-5　学校系部设置（1996）

系部设置	系	专业
五系	建筑系	建筑学
	土木工程一系	建筑工程、工程管理
	土木工程二系	交通土建工程、测量工程
	城市建设工程系	建筑环境与设备工程、给水排水工程
	机电工程系	机械电子工程、工业电气自动化
二部	基础部	
	社科部	

1998年4月6日，教育部发布《关于加强专业结构调整力度，尽快缓解部分科类本专科毕业生供求矛盾的通知》之后，我国高等学校的专业设置和层次结构的合理调整开始朝以满足和适应经济、社会和科技发展需要的方向前进。[①]根据教育部1998年颁布的专业目录，1999年学校将原建筑工程、交通土建工程两个本科专业合并为土木工程专业，保留两个方向。测量工程专业改称测绘工程专业；机械电子工程专业改称机械工程及自动化专业；工业电气自动化专业改称自动化专业。建筑学、工程管理、建筑环境与设备工程、给水排水工程专业名称不变。学校的本科专业调整为8个，分属于2个一级学科门类、5个二级学科，在北京市的建筑类学科和专业结构布局中有一定特色和优势。

与此同时，学校对系部进行了调整。1999年，学校共设六系二部（建筑系、土木工程系、测绘工程系、管理工程系、城市建设工程系、机电工程系、基础部、社科部），八个本科专业：建筑系有建筑学专业，土木工程系有土木工程专业，测绘工程系有测绘工程专业，管理工程系有工程管理专业，城市建设工程系有建筑环境与设备工程专业、给水排水工程专业，机电工程系有机械工程及自动化专业、自动化专业。

---

① 董宝良. 中国近代高等教育史［M］. 武汉：华中科技大学出版社，2007：414.

表 3-1-6　学校系部设置（1999 年）

系部设置	系	专业
六系	建筑系	建筑学
	土木工程系	土木工程
	测绘工程系	测绘工程
	管理工程系	工程管理
	城市建设工程系	建筑环境与设备工程、给水排水工程
	机电工程系	机械工程及自动化、自动化
二部	基础部	
	社科部	

改革开放后，随着高考制度的恢复，研究生教育也随即恢复。1980 年，国务院批准成立国务院学位委员会，召开学位委员会第一次（扩大）会议。会议审议通过了《中华人民共和国学位条例暂行实施办法》和《国务院学位委员会关于审定学位授予单位的原则和办法》两个重要文件。随后几年里，全国陆续建立起了布局基本合理、学科门类比较齐全、指导力量较强和科研条件较好的研究生培养基地和各级学位授予体系。自 1981 年至 1988 年，经国务院和国务院学位委员会先后批准的三批硕士学位授予单位及其学科专业中，北京高等学校共有 52 所，学科专业 634 种，硕士学位授权学科专业点 884 个。[①] 学校自 1984年开始根据首都城乡建设对高层次人才的需求，采取与具有授权资格的高等院校、研究院所联合培养研究生的办法，首先在给水排水工程专业，继而在建筑学专业、结构工程专业招收少量的硕士研究生。条件成熟后，经教育部学科专业指导委员会批准，1985 年学校获得"建筑设计及其理论学科"硕士学位授予权。在校研究生数量从最初的 12 人，到 1988 年增长到 25 人。招收研究生的专业有建筑设计、建筑技术、结构工程、市政工程，学制三年。1986 年，学校获批硕士学位授予单位。

1987 年 5 月，国家教委下发的《关于改革高等学校科学技术工作的意见》中指出，要求在高等学校中有计划地建设一批符合社会主义现代化建设需要、门类结构比较合理的重点学科。[②] 根据北京市对人才的需求以及学校的办学指导思想，学校对学科和专业结构进行了进一步的规划、建设和调整，逐步形成了

[①]　北京高等教育志编纂委员会. 北京高等教育志 [M]. 北京：华艺出版社，2004：194.

[②]　董宝良. 中国近代高等教育史 [M]. 武汉：华中科技大学出版社，2007：415.

市级重点学科、市级重点建设学科和学校的优势学科，并且形成了自己的学科和专业特色。1994 年，建筑学、供热供燃气通风与空调工程、市政工程三个专业被北京市教委确定为重点建设学科。从 1994 年到 1996 年，学校连续三年投入学科建设经费 500 万元，对这三个学科进行了重点建设，改善办学条件，充实教学设施和实验设备。

经国务院学位委员会批准，1995 年，城市建设工程系市政工程专业和供热通风及空调工程专业具有了硕士学位授予权。1998 年 7 月，建筑历史与理论、结构工程、管理科学与工程，获硕士学位授予权。到 1999 年年底，学校已有 6 个硕士学位授权点和土木工程领域工程硕士授权点。

表 3-1-7　学校硕士学位授权点（1977—2000）

1985 年	建筑设计及其理论
1995 年	市政工程
	供热供燃气及空调工程
1998 年	建筑历史与理论
	结构工程
	管理科学与工程

1985 年 5 月，《中共中央关于教育体制改革的决定》中指出，教育管理部门还要组织教育界、知识界和用人部门定期对高等学校的办学水平进行评估。为了贯彻中共中央提出的要求，逐步建立适合中国国情的高等教育评估制度，国家教委决定从高等工程教育开始，开展教育评估的研究和试点工作。1985 年 11 月，国家教委发出《关于开展高等工程教育评估研究和试点工作的通知》，开始有计划、有组织地进行高等工程教育评估试点。国家教委在高等工科院校安排了三年试点工作。

第一个参加专业评估的是供热通风与空调工程专业（简称"暖通专业"）。该专业是建设部受国家教委委托，进行试点准备所选定的七所院校之一。1986 年 4 月 10 日至 5 月 15 日，学校按照评估指标体系进行自测。自测工作虽然是在暖通专业进行，但涉及学校各项工作及大多数部门。学校领导非常重视，专门成立了评估领导小组。凡评估中涉及的系部、教研室领导及教师，都本着促进教学改革、提高教育质量和推动学校教学管理的目的，汇集教学资料和文件，认真进行自查自测和细致统计。评估专家小组来校进行了检评。虽然这次评估试点准备工作，主要目的是检测评估指标体系的可行性与摸索评估方法，不排名次，但通过这一阶段的工作，学校总结了教学工作的成绩和不足，对提高教育质量起到了推动作用。1988 年 10 月，在城市建设工程系和全校师生的努力下，暖通专业通过了全国高等工科院校专业评估。这次评估加强了师资力量，拓宽了专业面，强化了学生工程实践能力的培养，促进了教学工作的改进与提高。

第二个接受评估的是建筑学专业。1996 年 5 月，经过两周入校检查，学校凭借实力，获得专家组比较高的评价，在有众多高校参加的评估中，学校建筑学专业排名第一，取得了令人振奋的成绩。全国高等学校建筑学专业教育评估委员会为学校颁发了"全国高等学校建筑学专业教育质量评估合格证书"，合格证书有效期自 1996 年至 1999 年，共 4 年。

供热通风与空调工程专业、建筑学专业相继率先通过评估，并取得好成绩，表明学校本科教育具有了较高水平。

首次参加本科教学工作合格评价，以评促建，加强专业建设。按照教育部关于对"文化大革命"后新办大学进行教学合格评估的部署，1996 年起，学校开始认真准备接受教育部对学校的本科教学工作合格评价，成立了教学评估领导小组，学习评价指标体系，召开专家研讨会，制订工作实施计划。从 1997 年上半年开始，学校按照"以评促建，以评促改，评建结合，重在建设"的方针，将迎接教学评估与促进教学建设工作列为中心工作，召开全校教职工大会进行广泛动员，分解任务，部署工作，落实责任，"以评促建"工作正式启动。

第一，学校以教学评估为抓手，在 1995 年第一次教育思想大讨论的基础上，1998 年又组织了第二次全校性的教育思想大讨论，进一步转变教育观念，解放思想，推进素质教育和创新教育，为完成本科教学合格评价进行了充分的思想准备。

第二，开展了一系列卓有成效的建设工作：进行思想动员，大力加强课堂教学工作，提出"向 50 分钟要质量"；加大课程建设力度，修订教学计划，加大教学投入，改善办学条件，先后有 21 门次课程被确定为校级优秀课程，有 128 门课程通过了学校组织的合格评价，有 7 门课程被建设部确定为优秀课程；加强考试方法改革试点，注重学生学习效果。

第三，大力推进素质教育，加强实践性教学环节建设，开设了计算机拆装、现代教育技术培训、建筑设备拆装、建筑模型制作等创新实验室。

第四，大力加强教学研究，争取省部级教改课题 13 项，累计课题经费 22.8 万元，同时学校投入 26.98 万元用于教学研究工作，设校内教学研究项目 115 项；大力加强教材建设，争取到北京市精品教材建设项目 2 项，校级教材立项

图 3-1-10　北京建筑工程学院教学讨论会（1995）

图 3-1-11　教学研讨专家报告会（1997）

52 项。

1998 年 11 月，教育部专家组对学校北京建筑工程学院本科教学工作进行了合格评价，肯定了学校在教学工作五个方面的主要成绩。

一是学校能主动适应首都城乡建设发展的需要，积极培养面向城建系统基层单位的应用型高级人才，促进了学校发展。二是广大教师能积极投入教学改革，参加百余个教学改革项目的研究和实践，推动了学校的学科专业建设、课程建设和实验室建设，锻炼了自己，也为学校的可持续发展创造了条件。三是在专业设置和发展方面，学校坚持走以内涵发展为主的道路，在北京市高等教育专业结构布局中具有一定的特色和优势。四是学校能积极贯彻教学评价"重在建设"的原则，在两年多评建的过程中，逐步理清办学思路，不断明确教学中心地位，注意加强教学基本建设，取得明显进步，受到广大师生的一致肯定。五是学校的办学条件不断改善，在基础教学和现代化教学条件的建设、文明校园建设等方面取得进展，为进一步深化教学改革提供了重要保证。

同时评估专家也指出了学校存在的不足：主要在管理水平、管理科学性和有效性方面还需要进一步改进；学生对基础理论的重视和掌握上需要进一步提高。专家组希望学校进一步更新教育思想和教育观念，确保教学工作中心地位，加快教学改革的步伐。重视教师队伍建设，加速青年教师培养，积极引进人才，鼓励引导教师在深化教学改革和建设中提高学术水平和教学水平。

图 3-1-12　北京建筑工程学院本科教学工作评价汇报会（1998）

经过充分准备和建设，1999 年 11 月，教育部专家对学校本科教学工作进行复评。专家组肯定了学校教学工作一年的整改成效，认为学校教学整改工作思路清晰，采取措施有力，抓住了学校建设、改革和发展重点。从加强管理、提高教学质量入手，在专业改造、教师队伍建设、实践教学、教学管理和提高学生实践能力、培养创新精神等方面显示出明显的进步和良好的发展态势。同意学校通过教育部本科教学工作合格评价。

通过教学合格评估后，学校进一步加强教学基础建设，深入开展专业建设、课程建设，抓好学风建设，力争形成有学校特色、效果明显的教学建设改革成果。同时在全国高等教育大发展的新形势下，抢抓机遇，把 2000 年确定为"教学质量年"，进一步深化教学内容、教学方法改革。在促进教学质量提高的同时，学校逐步扩大招生规模，壮大办学实力，进入了新的快速发展时期。

二、深化教学改革，提高教育质量

1977 年年初，根据教育部《全国重点高等学校暂行工作条例》（试行草案），参照兄弟院校的经验，结合实际，学校制订了各系各专业的教学计划以及《教学研究组暂行工作细则》。1981 年，学校又修改制定了《北京建工学院教学研究室暂行工作条例》，广泛开展集体备课、观摩教学、相互听课、试讲、教学分析、重点难点专题讨论、专题介绍、经验交流等形式。重视教研室工作、定期组织教学研讨成为学校后来一直坚持的教学工作传统与制度。

1986 年至 2000 年，学校注重教学基础工作和学风建设，先后两次修改《学生手册》，健全学籍管理制度，坚持学生考勤和教学事故月报制度，制定了考场规则，严格监考制度。

1987 年，学校在第一届党代会的报告中强化了"面向首都城乡建设、面向基层、为首都城乡建设培养实用型人才的基地，加强实践环节、实行多层次多种形式开放式"的办学方针。学校在加强教学基本建设、稳定教学秩序、保证教学质量的前提下，对教学改革进行了积极探索。

一是在教学中贯彻"三个面向"的方针，有计划地压缩教学时数，在调查研究的基础上各系部平均压缩学时 10%，使周学时平均不超过 20 学时。大力开辟第二课堂，增加选修课，鼓励学生开展社团活动和勤工助学活动。目的是给学生更多的活动余地和自学空间，改变过去管得过死的状态，同时加强了对缺乏自制能力学生的思想教育和具体管理工作。二是进行专业改造，拓宽专业方向。为使专业设置更适应社会需要，学校先后将工程机械专业改造为侧重汽车运用工程；将工业电气自动化专业的专业方向调整为"削减弱电，增加强电和机械知识"；建筑学专业增设了室内设计、古建设计、风景园林设计、规划设计等选修课和系列讲座，逐步拓宽专业方向；工民建专业在高年级学生中，增加了侧重工程管理和计算机软件的课程。这一系列改革措施，拓宽了专业面，增强了传统专业的时代性，适应了用人单位需要，受到社会用人单位的普遍赞同。三是调整充实重点学科，加强实践环节和学科建设。建筑系开始试行首批一类招生，大大改善了生源质量。经教委批准，建筑学专业学制改为五年，学校还在建筑学专业试行了学年学分制。

图 3-1-13　学生测量磁场强度（1998）

土木系及其他各系在毕业设计、实习工作中，带领学生结合实际工程进行教学。在教师带领下，学生深入大型建筑、桥梁工地参观实习，深入山区野外进行道路测量实习。这些活动不仅开阔了学生眼界，增强了学生实践能力，也培养了学生事业心和责任感，对深化教学改革很有启发。

图 3-1-14　教师围绕教学改革展开讨论（1995）

1994 年 11 月，党委下发《关于深化教育教学改革，提高教育质量的意见》。

为在全体教职工中统一思想，适应改革模式，1995 年上半年，学校开展了第一次教育思想大讨论，围绕如何理解传授知识与培养能力的关系，教学如何适应市场对人才的需求等重大问题，进行了深入探讨。为适应改革形势，学校对部分传统专业进行改造，例如暖通与燃气专业合并，机械专业实行机电一体化等；从 1994 年新生开始试行两段式教学、学分制和弹性学制改革，尝试按系招生，到三年级再根据社会需求划分专业等；针对课程设置、学时安排、教学管理等方面存在的问题，在精简教学内容的基础上，将一些课程的课时压缩，一些专业课由必修课改为选修课；改革学生工作管理体制，制定实施"学生德育大纲"等，实施了一系列改革措施。

学校的教学经费有了大幅度增加。从 1996 年到 1997 年，教学经费投入翻了一番，由 374 万元增加到 746 万元，生均年主要教学经费增加了近 1 倍，1997年达到 2216 元。教学仪器设备投入逐年增长，据不完全统计，1994 年教学仪器设备资产值为 483 万元，1995 年为 1206 万元，1997 年为 1307.57 万元，1998 年为 1948.96 万元，1999 年为 2614 万元，是 1994 年的 5.41 倍。

在课程建设方面，学校积极进行改革探索，取得显著成效。1977 年恢复高考制度后，学校在汲取中专教育经验的基础上，继续推进加强课程建设，落实教学计划及培养计划，坚持理论联系实际的优良传统，持续提高教学水平和人才培养质量。

1980 年以来，北京各高等院校普遍重视课程建设，向着整体优化的方向发展，实现了教学条件、教学过程和教学效果的紧密结合。主要表现在更新教学内容，开出一大批新的课程；改革课程设置和教学方法。注重因材施教和能力培养；在教学过程中渗透思想教育，寓德育于教学之中；现代教学手段的引进，促进了教学方法的进一步改革。从 1985 年开始，北京高校开始了有计划的优质课程建设工作，开始本科重点课程建设和一类课程评选，使课程建设逐步规范化、制度化。[1]

1988 年开始，学校着手进行重点课程建设工作，制定了《开展重点课程建设的决定》，选定 10 门主要基础课程为校级重点建设课程，9 门主干技术基础课程为系级重点建设课程。学校制定了《一类课程质量评选方案》《一类课程（本科）评选指标体系》。在这一时期，"材料力学""理论力学"通过了北京市课程评估的试点，教学质量获得北京市好评。

1997 年 7 月，学校出台了《关于进一步加强重点课程建设与评估的决定》

---

[1]　北京高等教育志编纂委员会. 北京高等教育志［M］. 北京：华艺出版社，2004：138.

和《课程建设与课程评估实施细则》。分阶段抓好以基础课为主的院级 12 门重点建设课程和系级重点建设课程，提出在"九五"末期争取其中 10 门课达到院级优质课水平，同时使所有必修课程达到合格课水平。要求各学科专业制订重点课程建设规划与计划，明确课程负责人，抓好主干课程建设，逐步形成自己的特色课程和优势课程。至此，学校启动了校级精品课程建设与评选工作。此后，学校每两年对申报的课程评估一次，同时对已经被评为校级优秀课程的进行复评，并择优推荐参加北京市精品课程评选，形成了一套比较完整的课程评估体系。学校每年投入一定的重点课程建设费，支持课程建设。1997 年 11 月"高等数学""材料力学"等 8 门课程被评为校级优质课程（一类课程），这 8 门课程参加建设部高校优秀课程评审，其中"工程测量""高等数学"被评为建设部一类优秀课程，"结构力学""材料力学""钢筋混凝土与砌体结构""路基路面工程""电工学"等五门课程被评为建设部二类优秀课程。

在实验室建设及实践教学方面，1977 年，学校有基础课、专业课实验室 17 个，固定资产 96 万元，实验仪器设备 3201 台，实验人员三十余人，实验设备陈旧落后，很难满足开办高等教育的需要。经过近十年的不断建设，学校先后安装了两套语言实验室，装备了比较完善的电化教学系统，建立了计算机教学和辅助设计系统，实验室建设资金达到 530 多万元。1980 年，学校在北京市政局支持道路与桥梁工程专业建设 20 万元（委培任务）经费的支持下购置了压力机等仪器设备，建立了道桥实验室，砌筑了道路试槽。其后，在教学 7 号楼（现西城校区教 5 楼）一层也建立了实验室，支撑路基路面、桥梁工程和交通工程的基本实验项目。

学校在实验室建设方面的成绩也逐步得到同行认可。1985 年 12 月，城乡建设环境保护部系统及地方所属建筑类高校实验室研究会、电教研究会、体育协作组成立大会在学校召开。到 1987 年，学校已建成实验室 23 个，实验室面积 8600 余平方米，仪器设备 6627 台，固定资产 658 万元，为全校 71 门课程开出 436 项实验。实验人员从 30 人增加到 110 人，师资力量有了较大提高，达到了教育部《关于加强领导和加速高等学校实验室建设的意见》的要求，基本满足了教学需要。

为了进一步落实培养应用型高级人才的目标，适应基层和实际工作第一线需要，学校采取申请专项经费、争取纵向横向经费、与企业合作、中外合作等方式，继续筹集实验室建设资金，更新实验设备、改善实验室条件。1992 年学校向北京市高教局申请的重点学科费 160 万元，主要用于"计算机基础课程""大学物理""电工学"等实验室建设。1994 年，新实验楼（现西城校区实验 1

号楼）建成并投入使用后，专业实验室建设上了一个新的台阶。水力学实验室、给水排水实验室、电气自动化专业实验室硬件建设得到很大改善，不但满足了教学需要，还为科研工作提供了充分条件。

1997年、1998年北京市政府为学校划拨的1000万元和学校自筹的300万元全部用于实验设备的更新改造和实验室建设。基础课程实验开出率达到98%，技术基础课程实验开出率95%，专业课程实验开出率90%。1998年，为迎接北京市教委进行的基础课教学实验室评估，学校又投入150多万元改造了物理、电工、水力学三个实验室，扩建了计算机房，增加了计算机台数，重新装备了语音实验室，更新了电化教学设备，建设并开通了校园网。1999年6月，建材实验室与中建承包公司在学校共建建材实验所，改善了实验设备和条件。2000年，学校电工实验室、材力实验室、测量实验室等8个基础实验室通过北京市基础课教学实验室合格评价。

在学校《教学"九五"计划》指导下，学校在实验室与实习基地建设方面有了较大进步。一是更新和配齐满足教学基本要求的仪器设备，使实验室等实践教学软、硬件条件有较大改善，为保证教学质量提供良好的技术支持，努力形成与学校培养应用型人才定位相适应的实践教学环境。二是进一步加强实验、实习、课程设计等各实践教学环节的建设与管理，开出教学大纲要求的大多数实验项目，实验开出率达到98%以上，保证实验教学质量。三是改革实验内容与方法，增加学生独立设计实验数量与比例。进行开放、半开放实验室试点，加强学生实验技能训练和动手能力的培养。同时注意培养学生的工程意识和工程实践能力，以达到工程师基本训练的要求和实现应用型人才培养。四是稳步推进实验室管理体制改革，初步形成培养学生综合素质与基本技能的实验教学体系，将实验教学作为培养人才的重要环节给予重视。1997年10月，为加强对教学基层单位建设与管理的指导，学校首次发布《教研室（实验室）工作手册》。1998年6月，学校"双基"实验室——物理实验室、热工流体力学实验室通过了北京市教委基础课教学实验室合格评价。同年10月，在北京高校基础实验室评估工作会上，学校实验室的评估材料作为推荐样板在会上进行示范展出。

至1998年，学校实验室面积达到9647平方米（不含分院）。1999年，全校教学仪器设备资产值为2683.2万元（含分院69.2万元），分院实验室面积100平方米。

在教学实习基地建设方面，学校克服各种困难，采用校校合作、校企合作等方式，建设了65个校内外教学实习基地，保证了学生的实习环节。1994年5

月，"金工实习"通过北京市高教局评估。1996 年，校内机工厂拆迁。1997 年，学校与北方交通大学合作，学生金工实习安排在北方交大进行。

在课程设计和毕业设计方面，学校重视学生毕业设计，毕业设计的选题结合工程实际，一部分学生的毕业设计选题来源于教师的科研课题和工程实际项目，还有一部分学生直接到设计部门参与实际工程设计，有些毕业设计成果已经直接应用于生产实际。1983 年 4 月至 8 月，道 79 班以毕业设计形式参与了北京南二环道路设计、北京延庆县红旗甸运煤专用线 三 级 公 路 勘 测 设 计（7KM）、北京八达岭石佛村引水工程道路勘测设计、北京怀柔县宝山寺桥梁设计、古 北 口 桥 梁 设 计 等 工 作。1991 年 4 月，道 87 班毕业设计选题源于土木二系道桥教

图 3-1-15　道 78 学生在济南黄河大桥工地实习（1981）

研室承担的北京公路处下达的扶贫项目——北京密云县四合堂乡 6KM 山岭重丘四级公路——透灰石矿道路勘测设计任务。道桥教研室还因此被评为了北京市"高校生产实习社会实践"先进集体。学生综合分析问题和解决问题的能力在课程设计和毕业设计环节得到提高。1994 年 6 月，给水排水专业毕业设计通过建设部系统高校给水排水专业委员会的评估验收并获得优秀。

1996 年以来，围绕 1998 年本科教学工作合格评价体系，学校持续强化教学质量监控，实践性教学改革有了新进展。一是规范了实习环节的管理，加强了实习指导方式的改革和实训基地建设，组织学生到工厂和工地参加实习单位的工作。二是逐步减少验证性实验。给水处理实验、液压实验、建材实验、土工实验进行了设计性、综合性实验改革试点，物理实验课进行了设计实验考核改革试点。三是在土木工程、暖通和工程管理专业进行了综合性课程设计改革试

点，将内容紧密相关的单门课的课程组合成综合性课程设计，以提高学生知识整合与综合运用的能力。四是全面贯彻全国高等工科学校毕业设计（论文）研讨会精神，加强毕业设计管理，严格审题、指导、评阅和答辩等教学环节的质量监控及中期检查。1999 年是 1998 年教学评估后整改复评的关键时期，学校首次开展了评选优秀毕业设计、优秀毕业设计指导教师和先进组织管理单位活动，进一步提高了 1999 届学生的毕业设计质量。本次评选，共评出优秀毕业设计 11 个，先进毕业设计指导教师 5 人，先进毕业设计组织奖 5 个。这些工作都得到了教育部本科教学工作合格评价复评专家组的充分肯定。

第四节　实施"人才工程"，办学规模稳步扩大

一、实施"人才工程"，加强师资队伍建设

努力建设一支政治素质过硬、业务能力较强、育人水平高超的高素质专业化创新型高校师资队伍，是推动高效各项事业发展的首要前提。1984 年以来，为了改善教师队伍结构，提高教师队伍层次和水平，适应办大学的要求，学校采取引进、培养、调整和流动的方式，大力加强师资队伍建设。措施包括：学校逐年引进研究生毕业的中青年教师，充实教师队伍；采取在职培养的方式，每年拨出 20 万元左右，先后选送 40 多名青年教师到国内外知名大学攻读硕士、博士学位；组织在校青年教师每人旁听 1～2 门研究生课程，学习教育理论。为提高教师的外语水平，选送一批教师到语言培训中心学习，以及出国访问和参加国际学术会议等。同时，对少数不能适应大学教学任务的教师采取调整或流动的方式，安排到其他岗位或调出学校。通过这些措施，师资队伍的学历结构、年龄结构、职称结构和业务素质有了明显改善和提高。至 1988 年年底，学校专任教师中青年教师占 36%，中年教师占 29%。教师中具有高级职称的 122 人，占教师总人数的 26%；中级职称 247 人，占教师总人数的 54%；助教 84 人，占 18%。教师队伍结构逐渐趋于合理，教师成长梯队初步形成。

1995 年学校第三次党代会提出实施"人才工程"，以选拔、培养、引进高水平的学科带头人和骨干教师为重点，积极实施人才战略，为教学和科研工作提供可靠的人才保证。

1995 年学校专任教师中有教授 16 人，副教授 101 人，具有博士和硕士学位的 67 人。1999 年专任教师中有教授 25 人，副教授 128 人，享受国家特殊津贴

的 28 人，具有博士学位的 12 人，具有硕士学位的 110 人，逐步形成一支年龄结构、学历结构、职称结构相对合理的能够满足教学、科研和社会服务需要的师资队伍和学术梯队，为学校未来发展奠定了基础。一些青年教师在全国高等学校中青年教师讲课竞赛、北京市高校青年教师教学基本功比赛中获奖，一批青年教师获得北京市和学校的教育创新标兵称号、教学科研成果贡献奖、教学成果奖、教学优秀奖等，还有一批教师获得北京市教育系统先进个人荣誉称号。

二、推进基本设施建设，扩大办学规模

学校基础设施逐步改善。1977 年时学校全部房屋建筑面积仅为 47900 平方米，许多房屋年久失修，特别是"文化大革命"的影响及唐山地震的波及，全校大多数房屋存在不同程度的损坏，实验楼、学生宿舍已无法使用，暖气设备陈旧，供水供电严重不足，基本建设面临的任务繁重而紧迫。

在市委市政府和高教局的支持下，学校克服困难，在较短的时间内修复加固了 31200 平方米房屋建筑，对全校校舍进行了较为彻底的翻修，保证了第一届大学生按时入学上课。1979 年学校建成电教楼 821 平方米，1981 年建成第 11、12 教学楼（现教 2、教 3 楼）6432 平方米，1984 年建成燃气暖通教学实验楼 4365 平方米，1985 年建成 1376 平方米的体育楼和操场看台，还在密云县建成 1700 平方米的教学、实习、植树劳动三结合基地。

图 3-1-16　1984 年实验 2 号楼建成（燃气暖通实验楼）

　　1986 年是学校基本建设成绩显著的一年。学校重修了校园大门，建成了14、15 号楼（现行政 1 号楼、2 号楼）行政用房 2721 平方米，翻修了大操场，修建了 420 平方米中心花园和道路工程，完成 900 平方米体操房工程，接建了300 平方米办公用房。同年完成了 12000 平方米的教职工住宅楼。在 1986 年市属高校基本建设表彰大会上，学校基建办公室被评为基本建设先进单位。1987年学校新建了 740 千伏安、148 平方米的变电站，引进了自来水新干线，实现了全校双路供水、双路供电。

图 3-1-17　图书馆

　　1989 年 5 月由学校建筑设计所设计的 6577 平方米的新图书馆落成并通过验收、交付使用。20 世纪 50 年代学校的图书馆仅有各类图书不足 1 万册，1978 年增加到 16.5 万册。随着

图 3-1-18　图书馆，严济慈题字（1988）

学校现代化的图书馆建成后，拥有中外文科技、社科、文史等各类图书 35 万册，中外文期刊资料 1700 余种，有可容纳 600 人同时阅览的中心阅览室和开架书库，可提供录音、复印、微缩、胶印多种服务。1994 年图书馆藏书增至 36 万册；1998 年图书馆藏书达到 38.5 万册；1999 年，学校图书馆的自动化、网络化建设通过市教委评估；2003 年图书馆藏书增至 44 万册，电子图书 1373 片，图

书资料比 1994 年增长 1.22 倍。

进入 20 世纪 90 年代以后，学校的办学条件逐步改善，1994 年新实验楼（现实验 1 楼）建成启用，水力学实验室、给水排水实验室、电气自动化实验室等实验条件得到较大改善，为进一步提高教学质量创造了条件。1993 年，学校机关压缩办公用房，通过联合办学的方式，每年筹集 160 万元资金，于 1994 年建成了 5000 多平方米的学生宿舍楼（现学生宿舍 6 号楼），解决了部分住家较远的走读学生住宿问题。在经济严重困难的情况下，1995 年学校自筹资金购置了 16 套住房，为部分教职工改善了居住条件，也引进了一些急需人才。1995 年至 1997 年，学校还争取到 900 万元专项经费，对学校陈旧、老化的基础设施进行了维修，将校内电话全部改为程控直拨电话。1997 年春天，学校与首创集团合作建设的科贸楼工程开工。1998 年，学校校园网建成并正式开通。同年，随着教学需要与国家福利分房制度改革，学校经过多方努力，自筹资金近 4000 万元，相继建成了 2300 平方米的教学业务楼（现学宜宾馆）和 17000 平方米的教工宿舍楼，改善了办学条件和教职工的住房条件。根据国家关于改造学校筒子楼的部署，1999 年学校投资 3000 万元，动工将原第三宿舍楼重建为建筑面积 17150 平方米的青年公寓，用于改善研究生住宿条件和解决部分青年教师的住房问题。

恢复本科教育以来，随着国家的快速发展，学校积极适应首都经济社会发展需求，实行多层次、多渠道、多种形式的开放性办学方针，积极为国家建设培养各方面急需的人才。自 20 世纪 80 年代初起，开启了多层次办学的发展之路。

第一，设立北京建筑工程学院分院。

1978 年暑期，北京市进行"文化大革命"后第二次高考，报名 9.4 万人，录取 1.7 万余人。但是，尚有考分在 300 分（达到录取分数线）以上的近 1.6 万人未能被录取，社会反响较大。北京市决定学习天津市经验，通过建立大学分校的方式，解决供求矛盾。11 月，经北京市委研究决定北京市政府开始建立大学分校。① 建立了包括工科 17 所、师范 3 所、医科 4 所、外语 4 所、农科 1 所、文科及综合类 7 所，学制一般 4 年，医科 5 年，首届招生 16043 人的就有 36 所分校。② 分校依托已有大学创办，一个显著特点是建立之初就得到市里相关工业局、总公司支持，而且共 18 所分校隶属于各行业主管局，其中 7 所还采取了

---

① 北京联合大学. 简明北京联合大学校史读本［M］. 北京：知识产权出版社，2017：4.

② 北京联合大学. 简明北京联合大学校史读本［M］. 北京：知识产权出版社，2017：4.

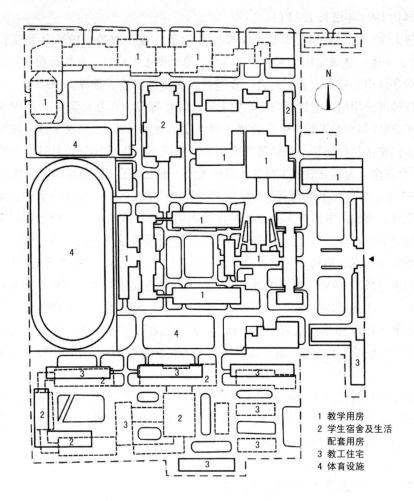

图 3-1-19 北京建筑工程学院校园平面图（20 世纪 90 年代）

行业主管部门及企业进行协办的方式。①

北京建筑工程学院分院（以下简称"分院"）就是其中之一，由北京市市政工程局主管。1978 年冬，分院招收工程机械专业 4 个班（机分 78-1、2、3、4 班），合计 160 人。1979 年 2 月分院正式开学。除收听电视大学的课程外，学校开设政治、画法几何、体育三门课程。② 校址位于北京市市政局党校（现北京市朝阳区红庙化工研究所旁），一栋楼的五层，仅 4 个教室，没有宿舍，师生实

---

① 北京联合大学. 简明北京联合大学校史读本［M］. 北京：知识产权出版社，2017：12.
② 卓莹. 分院教学工作在顺利进行［N］. 北京建院，1979-03-20（第 2 版）.

行走读走教制，在此上学一年后全部迁回本校，在教2、教3楼完成学业。学校为此组建分院领导班子，由金舜任院长，管理干部和老师由北京建筑工程学院委派。

几年后，由于北京市各大学分校不能很好地解决布局分散，师资、校舍、设备等资源短缺的问题，北京市自1983年开始对分校进行调整。① 在第一次调整中，撤销了8所分校，学校分校就是其中之一。1983年4月7日，北京市高教局、财政局、市政局通知，北京建筑工程学院分院从1983年1月1日起，经费预算划入北京建筑工程学院编制，分院11名教职工调入本校，现有分院学生由北京建筑工程学院培养毕业，毕业证书仍以北京建筑工程学院分院名义发放。北京建筑工程学院分院的建立，是国家在一定历史时期，艰苦奋斗，努力发展高等教育事业的产物，为加快培养专业急需人才做出了重要贡献。

第二，建设北京建筑工程学院怀柔分院。

为满足北京市郊区县城乡建设事业和建设人才培养的需要，1984年，根据市委市政府的决定，怀柔县人民政府、北京市农建总公司和学校联合创办了北京建筑工程学院怀柔分院。

图3-1-20　北京建筑工程学院怀柔分院

1984年9月17日，怀柔分院正式开学，学校在怀柔、顺义、平谷、密云、

---

① 廖叔俊，庞文弟. 北京高等教育的沿革和重大历史事件［M］. 北京：中国广播电视出版社，2006：562.

大兴和通县等区县的高考学生中，招收工民建专业2年制专科生80名。怀柔分院创建之初，只有十几名教职工，靠借用县财政局干校的30多间平房起步，经过办学三方齐心协力、共同合作，分院稳步发展并初具规模。1984年10月18日，教育部副部长黄辛白到怀柔分院视察工作，对分院的办学方向给以充分肯定。到1988年，分院已有教职工81人，在校生460人，占地55亩，建有教学楼、宿舍楼、实验楼、报告厅、食堂等，建筑总面积近7000平方米，可容纳14个教学班上课，并设有标准田径操场。固定资产350万元。学校负责教学管理及组织工作，派出较强的师资到分院上课，保障了分院教学工作的顺利推行。分院管理严格，校风严谨，教学质量逐步得到社会认可。1988届毕业生马清浩在两年工作中，试制出的系列混凝土外加剂，获市科技发明三等奖；分院毕业生马国清在1989年王府井饭店工程中，设计出腾空悬挂支撑架方案，受到日本专家好评；北京日报曾三次报道分院毕业生曾旭芳、史继春、赵士学等人的先进事迹。1990年北京汽车工业学校怀柔分部并入分院，分院又设立了中专部。2002年12月16日，经北京市政府批准，怀柔分院独立办学，成立北京京北职业技术学院。

第三，探索委托培养教育形式，为全国各省培养建设人才。

1984年之前，学校在计划招生外受北京市教委安排开始招收少量与兄弟省市对接的代培生。为了援助兄弟省市城乡建设人才培养，1983年7月，学校与山东省建设厅签署委托培养协议，市政工程系为山东省委托培养道桥专业本科学生32人。

随着首都建设事业快速发展，土建类专业技术人才越发短缺，因此"三委"系统用人单位提出了计划外委托培养学生的要求。学校顺应人才需求趋势，发挥学科优势和专业特长，积极探索实践这种新型办学形式。自1984年开始，学校与"三委"系统和中央在京单位所属各公司签署了计划外委托培养合同。1985年，委托培养的办学方式有较大发展，河南省交通厅、山东省建设厅、江西省建设厅等外省市建设部门相继提出了与学校合作办学、委托培养的要求。学校先后在八个专业招收委培大专生，用人单位委培人数骤增，其中河南省交通厅与学校签了十年委托培养合同，学校每年为河南省培养60名土建类学生。1986年北京市高教局确定学校为委托办学的试点院校。

委托办学一直延续到1996年，十多年间共为山东、山西、河南、河北、湖南、湖北、江西、内蒙古、陕西、新疆、广西等省市自治区和北京市城乡建设单位委培学生达4262人，为学校增加委托培养费和补充建设费总计2100万元，极大地支持了学校的建设和发展。这些委培学生已经成长为全国各地城乡建设

图 3-1-21 学校在河南招收的首届委托道专 85 班学生在河南新乡实习

领域的领军人才与技术骨干。

表 3-1-8 1985—1996 年委托培养学生数和经费

年份	委培学生数（人）	委培费及建设费（元）
1985	157	1940000
1986	189	745000
1987	226	755000
1988	685	1022390
1989	601	738500
1990	726	784600
1991	123	1558700
1992	129	2987900
1993	262	5155700
1994	400	1770300
1995	386	1479000
1996	378	1143000
总计	4262	20080090

第四，积极发展成人和继续教育。

1980 年 9 月，国务院批转了《关于大力发展高等学校函授教育和夜大学的意见》，要求充分发挥函授教育和夜大学在发展我国高等教育中的作用。[1] 1981 年 7 月 10 日，学校夜大学重新成立。从 1986 年开始，学校夜大学纳入全国成人高等教育统一考试、招生体系。开设的专业有工业与民用建筑、给水排水工程、起重运输与工程机械、供热通风与空调工程、公路与城市道路工程、工业电气自动化、建筑管理工程。办学层次有高中起点五年制本科教育、三年半学制的专科教育，并开设了函授班（仅招收一届学员），初步形成了多种形式、多种层次、面向多种对象的办学体系。1981 年第一届招收本专科 179 人，到 1999 年招收本专科人数已经发展到 389 人/年。

为加强成人教育工作，学校调整了成人教育机构，充实了管理人员，扩大了招生规模。1988 年 5 月经党委和院长办公会议研究决定，正式成立成人教育部，负责夜大、函授、继续教育以及对外举办培训班的工作。

为满足首都建设单位在职人员提高学历层次和岗位培训的需要，在争取到市建委的正式委托后，学校成教部举办了三期大专层次的专业证书班（行业内部承认大专学历），共开办 12 个专业、35 个教学班，毕业学生 1318 人，满足了建筑行业在职人员提高业务水平的要求。

除举办各种类型的学历教育以外，学校按照建设部和市建委的要求，由成人教育部和各系部举办了面向首都和华北地区的土木建筑工程技术人员的各种类型的专业技术培训班和岗位培训班。如举办注册建筑师、注册结构工程师、注册造价师、监理工程师等国家职业资格考试考前辅导班；举办项目经理、招投标、概预算、装饰装修等岗位培训班等。为建设系统工程技术人员的岗位培训做出了贡献。1991 年学校成人教育工作顺利通过了北京市普通高校成人教育治理整顿检查验收，并得到好评。自 1980 年至 2000 年，学校成人教育工作共培养各类毕业生 5000 余名，为首都及华北地区城市建设输送了大量技术人才。

第五节　推进管理体制改革，办学效益显著提升

一、机构改革和中层干部调整

根据党中央关于实现干部队伍革命化、年轻化、知识化、专业化的要求和

---

[1]　北京高等教育志编纂委员会. 北京高等教育志［M］. 北京：华艺出版社，2004：201.

教育部及市委组织工作会议的精神，学校党委从 1983 年 11 月开始，学习贯彻中央关于干部队伍"四化"标准原则及教育部、市委组织部有关指示精神，在广泛听取意见和调查研究的基础上，于 1984 年 2 月寒假期间，进行了机构改革和系、部、处领导班子的调整工作。经过群众推荐和组织考察，提拔了一大批年富力强、德才兼备的专业人才进入了中层领导岗位。一批老同志主动退居二线，为年轻干部的成长创造了条件。调整后的中层领导班子平均年龄为 47.1 岁，比调整前降低了 4.66 岁。35 岁以下的年轻干部占 11%，具有大专以上文化程度的占 62%，有专业技术职称的占 51%，年轻化、专业化程度均比调整前有很大提高。在新班子中 51% 是新提拔的干部，其中从教学一线选拔上来的占 22%，女干部占 14%。这次中层干部调整是学校干部队伍建设的一个较大突破，是学校机构改革和干部队伍建设的良好开端。

二、实行人事分配制度改革

根据 1985 年国家教委关于高等学校师生比的确定原则，1986 年学校开始酝酿定编工作，有计划地调整人员结构。1988 年 2 月学校首次进行了教师队伍的定编定岗。到 1988 年年底，全校教职工总人数由 1986 年年底的 1228 人，下降到 1001 人。在全校学生人数不断增加的情况下，教师人数较以前也有所下降。

与此同时，学校进一步理顺校系两级的关系，对系部实行简政放权，充分发挥系部在办学中的积极性，人事、财务、设备购置、技术咨询和津贴发放等权限进一步下放到系。在市政府提出"改善待遇，打破三铁，转换机制，提高效益"的原则下，以人事、工资制度为突破口，进行了教学目标责任制、岗位聘任制和结构工资制度的改革。党政各部门按照有利于教学质量的提高和科研的发展，有利于出成果出人才，有利于师生员工的生活服务的原则，建立健全岗位责任制，明确工作任务和职责范围与岗位责任。教职工的工作积极性得到较大提高。

1993 年，根据北京市逐步推进人事制度改革的部署，学校启动了内部管理体制改革，改革从定编、定岗、定责开始，按照师生比 1∶7.6 和员生比 1∶3.4 完成定编，各单位制定工作职责，各岗位执行岗位责任制。学校机关率先精简机构和人员，教学单位也结合教学改革对教师核定工作量，对教学资源进行重新整合。在实行教职工满工作量聘任的基础上，制定了各类人员的考核办法。

经过几年的经验积累，管理体制改革走入新的历史阶段。1999 年年底，新一轮内部管理体制改革开始酝酿，本着总体设计、分步实施、逐步到位的原则，从 2000 年起逐步推进了办学体制、内部管理体制、分配制度、后勤社会化、校产等一系列改革措施，使学校的管理水平、办学质量、办学效益都有了较大幅度的提高。

学校首先合理组建党政管理机构和系级教学组织，为实行校系两级管理和学科专业发展搭建平台；按照师生比 1：13.4 完成定编，本着"公开、公正、公平、竞争、择优"的原则，在定编、定岗、定责的基础上，推行全员聘任制；引入竞争机制，设置首席学科带头人、学科带头人、教学教辅人员关键岗、管理人员关键岗等校聘岗位；促进合理流动，提高工作效率。同时制定了教学教辅单位、党政管理部门和各类人员考核办法，在考核基础上，按照"效率优先、兼顾公平"的原则推行了分配制度改革，使教学、科研、管理骨干的收入有了较大幅度的增长，教职工的平均收入由 1995 年的人均 7078 元，增加到 2002 年的人均 41589 元，增长 4.9 倍。

三、改革职称评聘和工资晋级工作，调动广大教职工积极性

在专业技术职称评定工作中断了近二十年后，20 世纪 80 年代这项工作重新启动。1977 年 9 月中共中央《关于召开全国科学大会的通知》指出："应该恢复技术职称，建立考核制度，实行技术岗位责任制"。1979 年 9 月和 12 月，教育部相继下达《关于 1979 年下半年高等学校教师确定与提升职称几个问题的通知》和《关于当前高等学校确定与提升教师职称工作中应注意的几个问题的补充通知》，提出教师职称工作必须全面坚持标准，认真做好考核，防止放宽标准、突击提升等倾向，以及在评定工作中充分发挥学术委员会的作用等要求。[1]学校认真落实文件精神，较圆满地处理了由于 1963 年停止确定与提升教师职称遗留的大多数教师的职称问题。先后共开展了四次职称评审工作，共评出高级职称 160 人，中级职称 175 人，初级职称 243 人；全校技术人员中共聘任正高职务 9 人，副高职务 137 人，中级职务 349 人，初级职务及教师 214 人。此项工作解决了多年来知识分子业务水平与职称不相符合、社会贡献与工资不相符合的问题，调动了教师和技术人员的积极性。

党的十一届三中全会以来，北京各高校根据上级精神几次调整了高校教职工的工资，并采取其他措施，提高教职工的生活待遇。其中 1983 年的工资调整面较大，绝大部分教师都普遍升了一级，其中部分人员升了两级。1985 年 6 月，北京各高校依据中共中央、国务院发出的《关于国家机关和事业单位工作人员工资制度改革问题的通知》进行工资改革，实行以职务工资为主要内容的结构

---

[1]　北京高等教育志编纂委员会. 北京高等教育志［M］. 北京：华艺出版社，2004：308.

工资制，分为基础工资、职务工资、工龄津贴、奖励工资 4 个组成部分。教学人员的基础工资均为 40 元，职工工资为：教授 8 个等级 120～315 元，副教授 8 个等级 91～190 元，讲师 7 个等级 57～110 元，助教 5 个等级 30～57 元。[①] 自 1977 年至 1986 年 10 月以来，学校共进行了八次工资晋级工作，晋级 1093 人次，约 700 余人获益，人均月工资额由 99.66 元增至 108 元。经过几次工资调整，进一步理顺了工资关系，知识分子工资偏低问题也得到一定程度的解决。

四、启动后勤社会化改革，促进社会效益与经济效益提升

后勤改革既是一次管理体制的改革，也是人的思想观念的一场变革，是一个逐次渐进的过程。经过全校师生员工的共同努力，学校积极推进后勤社会化改革，实现了"小机关、多实体"的后勤社会化改革阶段性目标，后勤改革向社会化方向迈了一大步。

改革开放后，北京高校后勤管理的改革分阶段开展。第一个阶段是 1979 年至 1983 年。1980 年年初，北京大学伙食处率先实行单项定额承包。1981 年，北京市高教局召开现场会，推广了北京大学、中央民族学院等校伙食处的改革经验。这项改革很快扩展到高校其他部门，如修缮承包、车队承包等。到 1983 年，北京高校后勤单项承包已初具规模。[②] 学校总务处是为全校教学、科研、师生提供学习和生活服务保障的后勤工作系统。随着学校的发展，总务处的服务范围不断扩大。总务处以提高服务质量、搞好"服务育人"为中心，在促进后勤管理社会化方面做了许多努力。学校的食堂、车队、托儿所、维修科，在这个时期进行了不同程度、不同形式的承包，收到一定效果。但是与此同时，学校用于总务后勤的经费却没有增加，随着物价逐年上涨，总务处本身也由于人员素质和管理水平问题，存在着效益不高、人浮于事的浪费现象等问题。由于旧的管理体制的某些弊端，存在着"吃大锅饭"的问题。

1984 年至 1988 年，北京多数高校后勤改革从单项承包向多项承包发展。1986 年 4 月，在责权利相一致的前提下，学校总务处以层层承包的方式，实行了包括机构改革、劳动人事制度改革、工资奖金制度改革、财务管理改革在内的综合配套改革，力图从根本上打破旧的管理体制，实行高校后勤的企业化、半企业化管理。

学校成立后勤改革领导小组，下设办公室代表甲方作为监控机构，总务处

---

① 北京高等教育志编纂委员会. 北京高等教育志［M］. 北京：华艺出版社，2004：311.
② 北京高等教育志编纂委员会. 北京高等教育志［M］. 北京：华艺出版社，2004：352.

作为乙方承包学校后勤服务工作，甲乙双方形成两个实体，以合同为依据开展工作。

在劳动人事制度上，实行干部、工人的聘任制和劳动合同制，总务处与受聘者双向选择，优化组合。在工资奖金方面，体现按劳分配，奖勤罚懒。总务处内部实行效益工资，部分工作繁重、成绩显著、贡献突出的业务骨干奖金略有提高，鼓励二线人员向一线流动，轻体力劳动向重体力劳动流动。在经费使用上，实行"经费包干、超支自补、节约提奖、创收分成"，学校每年将经费分季度拨给总务处，由总务处单独核算，计划使用。

为了保证服务质量，学校后勤改革办公室组织专职监控员、学生会、工会等参加后勤工作监控和信息反馈系统，总务处也定期发放服务质量意见征询表，聘请学生代表参与民主管理，并在全处开展全面质量管理的讨论，使服务水平和效益不断提高。

实行后勤社会化改革以来，学校后勤服务质量提高，伙食、学生宿舍、校园绿化等工作，多次受到上级领导的表扬和师生的好评。食堂承包效果明显，各食堂主副食花样翻新，价格合理。遇到副食品调价，伙食科设法降低成本，推迟菜价上调，学校食堂成为市属高校中搞得较好的食堂之一。

五、面向市场，探索校办产业发展新途径

20世纪80年代，高校面临的一个共同问题就是办学经费不足。尽管政府对教育的投入年年在增加，但缺口仍然很大。在这样的背景下，高等学校发展校办产业特别是发展科技型产业不仅成为办学的有机组成部分，而且成为筹措办学经费的重要途径。

一段时期以来，学校计划外收入主要靠人才培训，通过委托办学、办培训班等教学方式，弥补办学经费的不足。学校曾提出逐步增大科技型产业创收工作，但限于人力物力条件，科技型产业的发展还远远落后于重点院校。

1980年6月3日，教育部、财政部发布了《教育部部署高等学校校办工厂暂行管理办法》，要求加强校办工厂的经营管理，引进竞争机制，提高经济效益。[1] 学校党委认真分析校办产业发展的优势，抓住机遇，发挥专业特色，争取计划外创收有更大发展，加速改善办学条件。学校成立了校产经营管理办公室，对后勤、公司、设计院、机工厂等单位实行了承包经营试点工作。学校设计院逐步扩大业务范围，面向社会承担勘察、建筑设计任务；机械厂、印刷厂、图

---

[1] 北京高等教育志编纂委员会. 北京高等教育志［M］. 北京：华艺出版社，2004：348.

片社合并成立生产技术咨询服务公司，挖掘潜力，增加创收。

以建立现代企业制度为目标的校办产业改革，也在稳步实施。学校加强校办企业管理，形成了以建筑设计研究院、京精大房监理公司、天乐伟业集团为主的校办产业体系，校办产业综合实力位列北京市高校十强。京精大房监理公司先后有 2 项监理工程获"鲁班奖"，10 多项工程获北京长城杯，16 项工程获结构长城杯，41 项工程获北京市优质工程，并获全国先进工程建设监理单位、北京市优秀校办企业称号。天乐批发市场被评为中国（首选）十佳服装批发市场、首都文明市场、市级消防安全单位等荣誉称号。建筑设计院、远大市政建筑工程公司、学宜宾馆等也多次获市区表彰。此外，校办企业还作为学生的教学实践基地，在学生的生产实习、课程设计等实践环节中发挥了重要作用。

第六节　筑牢科研基础，彰显城乡建设特色

学校成为北京建筑工程学院之初，主要精力是搞好教育教学工作，确保培养人才的质量，科研工作尚未提到应有的位置。当时学校的科研基础十分薄弱，已有的几个学科尚未形成知识结构、年龄结构、业务能力较为合理的学术梯队。学校既无科研机构、又无科研编制，更缺乏科研经费。由于缺乏开展科研工作的环境和承担重大科研任务的机遇，因此，最初几年学校的科研工作和学科建设，一直处于打基础、积蓄力量、创造条件的阶段。学校在长期办学历史中一直具有理论联系实际的优良传统，有一大批学识渊博的专家和骨干力量，这就为开展科研工作奠定了坚实的基础。

1978 年 3 月 18 日至 31 日，党中央、国务院在北京人民大会堂召开全国科学大会。在大会开幕式上，邓小平同志重申了"科学技术是生产力"的重要论断，打开了长期禁锢知识分子的桎梏，迎来了科学的春天。学校建筑系教授高履泰被评为全国先进工作者，出席了全国科学大会。

1978 年 9 月 28 日，《中国古桥技术史》编写委员会在北京成立，由我国著名桥梁专家茅以升任主编。道桥实验室胡达和、夏树林作为中青年专家受邀为该书编写组成员及执笔人，学校是该书《拱桥》分卷的编写单位及古代桥工理论分析组负责单位之一。1979 年 3 月至 5 月，在赵州桥文管所、北京市勘察处协助下，道桥教研室"桥史"编写小组袁德熙、胡达和、夏树林、李靖森等人，对河北省赵县安济桥（赵州桥）的桥台、基础进行勘探。11 月 26 日，《中国古桥技术史》第二次编写工作会议在北京召开，胡达和、夏树林在会上做《河北

省赵县安济桥基础桥台钻探报告》，茅以升给予高度评价："这次北京建筑工程学院对安济桥的基础进行了实地考察，为前所未有的壮举，在我国桥梁史上是值得纪念的，对于考察报告，我认为是一项科研成果"。经过4年多的努力，《中国古桥技术史》经过辛勤努力，付梓发行，获得1986年中国图书奖荣誉奖。

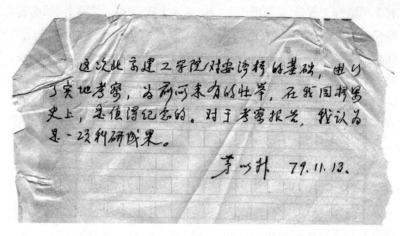

图3-1-22　茅以升对学校"桥史"课题组安济桥科研勘探给予高度评价（1979）

1979年1月，国家科委、教育部、农林部在北京联合召开了全国高等学校科学研究工作会议。会议明确高等学校承担着培养专门人才和发展科学技术的双重任务。[①] 学校认真贯彻上述会议精神，在原有师资队伍中，大力提倡在搞好教学的基础上，积极开展面向首都城建系统的科学技术研究工作，制定相应措施支持、扶持科研工作。为此，1978年之后，学校相继在土木工程、建筑学、供热与通风、城市燃气热能供应工程、给水排水工程等专业学科方向，从全国各高等院校及科研院所调入一批具有教学和科研经验的骨干师资力量。这些教师中不少人在原单位就已经从事着科研工作，并具备培养研究生的能力。这批师资大大充实、增强了学校的科研力量，为科研工作的全面开展和学科建设奠定了基础。1981年学校第一届本科生毕业。学校从这批毕业生中选拔若干优秀学生留校做助教，同时从国内知名大学、院所调入年轻教师，经培养选拔派往美、英、德、法等国及国内知名院校相关学科攻读研究生，以充实相关学科的新生力量。

学校制定政策支持科研工作，重点扶植具有相对优势的学科；为学术造诣高的学科带头人配备年轻教师，并与其他具有硕士授予权的高等院校、科研院

---

① 北京高等教育志编纂委员会. 北京高等教育志［M］. 北京：华艺出版社，2004：250.

所联合培养研究生。随着师资力量的积累，学校在市政工程学科中的"污水处理"、建筑设计学科中的"古建筑保护""建筑光学""建筑规划"等方面都具有一定的科研基础。结合北京市城乡建设中的现实问题，依靠建委的支持和教师们的积极性，学校不断取得一些科研成果（详见表3-1-9），得到有关部门的高度称赞。1985年10月，李献文参加联合国在匈牙利布达佩斯召开的国际水资源与目标规划研讨会，并在会上宣读了题为《水资源与水污染控制》的论文。张孝思的论文《有限体断裂力学》获1985年市级学术成果奖，颜虎、钱培风获1985年城乡建设环境保护部先进科技工作者称号。

表3-1-9 1979—2000年学校部分教师获得省部级科研奖项

年份	获奖教师	项目名称	奖项
1979	李燕城、李兆年	水气射流、抽气器实验研究	北京市科委科技成果三等奖
1981	给排水教研室	射流曝气装置及制革废水射流曝气生化处理实验研究	北京市科委科技成果三等奖
1985	刘承瑞等	部分预应力混凝土T型梁斜截面疲劳及斜裂缝宽度的研究	北京市科技进步三等奖
1985	臧尔忠、王其明、顾祖丽、董季麟等	戒台寺近景摄影测量与古建测绘相结合的试验项目	北京市园林局科技成果一等奖
1986	李德富、霍新民	人工照明眩光评价程序和全阴天采光系数计算程序	全国计算机应用展览会优秀项目一等奖；1987年建筑部科技进步二等奖
1986	李惠升	发电机参数及运行方式、计算方法、程序及应用	水电部科学技术奖一等奖
1990	徐积善、刘栋栋、杨于北	弱配筋轻骨料混凝土构件裂缝宽度及最小配筋率研究	北京市科技进步二等奖
1990	刘锦梁、姜书林、来立群	F6.3A风冷冷凝器	北京市科技进步三等奖
1992	孙厚钧	流体传质混合器	"北京国际发明展览会"银奖

年份	获奖教师	项目名称	奖项
1993	建筑设计院	北京语言学院图书馆工程	北京市第六届优秀设计二等奖
1993	李献文	城市污水氧化塘处理	北京市环保科技进步二等奖
1997	汪慧贞、曾雪华	稳定塘新型工艺的研究	北京市科学进步三等奖
1997	臧尔忠等	古建筑木结构维护与加固技术规范	建设部科技进步一等奖
1998	朱光	地理信息课题	首都规划委员会科技奖二等奖
2000	姜中光	北京滨水地区景观研究	首都规划委员会"城市设计奖"

1984年4月，《北京建筑工程学院学报》编委会正式成立。首任编委会主任由副院长刘传瑛担任。《学报》的出版为教师发表科研论文、展示科研成果创造了条件，提高了教师参与科研的积极性。

根据中央关于科技体制改革的精神，学校于1986年召开了科技工作会议，明确了"科学技术工作面向经济建设"的战略方针，确定学校科研课题以应用研究、开发研究为重点，加强和生产部门的横向联系，由"吃皇粮"改为"吃百家饭"。1986年以来，学校在没有上级主管部门下拨科研经费的情况下，靠开展横向联合的办法，科研项目形成多层次、多品种、多渠道来源的局面。学校每年争取课题大约50~60项，经费约为50万~60万元。从1986年到1991年，学校通过局级以上单位鉴定的项目29项，获市级以上奖励的项目有11项。

1987年学校教师获部委科研奖项三项，在全国性学术刊物上发表论文16篇。此外，还使用外来科研经费为学校购置了17万余元的计算机等仪器设备，获得经济效益30余万元。为鼓励教师开展科研工作，学校决定设立科研基金，对教师开展科研给予一定的资金支持。

1988年5月，学校召开了第二次科技工作会议，总结了几年来科研工作的进展。自1978年以来的10年中学校教师共承担科研课题206项，在国内外出版专著、发表论文200篇。会上首次颁发了校级科技进步奖，共评选出校级科技进步二等奖两项、三等奖四项。

1989年3月，李献文、李惠升在北京市政府召开的表彰科技工作者会上，被授予"有突出贡献的科学技术管理专家"称号；1989年5月，李燕城、耿文学分别获得北京市政府颁发的1988年科技成果三等奖；晏家丰等与城建总公司联合研制的"智能便携式混凝土塌落度测定仪"，李燕城等与朝阳区水处理厂联合研制的"双环伞型曝气器"通过市级技术鉴定；段彦池、王鑫鳌参加编著的《中国社会主义建设》一书，获北京市高校教学科研优秀成果二等奖；北京正负电子对撞机是我国自行设计、自行建造的第一台高能加速器，是世界上八大加速器之一，学校金荣耀老师负责精密工程测量技术设计。

1990年11月，李献文主持的"氧化塘计算机辅助设计"通过国家级鉴定。1991年9月，李献文主持的"氧化塘综合技术"项目获国家"七五"科技攻关成果奖；他本人荣获国家"七五"科技攻关有突出贡献专家称号，并被美国布法罗大学聘为客座教授。1991年10月，孙厚钧作为访问学者到英国、日本进行学术交流，1989年他还被评为市级劳动模范。孙惠镐的"连锁快建砖"获国家专利；丛培经等完成的"工期控制""统筹法与施工计划管理"两项科研成果获市级表彰；齐敏臣参加编制的"钢筋混凝土锻锤基础图集"被评为全国优秀建筑标准设计。孙克真、石宏义的绘画作品入选1991年全国建筑画展，并收入《1991年中日建筑画选》；孙克真的绘画在"美丽的北京"建筑画展中获银奖。

表3-1-10　1986—1991年学校部分教师获得国家级科研奖项

年份	获奖教师	项目名称	奖项
1984	孙厚钧	正交偏振式激光测速仪	获得两次国家发明奖
1984	孙厚钧	振动钨弦压力计	获得两次国家发明奖
1987	李惠升	发电机参数及运行方式、计算方法、程序及应用	国家科技进步二等奖
1989	耿文学	节水淋浴喷头	第37届布鲁塞尔尤里卡世界发明博览会上获铜质奖章
1989	李献文、李兆年、许国栋等	氧化塘水特性的研究	国家科技攻关集体荣誉证书
1991	李献文	氧化塘计算机辅助设计	国家"七五"科技攻关成果奖

经过十余年的努力，学校已形成若干校内的重点学科——建筑系的建筑学与建筑设计、土木系的工程结构，城建系的给水排水、燃气与热能工程等，这些学科已逐步形成老中青结合的科研力量，成为有稳定的国家级或省部级重点课题来源、有一定保障的研究经费，同时具有硕士学位授予点的教学科研集体，其中有的学科已在国内学术界崭露头角，成为学校科研发展的骨干力量。

学生的科研活动也取得一定进展。1983 年 11 月，建筑系学生朱培撰写的《北京动物园商业区现状及改建设想》荣获全国大学生优秀建筑论文奖。1985年 7 月，建筑系学生李青青获"农村住宅设计竞赛"二等奖，赵可昕获"张喜庄文化中心设计赛"二等奖。

经过全校师生的不懈努力，1992 年以来学校的科研工作出现了三个明显变化，教师的科研意识明显增加、申请科研课题的人数明显增加、科研经费明显增多。1995 年至 1997 年三年中全校共承担各种科研项目 100 多项，这其中有国家、部级重点攻关课题，也有国家和北京市自然科学基金项目，取得科研成果30 多项，有的还获得了部、市级以上的奖励。学校设立青年科研基金，资助课题 20 多个。

1992 年 10 月，孙厚钧研制的"流体传质混合器"获"92 北京国际发明展览会"银奖；1992 年 11 月，傅忠诚、艾效逸合作完成的科研项目"工况对燃具热负荷影响的研究"，通过建设部科技发展司鉴定。1993 年 11 月，学校"七十一项水质国家环境标准"获国家环保局科技进步二等奖。1995 年 12 月，学校"八五"国家科技攻关专题"稳定塘工程实用新技术"通过鉴定验收。1996 年 9月，建筑系设计的深圳"世界之窗"和北京世界公园的详细规划设计和单体建筑设计，分别获北京市第七届优秀设计一等奖和三等奖。1996 年 10 月，李献文被建设部批准为国家级"八五"科技攻关环境保护项目先进个人。12 月，丛培经编写的《工程项目管理》被建设部批准为"九五"重点立项教材。1997 年 4月，傅忠诚主持的科技攻关项目"低氮氧化物燃气燃烧技术和装置"通过建设部鉴定。1997 年 7 月，陆翔、王其明编著的《北京四合院》，获第八届全国优秀科技图书二等奖。1998 年 5 月，蔡光汀主持的"建筑结构物胶及其应用技术研究"科研项目通过市科委鉴定。2000 年 1 月，韩增禄撰写的《科技发展的总趋势与高等教育改革的大方向》获北京市创造学会首届优秀论文一等奖。

积极开展国内外学术交流。20 世纪 80 年代中后期，很多高校科研合作和学术交流的形式，已不仅仅是"走出去"到国外高等院校和科研机构进行合作研究，还采取"请进来"的方式，开展中外合作教学、合作科研、合作开发新技术新产品的高层次合作形式。① 北京建筑工程学院的国内外学术交流与校际科技合作自 20 世纪 80 年代逐步展开。

1980 年至 2000 年，学校先后聘请美、英、德、日、澳、意、加、俄等国学者来校讲学，同美国得克萨斯特克大学、美国纽约州布法罗大学、日本武藏工业大学、澳大利亚墨尔本大学建筑学院、新加坡淡马锡理工学院、俄罗斯莫斯科建筑学院、俄罗斯圣彼得堡国立建筑工程大学等 12 所大学建立合作关系。1999 年与法国合作建立了中法教育合作项目"北京建筑工程学院——中法能源培训中心"，并联合培养高职生；与英国、澳大利亚合作，联合培养本科和硕士研究生；与荷兰、新西兰合作，联合培养博士研究生；与美国玛赫西大学联合培养本科生。

图 3-1-23　中法能源培训中心落成典礼（2001）

1981 年 10 月，美国纽约州立大学布法罗分校校长凯特来校访问。1984 年 5 月，美国得克萨斯州工业大学副校长达琳来校访问，加拿大燃气专家休斯来校讲学。1984 年 6 月，日本规划专家石东直子女士来校讲学。1990 年 4 月，英国燃气工程专家布雷德利和诺特来校讲学，美国混凝土建筑代表团一行 12 人来校访问。1991 年 10 月，日本武藏工业大学校长古滨庄一来校讲学。1992 年 5 月，法国巴黎大区万森市培黎职业学校校长等一行 6 人、美国加州大学教授 BERG-

---

① 北京高等教育志编纂委员会. 北京高等教育志［M］. 北京：华艺出版社，2004：332.

UM·CHIIF、中国台湾建筑师一行 39 人来校进行学术交流。1992 年 10 月，日本学者增田陈纪来学校访问交流。1993 年 2 月，日本学者大泽清八来校考察交流。1993 年 2 月，俄罗斯学者谢尔金·谢尔盖耶维奇·奥尔柯夫来校访问。1993 年 3 月，加拿大教授布鲁斯·戴克特来校讲学。1993 年 4 月，英国学者 E.F 柯德来校讲学。1994 年 4 月，英国朴次茅斯大学教授霍斯勒来校讲学。1994 年 10 月，日本武藏工业大学教授岩崎征人来校访问讲学。

学校也相继派出教师 200 多人次到 21 个国家和地区进行考察、访问、进修和参加学术会议。1984 年 4 月至 5 月，学校顾问许京骐赴美国访问，了解美国大学的教学情况，商谈互派学者讲学及交换留学生等问题。1985 年 4 月，王浚国院长、高履泰教授出访日本，进行学术交流。

第七节　党建引领筑牢根基，思政工作渐成体系

学校高度重视党建和思想政治教育工作。1977 年恢复本科教育后，学校主要完成了"文化大革命"拨乱反正、肃清"文化大革命"破坏、恢复党的正常工作、召开三次党代会等工作。学校不断加强党的领导，严格实行党委领导下的院长分工负责制，坚决贯彻党的教育方针，坚持社会主义大学办学方向，坚持改革开放，反对资产阶级自由化，经受住了"八九"政治风波等重大考验，持续深化高等学校教育教学管理体制改革，始终持续探索新办大学建设经验，不断取得教育事业新发展。

学校党委坚持深入研究和把握高等教育发展规律，科学分析学校发展面临的新形势新任务，以党内集中教育和评估检查为契机，与时俱进、开拓创新，不断加强党的基层组织建设和干部队伍建设。党的建设工作为学校的建设、改革和发展提供了强有力的精神动力、舆论支持和思想政治组织保证。1992 年，张庆珍当选为党的十四大代表。[①] 1993 年学校开展"文明校园"建设，1995 年

---

① 张庆珍，1984 年在北京建筑工程学院担任人事处副处长、退居二线。3 月，借调到刚刚组建不久的北京市人才服务中心，成为离退休人才服务部的创始人。1987 年，离休。1988 年，经市政府有关部门批准，该服务部改建为有独立法人资格的单位——北京市离退休人才开发中心，这也是全国第一家老年人才市场，张庆珍担任首任主任。她艰苦创业努力拼搏，开创了老年人才市场新天地，取得了巨大的社会效益，受到社会广泛的重视与赞誉。由于贡献突出，当选为党的十四大代表，是全国人才服务行业出席党的全国代表大会第一人。

通过了北京市高校文明校园评估，1996 年被评为"首都文明单位"。1997 年学校获得北京市党的建设和思想政治工作先进提名奖，这是北京市对学校党建工作及事业发展的充分肯定。

学校思想政治教育工作基本经历了两个阶段。第一阶段是 1977—1986 年，学校在拨乱反正基础上，坚持党的教育方针，注重发挥思想政治教育工作优势。1978 年 9 月 6 日，学校党的核心领导小组组长张启功在开学典礼上提出希望全体同学要努力在德育、智育、体育等几方面全面发展。要把坚定正确的政治方向放在第一位。① 学校注重新生入学教育，从恢复本科教育之初，就邀请知名校友、行业精英来校做入学教育报告，在引导学生专业认知的同时弘扬学校优良的办学传统，让学生知校爱校，树立正确的世界观人生观价值观。1978 年学校邀请 1958 级校友、时任北京市建委副主任的李瑞环做入学报告。1978 年 12 月 21 日，学校召开首届学生代表大会，大会要求学生们按照党的教育方针全面发展，成为又红又专的革命接班人。学校还注重榜样教育，1979 年，学校在大连市夏家河举办第一期"三好学生"夏令营。学校还发挥专业优势，打造品牌课外科技活动。1983 年 7 月，学校作为全国青少年测绘夏令营（第一期）北京营的组织单位，与总营联合开营。这次在学校举行的定向活动是我国北方定向运动的开端。

图 3-1-24　全国青少年测绘夏令营北京营开营仪式（1983）

---

① 院招生办公室. 热烈欢迎新战友昂首阔步新征程　学校隆重举行新生开学典礼［N］. 北京建院，1978-10-14（第 1 版）.

第二阶段是 1986—2000 年，学校建立健全领导体制，补充调整工作机构，建立专职学生思想政治工作队伍，建章立制建立大学生思想政治教育工作体系的阶段。

一是建立领导和工作机构。1983 年，学校党委研究决定成立德育教研室，加强大学生思想政治工作。这个教研室除配备专职教师外，外聘校内部分专职党政干部兼任。教研室任务是开设形势政策课和思想品德修养课；有组织有计划地做学生思想政治教育理论和实践的调查研究；抓好教师的培训提高。① 1986 年，学校党委建立学生思想教育领导小组，并专门成立学生工作办公室。9 月，将原马列主义教研室更名为社会科学部，由学校党委直属领导。1990 年，成立马列主义学习指导小组，党委书记任组长，负责规划和协调全校师生员工的政治思想教育工作。

二是开展工作研讨，统一思想。1986 年 7 月，学校党委召开学生政治思想工作研讨会。通过对学校办学指导思想的讨论和对学生思想状况的全面分析，广大教师、干部从培养社会主义事业接班人的高度，明确了要把正确的政治方向放在教育教学工作的首位。

三是发挥马克思主义理论课的思政教育主渠道作用。学校认真贯彻《中共中央关于改革学校思想品德和政治理论课教学的通知》精神，坚持把马克思主义理论课作为学生思想政治教育主渠道。积极推行马列主义理论课教学改革，将"中国革命史"列为学校十门重点课程之一，加大对课程的投入。

四是建设一支专兼职结合的学生思想政治教育队伍。选调一些思想觉悟较高、理论水平和工作能力较强并有一定实践经验的同志充实学生思想政治教育队伍。1982 年以来，学校选留部分优秀毕业生从事专职学生工作，各系都配备了专职学生工作的党总支副书记和团总支书记，积极鼓励并支持学工干部系统学习马克思主义理论，先后选送专职学生工作干部攻读研究生、"双学位"，或到党校进修学习，提高思想政治素质和学历层次。同时加强对政治理论教师的培训、提高、调整、充实工作，保证了队伍基本稳定。此外，还注意发挥共青团和学生骨干的作用。校学生工作部（处）和团委，每学期定期举办学生骨干培训班，选拔部分高年级学生干部担任低年级学生的兼职辅导员。

五是试行学生德智体综合评分办法，提高德育评定的可操作性。综合评分作为评定奖学金和毕业生择优分配的依据。1987 年 12 月，新办法首先在 1986 级学生中试行，第二年在全校推行。这是落实全面培养学生的综合素质提升的

---

① 我院成立德育教研室［N］. 北京建院，1983-09-16（第 1 版）.

一次成功探索。同时学校坚持在学生中开展评选校、市级先进班集体，"三好学生"、全优学生的表彰活动，树立学生优秀榜样。1995年，学校开始评选"建院学生十佳"。

六是持续推动"教书育人、服务育人、管理育人"观念贯穿于教育教学之中。学校调动全体教职员工参与学生思想教育的积极性，促进和鼓励教职工把"三育人"贯穿于教学、工作的各个环节。宣传部、工会等部门先后组织了三次"三育人"研讨活动，从理论与实践的结合上对开展"三育人"活动的意义、内容、途径和方法等问题进行了研究和探讨。为鼓励教师兼职从事学生工作，学校在评优、晋升职称等方面做出明确规定，要求教师在晋升高级职称前，必须担任为期两年的学生班主任。从1987年开始，学校每年组织评选表彰"三育人"先进工作者和先进集体，累计评选出校级"三育人"先进个人93人次、先进集体16个、市高教系统先进个人8人次、市劳动模范1人。

七是积极探索新时期学生思想政治教育的内容和方法。

图3-1-25 土木二系学生在圆明园举行团日活动（1989）

以重大节庆纪念日为契机，开展专题教育。邀请吴运铎、张秉贵等老英雄、老模范做先进事迹报告，邀请茅以升、侯仁之等老专家、老教授作科技讲座，邀请杨乐、张广厚等新时期杰出科学家作科教兴国报告，组织学生收看曲啸、李燕杰等德育专家关于大学生成才的专题报告等，激发学生的爱国热情和报效祖国的信念。

图 3-1-26　学校学生在昆明湖西岸参加清淤活动（1991）

图 3-1-27　学校学生在天安门广场参加国庆 45 周年联欢（1994 年 10 月）

　　重视劳动教育，积极开展首都志愿服务。利用假期组织学生下厂下乡，实地考察改革开放以来我国发生的巨大变化；组织学生到部队参加军训和赴山区参加义务植树绿化劳动，组织学生干部到郊区乡镇挂职锻炼，增长实际才干。学校师生亚运会志愿服务 8000 多人次，获得第十一届亚运会组委会和团市委颁发的 6 项集体奖。1994 年 8 月，中央电视台、北京电视台对学校"首都大学生科技文化志愿服务团——北京建筑工程学院分团"进行了报道。1995 年，学校成立"北京建筑工程学院青年志愿者协会"。1995 年，学校首次被中央宣传部、国家教委、团中央评为"1994 年全国社会实践先进单位"，这是当时北京市唯一获得表彰的高校。1996 年 3 月，校团委被评为 1995 年度首都高校优秀团委，成为首届首都高校十佳团委唯一获奖的市属高校。1998 年，学校再次获得 1997 年全国暑期社会实践先进单位称号。①

图 3-1-28　首届建院学生学术科技成果汇报会（1996）

规范科技活动组织方式，科技创新成果不断增加。1991 年 11 月 21 日，房 88 班郑祺同学在蔡光汀老师指导下，研究水泥装饰板表面光泽形成机理，获首都大学生课外科技成果竞赛三等奖，获"挑战杯"全国大学生课外科技成果作品竞赛鼓励奖。1996 年 12 月 17 日，学校召开首届学生学术科技成果交流会。这次会议的召开标志着大学生科技活动从老师自发指导、个别参与向学校倡导、校方组织的转变。1999 年 9 月，学校获得北京市大学生教学建模与计算机应用

---

①　我院再次被评为学生全国暑期社会实践先进单位［N］．北京建院，1998-05-07（第 1 版）．

竞赛全国专科组一等奖，本科组有两个队获得成功参赛奖。10月，在北京市第11届大学生数学竞赛（非数学专业）中，4人获本科乙组二等奖，3人分获大专组一、二、三等奖。同月，学校获得高等学校大学外语教学指导委员会和高等学校大学外语教学研究会联合举办的全国大学生英语竞赛二等奖1名、三等奖2名。

帮扶困难学生，建立"四困"学生帮扶机制。一是帮扶学业困难学生。1995年，学校成立大学生学业指导与发展辅导中心。二是帮扶经济困难学生。1995年3月，学校成立大学生勤工助学服务中心。这是1985年初在学校勤工助学指导小组领导下成立的"学生智能开发协会"基础上发展而来的。同年5月，学校设立40万元勤工助学基金，设置勤工助学岗位，联系校外勤工助学机会，帮助经济困难的学生完成学业。1996年10月31日，《人民日报》以"北京建工学院广开勤工俭学之门"为题，报道了学校勤工助学中心的工作。三是帮扶心理困难学生。1991年，学校成立大学生心理咨询中心，是北京市开展心理健康教育最早的高校之一。四是帮扶就业困难学生。20世纪90年代中期，根据北京市教委安排，学校作为北京市"交费上学、自主择业"改革的试点，第一批实行招生并轨、不包分配的改革。学校实行供需见面、双向选择的"自主式"就业改革，以人才供求情况指导办学方向，对合理使用人才、调动用人单位积极性起到了积极作用。1995年，学校成立大学生就业指导中心，为全校毕业生、特别是就业困难的毕业生提供就业指导和帮扶，学生就业率连年居市属高校前列。1995年2月28日，在全国普通高等学校资助困难学生工作经验交流会上，学校作为五个发言单位之一介绍经验。

表3-1-11　帮扶"四困"工作机制下成立的"四个中心"

年份	"四个中心"	帮扶对象
1995	大学生学业指导与发展辅导中心	帮扶学业困难学生
1995	大学生勤工助学服务中心	帮扶经济困难学生
1995	大学生就业指导中心	帮扶就业困难学生
1991	大学生心理咨询中心	帮扶心理困难学生

通过以上工作，学校在大学生思想政治教育工作方面，总结凝练多年实践经验，不断优化学生工作职责与分工，创新工作方法，先后制定了几份重要文件。1995年2月，学校党委通过了《北京建筑工程学院本科生德育实施大纲》。文件要求坚持正面引导、评先激励，注重心理咨询和服务，促进大学生全面发

展、全面成才，逐步将文化素养教育固化到学分制选修系列课程之中；要求学生思想政治教育工作系统积极配合人才培养主阵地工作，扮演好"第二课堂"角色，在校风学风建设、科技活动、心理健康教育，勤工助学、学生党建工作等方面取得新成绩。这标志着学校的思想政治教育工作，在前瞻性、科学性、规范性方面日益成熟。

图 3-1-29　1977、1978 级大学生开展丰富多彩的文艺活动

图 3-1-30　1996 年学校召开第十七届田径运动会

第二章

北京建筑工程学院（2000—2013）

2000年之后，面对21世纪的挑战，学校紧密结合实际，抓住机遇，迎难而上，继承和弘扬学校优秀办学传统和鲜明特色，主动适应城市化发展新趋势。在国家教育战略大调整和高等教育规模快速增长的背景下，以邓小平理论、"三个代表"重要思想、科学发展观为指导，贯彻落实党的教育方针，进一步解放思想观念，全面深化学校改革，坚持以教学工作为中心，以本科教育为基础，加强教学基本建设，严格教学管理，全面提高教学质量和办学效益，培养德智体全面发展的面向基层和实际工作第一线的应用型高级专门人才。在全国高等教育大发展的新形势下，学校逐步增加学科专业门类，向新的发展领域努力拓展，以学科建设为龙头，着力提高科研能力和学术水平，围绕首都城乡建设主战场，服务建筑业和城市化发展方向，在人才培育、学科建设、科学研究以及服务国家和北京城市建设等各个方面做出了显著成绩，取得了重要标志性成果，办学层次和规模逐步提高，努力建设特色鲜明的建筑类地方先进高校。

第一节　确立建设高水平建筑大学发展目标

进入21世纪的历史新起点，作为一所具有近百年办学历史的工科大学，面对21世纪的挑战与机遇，在学校党委的坚强领导下，全校师生员工积极探索，勇于创新，围绕服务面向，调整发展方向，不断探索新阶段发展路径，进一步明确办学指导思想，主动适应首都新发展战略需要，深化教育教学改革，提高教学质量，争取更大的办学空间，谋求新的更大发展。

一、贯彻落实《北京市国民经济和社会发展第十个五年计划纲要》，瞄准目标和定位

2001年3月12日，北京市公布了关于《北京市国民经济和社会发展第十个五年计划纲要》（以下简称《纲要》），《纲要》提出：21 世纪的第一个十年，是北京实施现代化建设"新三步走"战略的重要时期。全市国民经济和社会发展的总体思路是：着力实施科教兴国、可持续发展、城市化和中关村开发战略，在加强政治、文化和国际交往中心功能的同时，大力发展首都经济，到 2010 年实现国内生产总值比 2000 年翻一番，同时，要大力推进体制创新和科技创新，建设全国知识经济发展基地，显著提高"四个服务"水平，建首善之区，创一流城市，率先在全国基本实现经济、社会和城市的现代化。

2002 年 5 月，北京市第九次党代会提出了编制《北京城市总体规划（2004—2020 年）》的工作任务。新版规划对北京城市发展目标和主要职能做了明确定位，即按照中央对北京做好"四个服务"的工作要求，强化首都职能；以建设世界城市为努力目标，不断提高北京在世界城市体系中的地位和作用，充分发挥首都在国家经济管理、科技创新、信息、交通、旅游等方面的优势，进一步发展首都经济，不断增强城市的综合辐射带动能力；弘扬历史文化，保护历史文化名城风貌，形成传统文化与现代文明交相辉映、具有高度包容性、多元化的世界文化名城，提高国际影响力；创造充分的就业和创业机会，建设空气清新、环境优美、生态良好的宜居城市。创建以人为本、和谐发展、经济繁荣、社会安定的首善之区。

北京新的"十五"发展计划和北京城市总体规划，提出了在 21 世纪初的十年间，北京城市发展的总体方针和主要任务。其中，对首都的社会经济发展，尤其是建设世界城市、保护历史文化名城风貌等内容，为学校制定和筹划下一步的发展愿景，奠定了目标基础，明确了前进方向。

为此，学校党委带领全校师生员工，根据国家和北京市"十五"计划提出的实施城镇化战略建设目标，面对中国城市化进程和首都北京城市建设与发展的迅疾步伐，积极研究学校发展方向与办学定位。全校师生不畏困难，迎难而上，紧密围绕国家和北京市发展规划，贯彻落实规划要求，及时调整服务面向，明确新阶段办学指导思想，主动谋划学校未来，抢占先机努力争取继续独立办学的机会。2000 年，裴立德副院长（主持学校行政工作）在教师节大会上讲话强调：我们正站在 20 世纪的终点线和 21 世纪的起跑线上，全校要以极大的责任感做好各项工作，我们也有能力为北京城市建设做出新贡献。要充分发挥学校"城市建设与发展"的专业优势和特色，为北京在 21 世纪成为现代化国际大都市而努力。

二、制订学校《"十五"发展计划和 2015 年长远规划》，谋划目标和方向

2000 年之初，随着国家和北京教育体制改革的不断深入，高等教育面临着调整、改革、提高的发展形势，学校加强内涵建设，决定将 2000 年作为"教学质量年"，组织开展全校关于办学方向和定位、办学指导思想和办学特色的教育大讨论，举办以"城市·城市化·城市大学"为主题的高端论坛，集思广益，统一思想，筹备建立城市研究所，加强对城市化问题的研究。在此基础上，学校党委做出了重大决策和调整。

首先，学校人才定位和服务面向，由"九五"期间主要为建设领域和服务建筑行业，转变到为国家城镇化发展战略服务，确立了学校"立足首都、面向全国、依托建筑业、服务城市化"的服务面向定位，以适应国家"十五"计划实施城镇化战略和 21 世纪初首都经济建设与社会发展需要，并据此制定学校的"十五"发展计划；其次，学校发展方向和奋斗目标定位为，面向城市科学领域，以城市建设为核心，形成层次完整、结构合理、比例适当、特色鲜明、学术水平高的学科专业体系，进一步适度扩展学科专业领域，增设适应社会经济与科技发展需要的、适应高等教育及人才培养要求的学科专业，面向城市化发展趋势，加强人才培养和社会服务，努力拓宽自身办学实力和办学空间。

在此基础上，2001 年 1 月 7 日，学校向北京市教育委员会、北京市发展和改革委员会上报北京建筑工程学院《"十五"发展计划和 2015 年长远规划》。继续坚定"立足首都、面向全国、依托建筑业、服务城市化"办学定位，扩大办学规模和层次要求，大力提高教学、科研管理水平，以建设多科性的城市大学为办学目标。远期目标是建设首都城市建设系统创新型高级应用人才的培养基地和继续教育、职业技术培训基地。这反映出学校力图抓住国家城市化发展战略的重要机遇，迎难而上，破解难题，奋力拼搏的精神风貌。

2001 年 2 月 21 日，党委通报了北京市教育委员会明确在本次高校结构布局调整中学校单独办学的结论。原北京市常务副市长张百发和胡昭广副市长等上级领导研究和商定后，认为北京建筑工程学院是北京市唯一一所专门培养建筑类人才的高校，在北京城乡建设发展中发挥重要作用。2001 年 10 月 17 日，北京市教育委员会、北京市发展和改革委员会决定，学校划归北京市教育委员会领导，作为市属市管高校单独办学，并将支持继续发展。

2002 年 2 月 26 日，北京建筑工程学院《"十五"发展计划和 2015 年长远规划》获北京市教育委员会和北京市发展和改革委员会正式批复，同意学校发展规划，并给予明确批示：一是应以本科教育为主，适当发展研究生教育，积极发展高等职业教育，成为首都城市建设系统高级应用人才培养基地和继续教育、职业技术教育培训基地，形成以城市规划、建设为特色的高等学校。二是总体规模控制在 5500 人左右。其中，研究生在校生 300 人左右，普通本科在校生 3200 人左右，高等职业教育（含成人教育）在校生 2000 人左右。三是争取新增 3—5 个硕士点，为学科建设奠定基础。四是创造良好的教学环境。五是进一步深化改革，加强师资队伍建设，提高教育教学质量。之后，学校党委按照《"十五"发展计划和 2015 年长远规划》的相关任务和目标，团结和带领全院师生员工抢抓发展机遇，全面深化改革，求真务实干事业，开拓创新谋发展，学校整体办学实力和教学水平有了较大幅度提升，这些成就的取得为进一步发展积累了宝贵经验，奠定了坚实基础。

三、召开第四次党代会，明确更远发展目标

根据新环境，与时俱进，科学定位，厘清办学思路，不断赋予办学指导思想新的内容，是学校主动适应时代要求、实事求是、集思广益、理性思考的成果，它凝聚了全院师生员工的智慧，为学校今后一段时期的发展奠定了共同的思想基础。

图 3-2-1　北京建筑工程学院召开第四次党代会（2003）

2003 年 11 月 13 日至 15 日，学校召开第四次党代会，党委书记柯文进作了题为《统一思想 振奋精神 抓住机遇 加快发展 为建设具有鲜明特色的多科性城市大学而努力奋斗》的工作报告，大会选举产生了新的党委会和纪委会，党委委员 17 名，党委常委为朱光、张凡、吴淑荣、柯文进、胡昱、谢国斌、裴立德，柯文进任党委书记；纪委委员 7 名，张凡任纪委书记（兼）。党代会明确提出未来十年的总体发展战略目标："把学院建成一所以城市规划、城市建设、城市管理为特色的，以工为主，理、工、文、管、法等学科协调发展的教学研究型的多科性城市大学。"要在学科建设、人才培养、科学研究、社会服务、学校管理等各方面综合办学条件达到国内同类院校的先进水平。要"坚持以人为本，育人为本，以本科教育为主，突出教学中心地位，以科研促教学，以质量求发展，将学校建成以服务城市规划、建设和管理为特色，立足首都，服务城市化的人才培养基地、科技服务基地和以工为主，理、工、文、管、法等学科相互支撑、协调发展的普通高等学校"，并首次提出学校办学定位为"教学研究型大学"。之后，学校围绕这一问题，进行了深入持久的艰辛探索，在实践工作中不断提升认识，明确思路，推进实施。

2005 年至 2006 年，是学校发展的一个关键时期，在研究编制"十一五"计划和迎接教育部本科教学水平评估的重要时刻，学校党委明确工作思路，强调"以评促建""评建结合"，一方面确保 2006 年教学评估达到良好成绩，另一方面深化教育教学改革，努力提高教学质量，谋求新发展，在推动事业发展的实践中，明确办学指导思想，在广大师生中形成共识，积聚力量。

2005 年 9 月 26 日，学校召开本科教学预评估工作动员大会，对办学指导思想、办学定位、学校特色等重要方面进行了详尽的规划。明确办学指导思想为：贯彻党和国家的教育方针，坚持以人为本、育人为本，以本科教育为主，突出教学中心地位，以科研促教学，以质量求发展，逐步建成以城市规划、建设和管理为特色，立足首都，服务城市化的人才培养基地、科技服务基地和以工为主，理、工、文、管、法多学科协调发展的多科性大学。办学定位包括以下内容：办学类型方面，由教学型逐步向教学研究型过渡；办学层次以本科教育为主，并逐步形成本科教育、研究生教育、继续教育协调发展的多层次的人才培养体系；服务面向为"立足首都，面向全国，依托建筑业，服务城市化"；人才培养定位是培养为城市服务的、德智体美全面发展的、具有较强工程实践能力和一定创新能力的复合型、应用型高级人才；总体目标是以工为主，理、工、文、管、法多学科协调发展的服务城市规划、建设和管理的多科性大学。办学特色包括两个方面：一是逐步形成城市规划、建设和管理的较为齐备的学科专业体系，二是突出工程实践教育，注重创新能力培养。

以上探索的突出特点，明确了学校逐步向教学研究型大学迈进的目标，并提出"以科研促教学"的建设方针；形成了以本科教育为主，研究生教育、继续教育协调发展的多层次人才培养体系，为加快发展研究生教育奠定了基础；提出"服务城市化""创新能力培养""复合型、应用型高级人才"等重要思想。

不久，在征求各方意见不断完善的基础上，学校党委于 2005 年 12 月 13 日，下发《中共北京建筑工程学院委员会关于印发〈北京建筑工程学院办学指导思想办学定位及办学特色〉的通知》（建党字〔2005〕36 号），正式确定办学指导思想、办学定位及办学特色。其中，提出学校的总体发展目标：经过 10 年左右的建设，使我院整体办学水平居全国同类院校先进行列；学校类型逐步向教学研究型转变，培养首都城市建设需要的，用得上、留得住、干得好的应用型高级专门人才。建成立足首都、服务城市化的人才培养基地、科技服务基地，建设以工为主，理、工、文、管、法等学科相互支撑、协调发展，以服务城市规划、建设和管理为鲜明特色的普通高等学校。

四、以第五次党代会为契机，绘制美好发展新蓝图

2006 年至 2010 年，随着学校"十五"规划推进和本科教学水平评估获得良好成绩，学校又迎来了各项事业蓬勃发展的新时期。2006 年 6 月 15 日，党委书记柯文进在纪念建党 85 周年大会讲话中提出，学校下一步的主要任务：一是抓好"四项工作"，即新校区建设、学科带头人引进、启动博士点建设、学校更名工作；二是搭建"三个平台"，包括发展空间平台、内涵建设平台、发展基础平台。"四项工作""三个平台"成为最新的发展路线图。其中，以新校区建设、申博工程、更名大学三件大事为中心的建设事业，开始纳入学校发展历史视野中，从此，学校开始迈进新发展阶段的新的奋进征途中。

2010 年 5 月 15 日至 16 日，学校召开了第五次党代会，党委书记钱军代表学校第四届党委向大会作了题为《解放思想 改革创新 抢抓机遇 加快发展 为建设特色鲜明的高水平建筑大学而奋斗》的工作报告。报告回顾了过去六年来的工作，总结了学校在办学思路、人才培养、学科建设、科学研究、师资队伍建设、新校区建设、党建和思想政治工作等方面取得的成绩，深刻分析了学校当前所面临的形势和学校发展中存在的问题，提出了学校未来发展的指导思想，明确了关于"两个先进行列"学校发展总体目标、"三步走"发展战略，对学校今后一段时期的发展规划做出全面部署。大会选举产生了新的党委会和纪委

图 3-2-2　北京建筑工程学院召开第五次党代会（2010）

会，党委委员 19 名，党委常委为钱军、郑文堂、王伟、朱光、张雅君、宋国华、何志洪、李维平、张素芳，钱军任党委书记；纪委委员 7 名，何志洪任纪委书记。

大会根据北京市高等教育发展形势，在学校事业发展呈现出良好势头的基础上，提出了学校事业发展下一阶段的总体目标和主要任务：以科学发展观为指导，根据服务首都城乡建设的要求，加快建设特色鲜明的高水平建筑大学的步伐，经过 10 年左右的建设，使学校的整体办学水平居全国建筑类院校和北京市属高校先进行列。实现学校进入"两个先进行列"总体目标，重点是要实现"六大突破"：

一是办学实力实现突破，实现更名目标。按照教育部《普通本科学校设置暂行规定》对大学设置的条件要求，稳步发展本科生规模，努力扩大研究生教育规模，提高办学效益，争取实现全日制在校生达到万人规模，其中研究生达到 1500 人，留学生达到 300 人；加强师资队伍建设，副教授以上高级职称教师超过 400 人；学科专业结构进一步优化，覆盖面和学生数比例达到大学设置标准。

二是办学层次实现突破，达到申博指标。按照教育部对博士学位授权点的条件要求，加强人才工作成效显著，引进和培养高水平学科带头人 20 人；不断加强学科建设，至少 5 个一级学科在学科队伍结构、学术水平和科研成果等方面达到博士学位点的水平。

三是教学质量实现突破，达到优秀水平。注重实践教学的特色进一步强化，质量工程建设不断深化，教学改革不断推进，国家级教学成果奖、精品课程和精品教材实现零的突破，本科教学工作达到优秀水平，人才培养质量明显提高，毕业生就业竞争力显著增强。

四是科研水平实现突破，取得国家级成果。学校主持项目获国家级科研奖项实现零的突破；国家级科研基地实现零的突破；充分发挥学校作为中关村国家自主创新示范区股权激励改革工作试点单位的优势，科技成果转化工作不断强化，以建筑科技为特色的大学科技园成为建筑创意产业集聚区。

五是办学条件实现突破，全面建成新校区。学校新校区一期、二期工程全面完成，教学、科研和生活设施达到一流水平，把新校区建设成为彰显学校特色，突出文化氛围，体现创新能力，具有信息化、开放化、国际化特点的人文校园、科技校园、绿色校园，创造一流的育人环境。

六是党建工作实现突破，争取成为北京高校党建先进校。党建工作不断创新，学习型党组织建设成效显著，班子领导学校科学发展的能力全面加强，基层党组织和全体党员的凝聚力、战斗力和创新力显著提高。

大会提出要加快推进质量立校、人才强校、科技兴校、开放办校的"四大战略"，重点进行更名工程、申博工程、新校区工程"三大工程"；全面推进质量提升、人才强校、科技兴校、学科振兴、服务首都和校区建设"六项计划"。学校党委首次提出：把学校建设成特色鲜明的高水平建筑大学，实现"两个先进行列"的奋斗目标。

此次党代会，是在"十一五"规划取得重要成绩的基础上，面临制订"十二五"规划的时间节点上召开的一次重要会议。在"十一五"期间，特别是近几年，学校以更名工程和申博工程为抓手，加快推进学校各项事业的建设和发展，取得了突破性进展：一是办学规模实现了突破，在校生当量总数超过了8000人，基本达到了更名的规模要求；二是学科门类得到了拓展，学科布局进一步优化；三是教学质量得到了显著提升，人才培养质量得到社会广泛认可；四是科研工作取得一个又一个零的突破，学校的学术影响力快速提升；五是人才工作取得了显著成效，初步建立起一支老中青结合、水平较高的师资队伍；六是服务社会的能力不断提升；七是新校区建设进展顺利，办学硬件条件将全面超过更名的要求。

按照第五次党代会的精神，到2011年年底，学校历时一年多时间完成了"十二五"发展总规划和六个专项规划编制工作，设计出了严谨具体的施工图。

"十二五"规划强调：学校处于提升办学水平的机遇期、办学结构的调整期、发展方式的转变期、深化改革的攻坚期和学校建设的高潮期，为实现"十二五"发展的目标，就必须清醒地认识到前行的道路面临的机遇和挑战；要着重谋划学校可持续发展的问题，以切实推进卓越工程师计划为突破口，深入进行教育教学改革，加强分类指导，推动学校由教学型大学向教学研究型大学转型；加快推进更名工程、申博工程，实现学校进入"两个先进行列"，推进管理创新，提高管理水平，以新校区建设为抓手，统筹新老校区协调发展和更新改造；进一步围绕工作中心开展创先争优活动，深入推进党建创新，为实现建设有特色、高水平的建筑大学而不懈努力。

第二节　教学质量显著提升，人才培养获得广泛赞誉

"十一五"期间，学校紧紧围绕人才培养这一根本任务，围绕立德树人培养目标，适应国家建筑行业和企业转型实际，以为首都城乡建设培养专业人才为己任，全面推进教学质量提升战略，从办学空间扩大、教学基础设施建设、教育教学改革、本科教学水平评估等方面入手，不断探索人才培养模式改革，加强与行业、企业的合作力度，优化实践教学环节，着力提高工程实践能力和应用型人才培养，加强特色专业建设，优化专业布局，强化实践育人，加强优秀课程建设，人才培养工作取得新成果。经过"十五"和"十一五"期间不断建设，获得一系列标志性的教育成果，人才培育工作成绩显著。

一、以迎接教育部本科教学评估为契机，牢固树立教学基础地位，为人才培养奠定坚实基础

根据国家教育部和北京市教委工作安排，2006年上半年，学校将接受教育部本科教学工作水平评估。这对学校是一次挑战更是机遇，必将有力促进教学质量和办学水平的进一步提高。

2000年新年伊始，学校党委就在党政工作计划中明确了年度教学重点任务：以邓小平理论和党的十五大精神为指导，认真贯彻"科教兴国"战略，落实党中央、国务院关于教育改革与发展的一系列方针政策，落实北京市教育工作会议确定的各项任务，突出抓好教育教学改革，全面推进素质教育；通过新一轮内部管理体制改革，建立科学的体制和良好的运行机制；通过制订"十五"规划，以走内涵发展为主，适当外延发展之路，把一个质量更高、效益更好的建

筑工程学院带入21世纪。其中，突出强调"抓好教育教学改革，全面推进素质教育"基本教学任务。并决定把2000年确定为全校"教学质量年"。

为此，学校在2002年7月，制订《北京建筑工程学院"十五"教学发展与建设计划》（建院教字〔2002〕7号），为人才培养和教学改革指明方向和任务。坚持"立足北京、面向全国、依托建筑业、服务城市化"的服务面向；坚持"规模、结构、质量、效益、特色"的发展方针，全面提高教育教学质量；进一步明确学校在首都高等教育中的地位和作用，为推动北京教育改革发展和实现"三个率先"的奋斗目标，发挥学校应有的作用，成为"首都城市规划、建设与管理人才培养基地"。教学目标是：在总结"九五"改革和发展经验的基础上，适应首都经济建设和社会发展的需要，充分发挥学科专业优势，要始终确立以教学工作为中心的思想，以改革为动力，以质量求生存，以特色求发展，以提高教学质量为永恒的主题，建立并完善质量监控体系、信息反馈体系，实现上规模、上层次、上质量、上水平、创优质学校。

2006年1月7日，裴立德院长作了题为《树立和落实科学发展观 总结"十五"规划"十一五"实现又快又好发展》的工作报告。明确提出了今后五年学校事业发展的十项主要任务：对于本科教学，提出"加强学科专业建设，坚持质量立校"，"十一五"期间，重点加强新增学科专业内涵建设，巩固教学成果，深化教学改革，强化教学管理，提高教学质量，在培育学科、专业特色上下功夫；按照"转变发展观念、创新发展模式、提高发展质量"的总体要求，处理好各种关系，统筹兼顾，突出重点，实现又快又好发展；坚持以教学为中心，处理好教学与科研的关系，聚精会神搞教学，全力以赴抓评建，确保本科教学水平评估取得优良成绩；坚持质量为生命线，贯彻"巩固、深化、提高、发展"工作方针，加强内涵建设，把提高教学质量作为各项工作重心；坚持育人为本和学生主体地位，教师向学生提供优质教育服务，教会学生学习，教学相长，以促进学生全面发展。

在接到教学评估任务后，学校开始了紧锣密鼓的自评、建设等各项准备工作。在此基础上，教育部专家组一行11人于2006年5月21日至26日对学校本科教学工作进行了为期5天的实地考察。专家组经过认真研究和讨论，形成总体印象是：北京建筑工程学院是一所隶属于北京市，以为首都培养城市建设、规划、管理等方面的应用型高级专门人才为主要目标的普通本科高等学校。在多年的办学实践中形成了重视培养学生实践技能的优良传统，为北京市的城市建设领域培养了大量具有较强实践能力和良好敬业精神的高级应用型人才。学院党政领导班子团结务实，勇于开拓。学院高度重视评建工作，以评估为契机，转变观念，提高思想认识，抓住机遇，明确学院发展目标，充分调动全校广大教职工的积极性和主动性，加大经费投入，改善教学基本条件，提升师资队伍的整体水平，规范教学管理，深化教学改革，努力提升学科和专业的建设水平，在人才培养、科学研究和社会服务等方面取得了较大的成绩。

专家组对学校教学水平的六个方面评价：

1. 学院根据首都城市建设与社会发展需要和自身的特点，发挥在城市规划、建设和管理方面的学科专业优势，准确定位，不断完善学院发展规划，体现了"立足首都、依托行业、强调应用、服务城市"的宗旨，明确了办学目标，使学院的整体实力和办学水平不断提升。学院办学思路清晰，坚持质量立校、以人为本、传授知识与培养实践能力并重，教学中心地位牢固。在学院各项工作中能够做到认识到位、措施到位、工作到位，主动服务于本科教学工作，教育质量不断提升。

2. 学院师资队伍结构比较合理，能够满足教学工作需要，发展趋势好。近年来，学院积极创造条件，加强师资队伍建设，师资队伍的整体水平稳步提升。教师的学缘结构、职称结构良好，学历结构不断优化，师资队伍建设呈现出良好的发展态势。专业教师中具有工程背景的人数比例较高，工程实践能力强。主讲教师的专业素质和教学水平较高，能够利用多媒体等现代教育技术手段。

3. 学院积极采取有效措施，努力克服办学空间不足的困难，不断加大经费投入，改善办学条件，同时充分挖潜，提高对现有教学设施的利用率，保证了教学工作的正常开展。图书馆、多媒体教室、校园网、计算中心等设施较完备，能够较好地为教学工作服务；教学经费充足，有效保证了教学工作的进行；优势专业的实验室设备先进，能够为学生提供很好的实习实训条件。

4. 学院专业总体布局与结构合理，有四个北京市品牌专业。学院能够依托传统优势学科，不断拓展新专业，努力形成与学院发展和人才培养目标相适应的学科专业群。努力更新教育观念，积极推进教学改革，培养方案能够适应培养目标的要求，能及时更新教学内容，反映本专业科学研究和教学改革的成果。学院重视实践教学，强调学生实践能力培养，建立了比较完善的实践教学体系。学院发挥学科和行业优势，建立起了一批比较稳定的校内外实践教学基地，切实保障了实践教学质量。

5. 学院教学管理严格规范，各项规章制度健全，执行良好。管理队伍精干，服务意识强；教师爱岗敬业，乐于奉献。教职员工的质量意识不断提升，基本形成教学质量监控体系，有效保证了教学质量。学院能够根据生源特点制定有效措施，调动学生学习的积极性，并取得较好的效果。学生课外科技文化活动丰富，参与面广。

6. 学院高度重视毕业设计（论文）教学实践环节，管理规范。毕业设计（论文）的选题能够与工程实际相结合，难度适中，质量较好。学院有一系列措施保证对学生的思想道德教育、心理健康教育、体育文化教育的有效开展。学生就业情况好。

同时，专家组认为学校的办学特色突出，为首都建设做出了巨大贡献和成绩。在 70 年的办学实践中，学校形成了"服务首都建设，注重工程实践，培养应用人才，爱岗敬业奉献"这一鲜明的办学特色，并体现在学校办学传统、办学环境、校风学风的形成以及社会认可度上。

专家组希望学校不断更新观念，完善发展思路，采取有效措施，推进各项规划全面落实。加快新校区建设步伐，为发展提供更大平台；加大学科带头人培养和引进力度，形成更加合理的学术梯队，带动师资队伍全面提升；进一步深化教学改革，加强优质课程建设，形成课程建设和教学改革标志性成果，加强基础实验室和工程训练中心的建设，加强新办专业的建设和提高综合性、设计性实验水平和基础实验室的开放程度，使学校为首都建设和发展做出更大的贡献。

图 3-2-3　学校通过本科教学工作水平评估（2006）

在教育部本科教学工作水平评估专家意见反馈会上，北京市副市长赵凤桐指出，北京建筑工程学院是一所非常有特色的市属市管院校，多年来为首都的城市规划、建设和管理培养出了一大批具有创新精神的专业人才。学校要按照北京市 2008 年举办一届高水平、有特色的奥运会，推进新农村建设，构建和谐社会的任务要求，继续发扬自己的优势和特点，办出特色，努力培养和造就具有创新精神的人才，为首都建设做出贡献。

至此，学校从恢复、建立、探索、改革、调整中，尤其是经历两次本科教学工作评估淬炼后，建立起了有特色的品质优良的本科教育体系，坚持以质量求生存，以特色求发展，不断加大教育教学改革力度，人才培养质量不断提高。

二、根据社会发展需要，增设专业门类，扩大办学规模

1999年，教育部出台了《面向21世纪教育振兴行动计划》，学校也迎来了办学规模快速增长的一个发展机遇期。2000年起，在全国高等教育事业大发展、本科教育扩招的形势下，学校在保持原有建筑类学科专业特色的基础上，主动调整专业结构，扩大专业外延，逐步增加学科门类，拓展了新的专业领域。

这一时期是学校历史上第一个新办专业急速增长期。共新增16个本科专业，本专科招生人数从2000年的1311人增长至2012年的1997人。在校生人数从2000年的4485人增长至2012年的6655人。

千禧之年，学校获批新增工业设计、环境工程本科专业，于9月份开始招生。"十五"期间，学校又新增了理学、法学2个学科专业门类，全校达到6个二级门类，覆盖理、工、文、管、法、艺，共10个本科专业。（见表3-2-1）

表3-2-1 "十五"期间北京建筑工程学院新增专业情况

序号	专业名称	新增时间
1	城市规划	2002年
2	地理信息系统	2001年
3	电气工程及其自动化	2001年
4	计算机科学与技术	2001年
5	工商管理	2002年
6	市场营销	2002年
7	法学	2003年
8	无机非金属材料	2004年
9	信息与计算机科学	2005年
10	社会工作	2005年

使设置的专业达到20个，同时，增设建设工程法律、建筑设备工程、计算机网络技术、现代汽车技术与维修、社会工作、建筑仿真技术等高职专业（根

178

据北京市安排，2007 年停招）和成人学历教育专业，基本形成了为城市规划、建设、管理服务的人才培养和培训体系。学校初步形成以工为主，包括理、工、管、法四个学科门类，由单科性院校逐步向多科性院校迈进。

其中，土木工程专业成为"市级重点建设专业"，城市规划、建筑环境与设备工程、工程管理三个专业成为"市级重点改造专业"，供热供燃气通风与空调实验室批准为"北京市重点实验室"，学校在扩大专业办学规模的同时，主动作为，在量的扩展上，更加注重质的提升，办学实力稳步增强，专业特色与优势逐步凝练与提升。

"十一五"和"十二五"期间，专业继续增长，新增了 6 个本科专业。这样，专业总数达到 26 个。

表 3-2-2 "十一五"和"十二五"期间北京建筑工程学院新增专业情况

序号	专业名称	新增时间
1	热能与动力工程（①制冷与空调工程能源；②环境工程）	2010 年
2	建筑电气与智能化	2010 年
3	环境科学	2010 年
4	公共事业管理（招标采购方向）	2010 年
5	车辆工程	2012 年
6	历史建筑保护工程	2012 年

到 2012 年，学校本科专业增加到 29 个，涵盖理、工、文、管、法五个学科门类。毕业生连续多年平均就业率达到 95% 以上，2010 年，学校被评为"北京市示范性就业指导中心"。考生踊跃报考学校，招生范围从全国 11 个省市发展到 31 个省市（自治区），半数以上专业按重点一批次招生，生源质量稳步上升，连续 3 年录取分数线持续提升。

随着专业的增加，学科门类逐渐扩展，2001 年 6 月到 2006 年 5 月，学校对教学单位设置进行了相应的调整。调整中，把教学单位设置为"九系三部"。

表 3-2-3 "九系三部"设置情况（2006 年 5 月）

序号	系别	专业
1	建筑系	建筑学、城市规划、工业设计
2	土木工程系	土木工程、无机非金属材料、道路与桥梁工程
3	城市建设工程系	建筑环境与设备工程、给水排水工程、环境工程

续表

序号	系别	专业
4	测绘工程系	测绘工程、地理信息系统
5	机电工程系	机械工程及自动化
6	电气工程与自动化系	工业电气自动化、自动化
7	管理工程系	工程管理、工商管理、市场营销
8	计算机科学与技术系	计算机科学与技术专业
9	人文社会科学系	法学、社会工作
10	基础科学部	负责全校基础课、公共外语课、体育课教学任务
11	外语部	
12	体育部	

随着专业学科门类的增加，扩招之后本科生和研究生培养任务显得更加重要。2006年7月，为适应向教学研究型的多科性现代大学的转型，按照推进学科互补、实现资源整合、突出专业特色的原则，学校对教学单位设置进行了新一轮调整，即设立二级学院。将全校各个专业学科进行整合之后，共设置了"八院二部"，促进了办学效益和现代化大学管理水平的提升。

表3-2-4　"八院二部"设置情况

序号	学院名称
1	建筑与城市规划学院
2	土木与交通工程学院
3	环境与能源工程学院
4	电气与信息工程学院
5	测绘与城市空间信息学院
6	机电与汽车工程学院
7	经济与管理工程学院
8	文法学院
9	基础科学部
10	体育部

同时，新成立了研究生处（学科建设办公室、学位办公室合署）、国际合作

与交流处，以加强学科建设和研究生培养，促进中外合作办学和对外教育交流。

在积极扩展专业规模、满足扩大招生的基础上，如何加强特色专业和优秀品牌专业建设，成为摆在学校面前的又一项艰巨任务。为此，学校采取一系列措施，加强优质专业的建设力度。2002年，学校根据建成"首都城市规划、建设、管理人才培养基地"的目标要求，按照"依托传统专业，巩固优势专业，扶持新兴专业，适度外延，协调发展，加强建设"的原则进行专业结构优化。2005年，学校的建筑学、土木工程、测绘工程、给水排水工程4个专业被评为"北京市品牌专业"。这样，学校逐步形成以市级品牌专业、校级品牌专业与骨干专业为主体的层次清晰的专业学科体系。这一体系包括理、工、文、管、法5个学科门类，16个本科专业、18个高职专业。2008年，学校积极参与北京市特色专业建设点的评审工作。根据上级文件精神，所谓特色专业，是指充分体现学校办学定位，在教育目标、师资队伍、课程体系、教学条件和培养质量方面，具有较高的办学水平和鲜明的办学特色，获得社会认同并有较高社会声誉的专业。市级特色专业的评选有利于引导北京地区不同类型高等学校根据自己的办学定位，统筹学校的专业建设和结构调整，发挥已有的专业优势，办出专业特色，推进高校专业建设与人才培养紧密结合，适应北京经济、科技、社会发展对高素质人才的需求，为同类高校相关专业的建设和改革起到示范和带动作用。学校先后有7个特色专业获批北京市级特色专业。

这是学校不断推进教学质量与教学改革工程、加强学科专业建设、提升学校专业发展质量取得的又一项标志性成果。

与此同时，学校又根据自身特点和优势，积极申报国家级的特色专业建设点，并先后有多个专业进入此行列：

表3-2-5 学校北京市级特色专业建设点

序号	特色专业名称	批准时间
1	给水排水工程	2008年
2	土木工程	
3	建筑环境与设备工程	
4	工程管理	
5	建筑学	2009年
6	自动化	
7	测绘工程	

表 3-2-6　学校国家级特色专业建设点

序号	特色专业名称	获批时间
1	建筑学	2008 年
2	土木工程	2009 年
3	建筑环境与设备工程	2010 年

至此，学校共获批国家级特色专业 3 个、北京市级特色专业 7 个，有力地促进了学校的专业建设发展。

同时，学校持续加强专业评估工作。通过教育部和专业教学指导委员会的严格审查和评估，对重点骨干专业的综合实力进行全面检查，继 1988 年与 1996 年两个专业顺利通过后，另外 6 个骨干专业先后通过了评估或复评工作，取得优秀成绩，获得专家工作组的一致好评。

表 3-2-7　骨干专业教学评估情况一览表（1996—2011 年）

专业名称	首评时间	复评时间	评估成绩
建筑学	1996 年	2000、2004、2008 2012 年	7 年有效期评估
建筑环境与能源工程	2005 年	2010 年	5 年
给水排水工程	2005 年	2010 年	5 年
土木工程	2006 年	2011 年	5 年
工程管理	2008 年	2013 年	5 年
城市规划	2011 年	2016 年	5 年

至此，2000 年以来，学校共有 6 个骨干本科专业全部通过了住建部专业评估，并积极参加后续复评工作。其中，建筑学、土木工程、给水排水工程、建筑环境与设备工程传统专业评估成绩优良，学校本科教育已经进入国内同类院校先进水平。通过住建部专业评估，对深化专业建设与改革，强化学生工程实践和创新能力培养，推动专业建设的持续改进，进一步提升工程人才培养质量具有重要意义和深远影响。

三、深入推进内涵建设，实施"教学质量与教学改革工程"，探索人才培养模式创新

2000 年以来，教育部围绕提高教学质量出台了《关于加强高等学校本科教学工作提高教学质量的若干意见》（教高〔2001〕4号）和《关于进一步加强高等学校本科教学工作的若干意见》（教高〔2005〕1号）等一系列重要文件。2007年，教育部、财政部启动了"高等学校本科教学质量与教学改革工程"，包括专业结构调整、专业认证、课程、教材建设与资源共享，实践教学与人才培养模式改革创新，教学团队和高水平教师队伍建设，教学评估与教学状态基本数据公布等6项建设内容。

根据教育部、市教委工作部署，学校实施"教学质量与教学改革工程"，启动"精品课程建设""精品教材建设""大学英语教学改革""网络课建设""工程师培养计划"等工作，贯彻教育部对学校本科教学评估意见，一方面加强实践教学，投入专项经费，购置实验设备，采取国际合作、与企业合作等方式加强实验室建设和实习基地建设，推进了综合性、设计性实验改革和实验室开放；另一方面加强课程设计、毕业设计和实习管理，每年进行毕业设计评优。增加教研专项经费，支持教师开展教改立项和教材建设立项。建立完善教学质量保障体系，初步形成了教学质量保证与监控机制，开展本科教学工作水平评估的预评估、系级教学工作评估、专业教育评估、新办专业评估，强化课堂教学督导。加强教学信息化建设，利用校园网初步建成了教学管理信息系统（EMIS），设立了教学评估网站及网络学堂、教学资源库、新世纪网络课程、4A网络教学平台、精品课建设等网络资源。强化教学管理，修订和完善了各项教学管理规章制度。主要取得以下方面的显著成效：

一是优化培养方案，加强实践实习，推进人才培养模式改革。根据北京市高等教育改革要求与形势，"十五"期间，学校编制了《2004版培养计划》，构建以"通识教育基础课群+学科基础课群+专业特色课群"为模式的课程体系，同步修订了课程教学大纲和实践教学大纲。"十一五"期间，以培养"工程素质"和"实践能力"应用型专业人才为目标，继续深化人才培养模式改革。修订了《2009版本科培养方案》，实现压缩课内总学时、增加实践教学比例的预期目标，进一步突出了学校人才培养方向和办学定位。

2009年，学校"建筑行业应用型人才实践教学创新试验区"被教育部、财政部批准为国家级人才培养模式创新实验区建设项目，资助经费50万元。该项目旨在结合学校建筑行业应用型人才培养的优势，在教学内容、课程体系、实践环节、教学运行和管理机制、教学组织形式等多方面进行人才培养模式的综合改革。这是学校持续推进人才培养模式综合改革，探索教学理念、培养模式和管理机制的全方位创新与平台。

2011年11月14日，根据北京市教委转发《教育部关于批准第二批卓越工程师教育培养计划高校的通知》（京教函〔2011〕616 号），学校获批教育部第二批"卓越计划"高校。"卓越计划"是国家中长期教育改革发展规划的重大改革项目。根据项目要求，学校与相关行业企业单位签订合作协议，联合成立"卓越计划"组织机构，共同制定人才培养标准、培养目标、课程体系和教学内容，共同实施人才培养过程，共同评价人才培养质量。

在此之前，学校已经进行了这方面的人才培养模式新探索。2009 年 3 月 13日，为适应建筑行业国际化需要，培养学生在国际工程项目中的实践能力，学校开展首届"国际工程项目毕业实践"。该项目依托校外人才培养基地——北京建工集团下属国际工程部，组织学生赴海外参与项目实践，实施"学校+企业"联合培养。其中，5 名学生分别在安哥拉首都罗安达的"非洲杯"主体育场项目和社会住房项目，1 名学生在卢旺达农业示范中心援建项目，1 名学生在阿联酋阿布扎比第 24 街区综合楼项目进行为期 3 个月的现场毕业实习，并最终用英文撰写完成毕业论文。

二是开展专业精品课程与精品教材建设。2001 年至 2010 年，北京市教委组织部署国家级、北京市级、校级三级精品课程体系建设计划。根据北京市工作部署，为提高课程建设水平，学校在优秀课建设和评选的基础上，启动了精品课建设和评选工作。2004 年，学校建设 10 门校级重点建设精品课程，128 门课程通过校内合格评价。2005 年，电工与电子技术、结构力学、工程测量、机械原理、大学物理、理论力学、建筑技术经济学 7 门课程被评为"校级精品课程"，12 门课程为校级精品课程建设立项。2005 年至 2010 年共有 8 门课程被评为"北京市级精品课程"。

表 3-2-8　北京市级精品课程（2005—2010 年）

序号	课程名称	获批时间	所在学院
1	电工与电子技术	2005 年	电信学院
2	工程测量	2006 年	测绘学院
3	建筑构造		建筑学院
4	高等数学	2007 年	理学院
5	机械原理		机电学院
6	大学物理		理学院
7	建筑给水排水工程	2008 年	环能学院
8	土木工程施工	2010 年	土木学院

同时，学校紧抓教材质量建设。2001年，教育部颁发《关于"十五"期间普通高等教育教材建设与改革的意见》，进一步解决教材滞后于教学实践、教材推广宣传力度以及教材编写过程中的问题，本着"编""选"并重的原则在高校教材编写方面进行改革，把提高教材质量作为教材建设的核心。北京市实施"高等教育精品教材建设工程"，构建校级、市级、国家级教材体系。学校积极采取措施，建立健全教材选用评估制度，推进新教材编写工作。"十五"和"十一五"期间，学校获批北京市精品教材建设项目16项，几十部教材获"十一五"国家教材建设计划立项。

表3-2-9 北京高等教育精品教材（2008—2011年）

序号	教材名称	获批时间	所属专业
1	建筑工程技术经济学（第三版）	2008年	工程管理
2	建筑电工学		土木工程
3	地理信息系统原理与应用	2011年	测绘工程
4	高等数学		基础课程
5	制冷技术		环境工程
6	水处理实验技术		给水排水工程
7	土木工程施工		土木工程

在实践教学方面，学校也进行了一系列改革创新。"十一五"期间，先后开设"计算机拆装""现代教育技术培训""建筑设备拆装""建筑模型制作"等创新实验。同时，加强教改项目研究，获批省部级教改课题13项、校级教学研究项目115项，学校累计投入经费26.98万元。2009年11月，首次开设实验类校级选修课，该课程采用"模块制"形式，即每个实验项目1个模块，每个模块8学时，学生修完一个模块并考核合格后可获得科技类校级选修课学分，多个模块所获学分可以累加。共开设15个模块，开课时间集中在12—15周，纳入校级选修课平台统一管理。该课程结合学校实践能力培养模式特点对模块内容进行认真筛选，原则是科普性与趣味性相结合，在课程编排上充分体现学生参与性和自主性，强调学生基本实验技能和动手能力训练。学生对实践类课程非常欢迎，首次推出的15个模块学生报名踊跃，近400个名额半小时内全部报满，不少同学早晨七点多就等候报名，期待选上自己心仪的课程，期待在实验室动手设计自己的实验项目。教务处认真跟踪实验类校级选修课的质量和考评，总结开课经验，加强实验类选修课的建设和管理，力争办出特色，切实提高学

生实践能力，增强学生的就业实力。该类课程弥补了学生参与实践课程的空白，锻炼了学生实践能力，提高了实验仪器设备使用率，促成了实验室的全天候开放。

学校顺应新技术发展趋势，探索网络信息化教学的推广和普及。2005 年，学校开始进行教学网络平台辅助课堂教学建设，实施"网络课程建设工程"，推广网络学堂在教学中的应用，至 2008 年，共评选出优秀网络学堂建设课程 27 门，合格网络学堂建设课程 66 门，更新了教学观念，改进了教学方法，改善了课堂教学效果。

经过多年不懈努力，学校在教学质量建设方面取得一系列标志性成果：获国家级和市级质量工程标志性成果 70 余项；在 2004 年和 2008 年两届北京市教学成果奖评选中，共获教学成果奖 11 项，其中，一等奖 4 项、二等奖 6 项。学校坚持以学生为主体，发挥学生主动性，优化知识结构，丰富社会实践，着力提高学习能力、实践能力、创新能力，促进学生全面发展，人才培养质量得到社会广泛认可。近 5 年来，学生科技立项 620 项，共获省部级以上奖励 336 项，其中，国家级奖励 115 项。招生录取分数稳步上升，毕业生全员就业率连年超过 95%。

第三节　坚持人才强校战略，打造高水平师资队伍

跨入 21 世纪后，随着科教兴国战略的实施，高等教育得到快速发展，高校教师队伍建设取得了长足进步，人才资源成为重要的战略资源，师资队伍建设是高等学校改革与发展的核心问题和头等大事，加快高层次创造性人才培养是建设高水平大学和一流大学的迫切要求。1998 年，教育部在国务院批转的《面向 21 世纪教育振兴行动计划》中启动"高层次创造性人才工程"，实施一系列人才计划，积极为一大批优秀人才搭建施展才华的舞台，促进成长为我国各学科领域的学术骨干和学科带头人。其中，包括"长江学者和创新团队发展计划""新世纪优秀人才支持计划""青年骨干教师培养计划"三个层次计划和采取包括"统筹规划，整合资源"和"加大投入力度"等各个方面的"八项措施"，从组织、遴选、评价、激励、经费等全方位加以实施推进。

新的世纪，面对新的任务，学校党委坚持人才强校战略，牢固树立人力资源是第一资源的理念，坚持党管人才原则，加强师资队伍建设，采取多项措施，提高教职工队伍的整体素质，为学校发展提供充足的人才支持。结合学校发展

目标和办学方向，根据高等教育形势发展需要和学校专业建设和学科发展特点，加快引进国内外高层次人才和学科领军人物，分层次培育教学和科研团队，优化教育管理服务队伍，激励骨干教师成长成才，为青年教师搭建更加广阔的发展平台，努力建立一支高水平的优秀师资队伍。

经过"十五"和"十一五"期间的不断建设，在引进高端人才、学科领军人物和学术骨干人才、优秀科研团队、骨干教师以及青年教师培养方面都取得了一系列的标志性成果，形成了一支师德高尚、结构合理、影响力大、国际化水平稳步提高的教职工队伍，在"长江学者""教学名师""国家级科研奖励"等方面取得突破，为推进学校教学、科研水平做出了重要贡献，为提高专业学科发展，服务首都城乡社会发展取得突出成绩，为建设有特色、高水平创新型建筑大学奠定人才基础。

一、制订教师队伍建设规划，明确人才培养发展方向

2002 年 6 月 14 日，学校首次召开人才工作会议，对人才工作进行全面部署。2006 年，学校在"十一五"规划中提出"建立符合学院发展需要的，满足学科专业建设和人才培养要求的师资队伍"建设目标，教师队伍结构得到进一步改善和优化，教育教学能力、科学研究能力、实践能力和创新能力进一步增强，形成以中年教师为主体，年龄结构、能级结构合理的师资队伍和学科梯队，进一步重视和加强实验技术队伍建设。师资队伍建设具体包括三个方面的内容：一是根据学科专业规划，积极培养和引进高层次、高素质人才，提升学院师资队伍的综合能力，进一步加强学科带头人、教学名师和创新团队建设。强调以重点学科为依托，加强创新团队建设，形成院级创新团队，重点支持建设市级创新团队；二是切实加强学生工作队伍建设，形成一支满足学生工作需要的专兼职相结合的学生工作队伍；三是切实加强党政管理队伍建设。积极改善管理人员队伍的学历结构和专业结构，形成一支掌握教学管理规律、满足教学管理工作需要、具有较高业务能力的教学管理队伍。

2011 年 1 月 17 日，学校第二次召开人才工作会议。会议贯彻落实《国家中长期人才发展规划纲要（2010—2020 年）》和《首都中长期人才发展规划纲要（2010—2020 年）》精神，推进人才强校战略的具体落实。会议研讨了人才强校战略实施计划，重点就高层次人才引进和青年教师培养问题进行了专题讨论，明确了今后人才工作重点：一是着眼行业影响力和科研领域领军人物，引进高层次人才；二是着眼学校未来发展目标，加强后备人才培养；三是立足自身实际，培育学术大师和工程大师。

学校采取有效的人才队伍建设措施，积极搭建人才发展平台，优化干部队伍和教师队伍结构，加强学术梯队建设，形成一支老中青结合，学科带头人、学术骨干、科研骨干人才层次清晰的，具有创新意识和创新能力的教师队伍。各主干学科专业均有学科带头人，并在学科建设发展中发挥了重要作用。至2012年，一线专任教师的学历层次和教学水平得到较大提升，具有硕士及以上学位的人员比例达到83%，其中具有博士学位的人员占40%。

二、培养和引进高层次人才，不断提高师资队伍水平

2004年，学校首次进行"双聘院士"聘任工作，先后聘请中国工程院院士、市政工程专家李圭白教授；中国科学院院士、中国工程院院士周干峙教授；中国科学院院士、中国工程院院士，摄影测量与遥感学家李德仁教授三位著名学者为"双聘院士"。北京市副市长范伯元为三位院士颁发聘书。

图 3-2-4　北京建筑工程学院院士聘任仪式
（2004年，左二：李德仁，左三：周干峙，左四：李圭白）

2010年以来，学校不断增加经费，制定特殊政策，创造各种条件，加大高层次人才引进力度。设立1000万元人才引进基金，加强高层次人才引进和培养工作。"十一五"期间，高层次人才工作取得重大突破。先后从国内外引进建筑学、工程管理、土木工程、思想政治教育、数学等学科的学科带头人10余名；学校的学科带头人和科研骨干群体中，获得教育部、科技部及北京市以上的高

层次人才称号的显著增加。1 名教授入选"长江学者"，1 名教授入选科技部"百名领军人才"，2 名教授入选北京"长城学者"培养计划。其中，"长江学者"戚承志是第一位，也是唯一一个来自地方高校申报获批的教育部"长江学者"。除此之外，学校还拥有教育部、住建部专业指导和评估委员会委员 9 人、兼职博士生导师 21 人，享受政府特殊津贴专家 3 人，北京市高等学校教学名师 1 人，新世纪百千万人才工程市级人选 2 人，首都劳动奖章 1 人，北京市科技新星计划 5 人，创新团队 12 个。这些高层次人才在引领学科发展、凝聚人才队伍、组织重大科技项目、带动发展等方面发挥了重要作用。通过引进人才和培养工作，促进了学科和科研发展，推动了优秀教师团队建设。

2007 年至 2010 年，学校共有 6 支教学团队荣获"北京市级优秀教学团队"称号。2006 年至 2012 年，学校共有 6 名教师荣获"北京市教学名师"称号。

表 3-2-10　北京市级优秀教学团队（2007—2010 年）

序号	团队名称	获批时间
1	高等数学教学团队	2007 年
2	土木工程专业教学团队	2008 年
3	机械工程及自动化专业教学团队	2008 年
4	建筑与环境模拟（设计）实验教学中心教学团队	2009 年
5	大学物理教学团队	2009 年
6	建筑电气与智能化教学团队	2010 年

表 3-2-11　北京市教学名师（2006—2012 年）

序号	教师	获批时间
1	王晏民（测绘学院）	2006 年
2	陈静勇（建筑学院）	2007 年
3	王跃进（机电学院）	2008 年
4	李英姿（电信学院）	2009 年
5	吴海燕（土木学院）	2011 年
6	樊振和（建筑学院）	2012 年

2001 年，学校首次组织参加北京高校青年教师教学基本功比赛，肖荣诗获三等奖；此后，在历届北京市组织的教学基本功竞赛中，学校教师均获得好成

绩。其中，张艳（2007年）、梁海燕（2009年）荣获一等奖；张蒙（2011年）荣获二等奖；李俊奇（2003年）、冯萃敏（2005年）荣获三等奖。2000年至2012年，学校先后有5位教师荣获"北京市师德先进个人"称号：宫瑞婷（2004年）、穆静波（2006年）、康钧（2008年）、高春花（2010年）、李英姿（2012年）。2012年，李英姿同时荣获"北京市师德标兵"称号。

三、建立分层次、分类别的教师队伍培训体系

"十五"和"十一五"期间，学校一方面重视高层次人才和学科带头人的培养工作，另一方面也高度重视中青年教师队伍的培养，实行分层次、分类别的培养模式，针对不同层次、不同类别的教职工的需求差异，构建了完整系统的培训体系，使师资培训工作取得更大的效益。

一是对中青年教师和学科带头人后备人选，通过选派他们到国内外著名高校或科研院提高学历层次或工作、做高级访问学者开展研修或出国（境）进行讲学、参加国际学术会议，以及支持他们出版专著、申报北京市或国家的人才项目等，使他们能够尽快提升学术水平和专业能力。

二是对骨干教师和优秀青年教师，通过选派他们做访问学者，支持他们参加学历教育、课程进修、前沿知识的学习，发表论文和专著，申报北京市人才项目等，促进他们提高教学科研能力。

三是对新入职的青年教师，2011年，学校制定《北京建筑工程学院新进青年教师培养办法》，加强了对青年教师进行导师制和工程实践能力的培养，帮助青年教师迅速成长。通过设立500万元"青年教师培养专项基金"，加大对青年教师培养力度。开展了"五个一"培训计划，包括：配备一个指导教师，帮助青年教师过好教学关、科研关、师德关，为其成长奠定扎实的基础；参加一项本专业的工程实践项目，提高工程实践能力，为其开展科学研究工作提供良好的基础；加入一个科研团队，确定科研方向，为其进行科学研究工作搭建良好的平台；担任一个班级学生导师，深入了解学生特点和情况，帮助其更好地做好教学工作；备好一门课，通过监督、检查等措施，帮助青年教师练好教学、科研、育人三项基本功，尽快成长为一名合格的高校教师。

四是根据本科教学工作需要，开展教育教学技能培训。学校积极开展"双语教学"、制作教学课件、现代教育技术等相关技能培训，提升教师教学科研基本功。

2006年以来，学校连续开展教学名师评选暨青年教学名师评选工作，组织青年教师教学技能培训及沙龙活动。注重团队育人，把所有教师编入适合自己

的科研团队，鼓励教授组织青年教师形成大团队一起进行深层次的集成创新和原始创新，既充分发挥高职称、高水平教师在青年教师教学科研发展中的引领作用，促使青年教师脱颖而出，加快成长，同时，又充分发挥科研项目和科研平台作用，教师在参与重大项目、争取重大奖项的奋斗中快速成长起来，为师资队伍建设由输血型向造血型转变提供条件，并为"出大师"培植了肥沃的土壤。

"十五"和"十一五"期间，学校师资队伍在整体规模、师资结构、团队建设、师德师风、优势特色学科以及高能力的骨干教师队伍建设等方面的目标已圆满完成。"十一五"末，学校有教职工 947 人，其中专任教师 622 人，正高级职务 88 人，具有博士学位教师 183 人、硕士学位教师 451 人，专任教师中，具有博士学位教师比例已经达到 29.4%，硕士学位的教师达到 72.5%。与"十五"相比，专任教师队伍中具有博士学位由 60 人增加到 183 人，具有硕士及以上学位的教师由 288 人增加到 451 人。专任教师以中青年教师为主，35 岁以下的占 25.1%；36—45 岁的占 36.5%；46 岁以上的占 38.4%，形成了一支老中青结合、充满活力、具有可持续发展潜力的师资队伍。"十一五"以来，学校师资队伍职称结构平稳发展，专任教师中具有高级职称的人员超过了 50%，其中正高级职务为 14.1%，师资队伍整体水平有较大提高。与"十一五"初相比，学校专任教师队伍中具有正高级职务的人员由 43 人增加到 88 人。这基本上满足了学校改革和事业发展的需要，为学校建设高水平大学发展奠定了良好的人才队伍基础。

学术团队建设成效显著。在人才强教项目支持下，"十一五"期间组建了12 个学术创新团队，同时还拥有 6 个北京市优秀教学团队、1 个管理创新团队。通过团队建设，提升了团队成员综合素质和业务能力，培养了一批骨干教师，形成了合理的学术梯队。通过团队的集体攻关，取得了一批具有较高水平的科（教）研成果。

优势特色学科的师资队伍基本形成。"十一五"期间，初步形成了建筑设计及其理论、建筑历史与理论、供热供燃气通风及空调工程、市政工程、结构工程、管理科学与工程、地图制图学与地理信息工程等优势学科的师资队伍，已经达到了博士学位授权学科点基本条件中关于师资队伍的要求。

经过"十一五"期间的不懈努力，学校具有了一支较高能力的骨干教师队伍。学校围绕办学定位和特色，努力打造一支结构合理、综合素质高、学术造诣深、业务能力强、与办学定位相适应的教师队伍。

学校通过引进与培养并举，柔性与硬性引进结合，深化人事分配制度改革，优化人才环境，人才队伍建设取得了较大成效。突出反映在以下方面：引进具有一定影响力的学科带头人 10 名；按照"不求所有，但求所用"的工作思路，完善人才引进机制，破解人才引进难题，以双聘院士、讲座教授、兼职教授、项目合作等方式，引进教学学科所需的高层次人才百余名。

这一时期，学校拥有 4 名享受政府特殊津贴的专家，1 名北京市人民政府参事，1 名北京市"新世纪百千万人才工程"市级人才，4 名北京市优秀教师，4 名北京市高校教学名师，2 名"首都劳动奖章"获得者，4 名教育创新标兵，1 名北京市先进工作者，3 名师德先进个人，1 名住建部"十五"先进个人，1 名北京市高层次人才，4 名北京市拔尖创新人才，52 名北京市中青年骨干教师；2 人入选"北京市科技新星"计划，8 人获北京市留学人员科技活动项目择优资助，在全国各类教学指导委员会和专业指导委员会中担任委员的专家 12 人，其中，在住房和城乡建设部高校土建学科 8 个教学指导委员会中，学校有 7 个委员，校外兼职博导 18 名。

第四节　实施学科振兴计划，提高研究生培养质量

进入 2000 年后，学校经历了"十五"和"十一五"发展规划建设期，牢固树立和强化学科建设的龙头地位，以社会需要、人才需求为导向，突出为北京城乡规划、建设与管理服务的特点，凝练学科方向，优化学科结构，完善学科体系，落实建设责任，推动学科整体水平的提升。在推进学科建设过程中，坚持以传统优势学科为引领，按照分重点、按层次、重建设、讲持续的发展思路，坚持不懈抓学科建设，按照"合理布局，突出特色；凝练方向，交叉协同；整合力量，培养梯队；改善条件，建设基地；努力创新，面向国际"的总体思路，落实学科建设规划，开展了学科建设的各项工作。在学科建设的整体布局和重点领域，学科设置涵盖了理学、工学、管理学、艺术学、农学 5 个学科门类，形成了符合学校办学定位、服务城乡建设与管理领域、学科结构完整的研究生培养体系。

学校在这一时期，根据当时国家学位授权学科点转向一级学科进行申报、建设、评估的发展趋势，抢抓机遇，乘势而上，结合特色，凝练方向，加快推进学科建设力度，围绕重点学科建设、学位授权点建设、学术队伍、学科标志性成果、研究生教育规模等各个方面，积极开展工作，并取得了一系列显著成绩，在某些领域和方面取得了重要突破，为下一个阶段申报博士学位授权点奠定了坚实基础，也成为学校在学科建设方面发展最快的一个时期。

一、加强重点学科建设，构建学科发展整体布局。

2003 年，北京市教委制定并下发了《普通高等学校北京市重点学科建设管理暂行办法》，进一步规范高校重点学科建设工作。为贯彻落实上级精神，推进学科建设管理规范化工作，根据学校的"十五"规划和第四次党代会确定的"把学院建成以城市规划、城市建设、城市管理为特色的，以工为主，理、工、文、管、法等学科协调发展的教学研究型的多科性城市大学"建设目标，学校在 2005 年研究并制定了《北京建筑工程学院重点学科建设管理办法》，就校级重点学科评选标准、重点学科梯队设置、岗位职责等相关问题，做出一系列的具体要求，有力地推动了学科发展。之后，根据学校第五次党代会精神，学校紧密围绕《国家中长期教育改革和发展规划纲要（2010—2020 年）》和北京社会经济发展形势，编制《北京建筑工程学院"十二五"发展规划》《北京建筑工程学院"十二五"学科建设规划》《北京建筑工程学院"十二五"人才培养发展规划》等 6 个专项规划，结合学科专业建设与教育工作实际，加快构建符合城乡建设与管理人才培养需求的学科专业体系，加强学科专业特色凝练和交叉学科培育，不断完善教育质量长效机制建设，提升多层次专门人才培养水平，推动学校事业科学发展的工作指导思想。学校提出，要紧紧依靠学科学术队伍和研究生培养队伍，解放思想、改革创新、抢抓机遇、加快发展，确保学科建设规划目标圆满实现，为建设有特色、高水平建筑大学打下坚实的基础，为首都北京建设"人文北京、科技北京、绿色北京"做出积极贡献。

为此，学校在学科建设的整体工作中，把加强重点学科建设作为重点方向，加大人才引进力度和经费投入，形成"头雁效应"和引领作用，以点带面，典型示范，以推动学校整体学科水平提高。

2001 年至 2010 年，北京市开展了重点学科的评选和建设工作，以加快构建国家级、北京市级、校级三级重点学科体系。学校顺势而为，以巩固发展优势学科，培养扶植新型学科和交叉学科为原则，持续积累与不懈努力，取得了可喜进步与成绩。2002 年，北京市首批评定 113 个市级重点学科，涉及 40 所高校，同时，评选首批 69 个北京市重点建设学科，涉及 18 所高校。学校位列其中，首获 1 个北京市重点学科、2 个北京市重点建设学科，这三个入选学科每年分别获得北京市政府 80 万元至 100 万元的学科经费支持，学校争取到北京市教委下拨的学科建设专项经费达 1000 余万元，用于重点学科建设的配套经费达 300 余万元，有力地促进了学校重点学科建设。

表 3-2-12 学校北京市重点学科和重点建设学科（2002 年）

序号	学科名称	批准时间
1	建筑设计及其理论（重点学科）	
2	供热、供燃气通风及空调工程（重点建设学科）	2002 年
3	市政工程（重点建设学科）	

2005 年，学校根据《北京建筑工程学院重点学科建设管理办法》，评选出 6 个校级重点学科、8 个重点建设学科，学校按照重点学科每年 15 万元，重点建设学科 10 万元的标准拨专款，给予重点支持。通过以上措施，上述学科的学术水平、科研实力以及人才培养质量等均得到较快发展。至此，学校初步形成了北京市重点学科与重点建设学科、校级重点学科这两个层次的建设体系。

2006 年年初，北京市教委对北京市重点学科项目组织了中期检查，学校的"建筑设计及其理论""供热、供燃气通风及空调工程""市政工程"三个重点学科均取得优异的建设成绩，学校优势学科格局基本形成。

之后，在 2008 年、2010 年、2012 年北京市教委组织评选的第二批、第三批、第四批重点学科和重点建设学科中，学校的又一批优势学科再度进入先进行列。

表 3-2-13 北京重点学科和重点建设学科（2008—2012 年）

序号	学科名称	学科类别	获批时间
1	建筑设计及其理论	二级学科北京市重点学科	2008 年
2	土木工程	一级学科北京市重点建设学科	
3	建筑历史与理论	二级学科北京市重点建设学科	
4	地图制图学与地理信息工程		
5	管理科学与工程	一级学科北京市重点建设学科	2010 年
6	城市规划与设计	二级学科北京市重点建设学科	
7	建筑学	一级学科北京市重点学科	2012 年
8	土木工程		
9	测绘科学与技术		

在此基础上，各个学科经过不断建设，参加全国学科评估并取得了良好成绩。从 2002 年开始，教育部对全国高等学校与科研院所的学科点（一级学科）

与研究生教育进行水平评估工作。[①] 2012 年，学校首次参加全国学科评估，即教育部学位与研究生教育发展中心组织的第三轮学科评估。建筑学、土木工程、测绘学科与技术、城乡规划与设计、风景园林学、管理科学与工程 6 个一级学科均取得良好成绩。这次评估成绩，体现了学校重点和特色学科建设的整体水平，带动了学校学科建设整体水平的提升。

表 3-2-14　2012 年学校学科评估全国排名

序号	学科名称	全国学科排名
1	建筑学	第 9 名
2	土木工程	第 31 名（前 30%）
3	测绘学科与技术	第 9 名（前 50%）
4	城乡规划学	第 12 名（前 37.5%）
5	风景园林学	第 15 名（前 39.5%）
6	管理科学与工程	第 70 名（位列 68.6%）

二、学位授权点建设走上"快车道"，进入持续快速发展时期

2000 年至 2012 年，学校根据办学发展方向，紧密围绕首都社会经济发展需要，贯彻党的教育方针，抓住国家教育体制改革与专业学科调整的机遇期，加快学科建设和学位授权点申报工作，形成以工为主，覆盖理、工、文、管、法多学科、多门类相互支撑，协调发展的总体格局。

2000 年伊始，1 月 4 日，国务院学位委员会发布《关于批准部分授予单位开展同等学力人员申请硕士学位工作的通知》（学位办〔2000〕1 号），批准学校可以开展同等学历人员申请硕士学位的工作。凡具有学士学位的人员，通过在学校进行研究生课程进修和学位论文答辩，并通过国家统一组织的外语和业务综合考试，可以在学校申请硕士学位。这就为学校加快发展创造了条件。

此后，学校根据国家学科专业调整的大好形势，抓住机遇，连续获得硕士学位授予权。

学校一批具有鲜明行业特色的优势学科获得二级硕士学位授权点（国务院第九至十批硕士学位授予权）。

---

① 北京市地方志编撰委员会. 北京志·教育志（1991—2010）［M］. 北京：北京出版集团北京出版社，2020：303.

表 3-2-15　学校获批二级硕士学位授权点情况（2003—2006 年）

序号	学位点名称	获批时间
1	建筑技术学	2003 年
2	环境工程	
3	地图制图学与地理信息工程	
4	设计艺术学	2006 年
5	控制理论与控制工程	
6	技术经济与管理	
7	道路与铁道工程专业	

一级学科点建设取得重要成绩。根据国务院学位委员会《关于下达 2010 年审核增列的博士和硕士学位授权一级学科名单的通知》（学位〔2011〕8 号），学校增列一批硕士授权一级学科。（见表 3-2-16）

表 3-2-16　学校获批一级学科硕士学位授予权情况（2006—2011 年）

序号	一级学科名称	获批时间
1	建筑学	2006 年
2	土木工程	
3	管理科学与工程	
4	城市规划	
5	岩土工程	
6	防灾减灾工程与防护工程	
7	桥梁与隧道工程	
8	数学	2011 年
9	控制科学与工程	
10	测绘科学与技术	
11	交通运输工程	
12	环境科学与工程	
13	工商管理	
14	风景园林学	
15	设计学	

这样，学校一级学科点已经达到 12 个（岩土工程、防灾减灾工程与防护工

程、桥梁与隧道工程，因一级学科涵盖而获硕士学位授予权）。覆盖理、工、管、艺多个学科门类。2010 年 9 月，学校申报新增"工商管理"硕士专业学位类别获得教育部批准，自 2011 年起可招收全日制硕士研究生。

学校在工程类专业硕士点建设上也成绩可嘉。2002 年，学校获得工程硕士培养及其专业学位授予权，这为大量培养工程实践类高层次人才奠定了基础。

表 3-2-17　学校工程类专业硕士点获批情况（2002—2010 年）

序号	工程类专业硕士点名称	获批时间
1	建筑与土木工程	2002 年
2	项目管理	2004 年
3	环境工程	2009 年
4	测绘工程	2010 年
5	工业工程	
6	物流工程	

2005 年 6 月，经国务院学位委员会批准，2005 年度工程硕士研究生招生由国务院学位委员会限定招生人数改为学校自定招生人数；2008 年 6 月，根据国务院学位办《关于 2008 年招收在职人员攻读硕士学位工作的通知》，学校被确定为 2008 年工程硕士自定招生规模学校，这就为学校进一步扩大研究生招生规模、提高办学层次提供了条件。

经过几年的不断发展，学校工程硕士点建设成绩显著。2010 年，工程硕士点建设和学生培养工作获得嘉奖。在全国工程硕士专业学位教育指导委员会年会上，根据全国工程硕士专业学位教育指导委员会《关于开展工程硕士研究生教育创新院校评选活动的通知》（教指委〔2010〕9 号），学校"建筑与土木工程"领域学科点获"全国工程硕士研究生教育特色工程领域"荣誉称号。

2012 年，是学校围绕学科建设的又一个丰收年。学校不仅获得了"建筑遗产保护交叉学科"硕士学位授权点，同年 10 月，学校获批"建筑遗产保护理论与技术"服务国家特殊需求博士学位人才培养项目，"申博工程"取得重大突破，2013 年下半年开始招生。

经过艰苦的建设和努力，学校基本形成了"以工为主，理、管、法、艺交叉协同"的良好发展格局。其中，1 个服务国家特殊需求博士人才培养项目授权一级学科点，12 个硕士学位授权一级学科点，涵盖 55 个二级学科点，1 个硕士学位授权交叉学科点，3 个专业学位授权类别点和 6 个工程硕士专业学位授领域点，拥有 5 个北京市重点学科。学校初步形成较为完整的服务北京城市规划、建设、管理，以建筑与土木学科为主体的学科布局和结构，奠定了"十三五"期间学校发展以及申请增列博士学位授予单位的必要条件基础。

三、学术团队建设成效显著，助力学科建设和发展

通过持续努力，学校各学科逐渐形成了能力素质较高、人员相对稳定、梯队配置合理的教学科研骨干队伍，主干学科均配备了在国内或行业内具有较大影响的学科带头人，凝练出了具有自身特色的学科方向，同时选配了学科方向带头人；其他学科也配备了具有较高水平的学科带头人，凝练出了比较明确的学科方向。

表 3-2-18 一级硕士学位授权学科和学科方向带头人（2000—2012 年）

一级学科名称	一级学科负责人	学科方向	学科方向负责人
数学	崔景安	生态环境中的数学建模与应用	宋国华
		动力系统理论及其应用	崔景安
		偏微分方程理论与数值仿真	张 艳
		最优化与控制理论应用研究	梁昔明
控制科学与工程	陈志新	建筑智能化系统集成	陈志新
		建筑设备节能控制	王亚慧
		机器人控制及应用技术	汪 苏
		控制系统建模方法及应用	赵春晓
建筑学	刘临安	建筑与城市设计研究	张路峰
		传统建筑理论与建筑遗产保护	刘临安
		城镇发展策略及规划建设	张忠国
		可持续发展策略与绿色建筑技术	樊振和
土木工程	吴 徽	结构工程	何浙浙
		防灾减灾及防护工程	韩 淼
		岩土工程	戚承志
		桥梁与隧道工程	龙佩恒
		供热、供燃气通风及空调工程	李德英
		市政工程	郝晓地

续表

一级学科名称	一级学科负责人	学科方向	学科方向负责人
测绘科学与技术	王晏民	激光雷达技术与大型工程和复杂建筑精密测量	王晏民
		数字摄影测量技术与城市三维建模	赵西安
		遥感和移动测量技术与城市管理	杜明义
		地理信息系统与城乡规划和遗产保护	朱 光
交通运输工程	徐世法	路基路面结构与设计	徐世法
		城市交通规划理论与应用技术	吴海燕
		新型道路工程材料	季 节
		车辆运行安全保障技术与综合节能	杨建伟
环境科学与工程	李俊奇	城市雨洪控制利用与水环境生态	车 伍
		环境生物理论与技术	马文林
		水资源可持续利用理论与技术	张雅君
		固体废弃物处置与资源化利用	付婉霞
管理科学与工程	何佰洲	工程项目管理	赵世强
		房地产开发与管理	郑文堂
		工程法律与合同管理	何佰洲
		建筑业循环经济与可持续发展	周晓静
工商管理	郭 立	建设技术经济分析与评价	赵世强
		工程合同与风险管理	何佰洲
		建筑与房地产企业经营管理	郑文堂
		建筑与财务管理	周晓静
设计学	陈静勇	空间环境与产品设计艺术研究	陈静勇
		景观设计艺术研究	张大玉
		城市公共艺术研究	谭述乐
		传统建筑艺术保护研究	田 林
		设计伦理学与美学理论研究	高春花

在"十一五"期间，学校紧密结合城乡建设需要，不断凝练学科方向、科研方向，初步形成了历史文化名城与村镇聚落保护规划、医疗建筑设计、建筑

防灾与减灾技术、城市道路系统与交通规划、城市路基路面施工与改在技术、建筑垃圾资源化技术与应用、建筑节能改造及节能技术、水资源可持续利用、城市雨洪控制与管理、城市数字化技术、建筑文化等20余个相对稳定、且在国内外产生一定影响力研究方向；学校在学科标志性成果建设方面做出了积极的努力，科技服务经费连年增加，其中近五年科技服务经费连续超过1亿元；获得国家级、省部级科研项目和奖励的数量有很大增长，其中，获国家级项目74项，省部级项目223项，科研成果获得国家级奖励4项、省部级奖励35项。

四、研究生规模稳步增长，培养质量显著提升

进入21世纪以来，教育部相继开展一系列研究生培养工作改革，提出全国优秀博士学位论文评选、硕士生创新工程等措施。自2000年起，北京高校根据教育部要求也开始了相应改革。[①] 北京市进一步推动研究生培养模式改革，通过实施《科学技术与研究生教育创新工程》，提高培养质量，制订研究生教育创新计划，鼓励和支持跨学科联合，产学研联合、国内外联合的培养模式，进一步扩大产学研联合基地和国内外联合研究生培养基地的建设。

在这一背景下，学校不断健全完善研究生培养规章制度，推进研究生教育规范化和制度化建设，严把招生关，强化过程培养，重视目标管理，从培养方案、培养计划、导师考核聘任、研究生日常教育管理等各环节，完善和优化与学科建设相协同的研究生教育管理体系，开展研究生教学质量提升项目、研究生创新项目建设，培育学校创新型研究生教育培养特色，促进培养质量不断提高。

首先，"十一五"期间，学校先后3次修订了研究生培养方案，并按照学术型和专业学位（含全日制和非全日制）研究生培养目标分别进行了统筹，研究生培养目标更注重全面性、系统性。其次，重视研究生课程建设工作，组织开展28门研究生课程立项，完成12门研究生课程建设项目的检查和验收。再次，严格培养环节和标准。2009年起，进一步健全和完善答辩资格考查标准，开展对研究生毕业学位论文全部查重、部分论文匿名评审等工作，对促进研究生论文质量的提高达到了较好的效果。最后，完善优化研究生教学管理体系。组织开展研究生科学精神教育、导师和管理人员培训，实施每年一度的研究生优质课程建设、研究生教材建设、研究生教育教学研究项目建设、研究生创新项目

---

① 北京市地方志编撰委员会. 北京志·教育志（1991—2010）［M］. 北京：北京出版集团 北京出版社，2020：358.

建设工作。2002年9月23日，学校举办首届研究生学术论坛，出版首册研究生学术论坛优秀论文集。此后，研究生学术论坛每年举办一次，成为促进研究生成长成才的重要学术平台。

同时，学校围绕研究生培养宗旨和要求，突出行业特色，培养具有创新能力、创业能力和实践能力的高层次专门人才，形成完善的研究生培养体系。

图3-2-5 研究生参加古建筑测绘项目

其中，学校注重研究生创新实践能力的培养。例如，实施"校内外双导师制"，联合指导的模式，重视加强研究生专业实践环节教学建设，根据社会人才需求及反馈结果适时调整招生及培养方式；发挥学校和行业单位优势，与中国建筑科学研究院、北京城建设计发展集团股份有限公司、北京建工集团有限责任公司、北京住总集团有限责任公司等20余家城乡建设与管理行业领域的企事业单位签订《北京建筑大学城乡建设与管理产学研联合研究生培养基地共同建设框架协议书》，开展了双方在研究生培养和科学研究等方面的合作。

经过几年的实践和发展，形成了独具特色的"项目制"产学研基地建设模式，研究生直接参与一线重大工程项目，服务首都经济建设。结合企业的实际需求，强化专业学位应用型人才培养的同时解决了当前城乡建设行业发展的技术前沿问题。充分利用学校12个省部级科研平台，坚持与行业企业合作共建的办学思路，加强校企联合人才培养。2010年9月15日，郑文堂校长负责申报的"城乡建设与管理产学研联合研究生培养基地"获得批准，成为13所拥有北京

图 3-2-6　研究生直接参与奥运工程建设项目

图 3-2-7　研究生参与海绵城市设计项目

高校产学研联合研究生培养基地的在京高校之一。该基地对进一步促进学科融
合，实现资源整合，打造实训平台，拓宽人才培养模式具有重要意义，对提高

研究生培养质量，加大拔尖创新人才选拔培养力度，为首都城乡建设领域输送高层次人才具有积极的促进作用。

借助培养平台，研究生参与学校的国家级和省部级获奖项目，包括国家科学技术进步奖项目。这些项目成果在全国范围内进行了广泛推广应用，为奥运工程、地铁工程、探月工程以及古建筑保护等实际工程做出了突出贡献。形成了多个地方标准、专利，在国家及省重点项目中成功应用，有的项目成果被百余所知名高校及科研院所应用，支撑了上千项重大、复杂工程的设计，创造了显著的经济社会效益。在这些项目中，研究生在导师指导下完成了大量基础性工作，有近百名研究生依托项目完成了硕士论文工作，其中多名学生的硕士论文获得北京市优秀毕业论文奖。

至此，学校从服务国家战略和区域经济社会发展需求出发，实行"培养提质、学科升级、招就对接、动态调整"的研究生教育改革机制，注重夯实行业培养人才的特色优势，形成了坚持德智体全面发展方针，注重建设高水平导师队伍、突出行业特色、注重工程实践能力培养、实施精细化培养过程管理的研究生教育培养特色。

经过多年的建设，学校的研究生教育规模不断扩大，取得突破性成就。1981年学校就开始培养硕士研究生，1986年学校取得第一个硕士学位授权学科点，2000年以来，学校硕士研究生招生规模逐渐扩大。"十五"期间，学校在校硕士研究生（截至2005级）规模为387人，其中，全日制硕士研究生323人，非全日制专业学位硕士生64人。2002年起招收非全日制专业学位硕士生。2005年实际招收全日制硕士研究生143人、非全日制专业学位硕士生26人。

到"十一五"期间（2006—2010），学校在校硕士研究生（截至2010级）教育规模达到1060人，列入千人规模高校。其中，全日制硕士研究生913人，非全日制专业学位硕士生147人。2009年起招收全日制硕士专业学位研究生，"十一五"末，在校全日制专业学位硕士研究生已达到136人。2010年实际招收全日制硕士研究生356人（含全日制硕士专业学位研究生107人）、非全日制专业学位硕士生57人。学校"十一五"末在校研究生教育规模与"十五"末相比增长174%。2010年招收全日制硕士研究生数量与2005年相比增长149%，非全日制专业学位硕士生数量增长119%。

从1981年至2012年，学校已授予硕士学位1678人，到2012年，学校研究生招生规模增长至577人。毕业生质量过硬，受到用人单位高度称赞，就业方向为城乡建设领域，每年的就业率均在95%以上。

图 3-2-8 北京建筑工程学院研究生毕业合影（2007）

第五节 围绕国家和首都建设，提升科研水平 和服务社会能力

"十五"和"十一五"期间，学校秉承立足首都，融入首都城乡建设的办学传统，着眼建设"三个北京"和世界城市的需求，紧密结合城乡建设需要，不断凝练科研方向，初步形成了若干方向、相对稳定且在国内外有一定影响的研究方向，通过加大科技投入、完善科研体制机制、争取获得重大科研项目等措施，在重大项目、科研平台以及国家级科研获奖等方面，取得一系列标志性科研成果，通过科技成果转化，应用到社会实践，不断为首都城乡建设和国家建筑业发展贡献力量。

一、围绕国家和北京市建设需要，推进科研发展战略

"十一五"以来，学校认真贯彻《国家中长期科学和技术发展规划纲要（2006—2020 年）》以及教育部《高等学校中长期科学和技术发展规划纲要》精神，紧密结合国家推行城市化发展战略以及北京市建设"三个北京"的要求，

明确"五大工作"思路，实施科研兴校战略。

2003 年 11 月，学校召开第四次党代会之后，伴随相继启动"更名工程""申博工程""新校区建设工程"等重点工程的发展步伐，如何实现党代会部署要求的工作思路逐渐清晰与明确。2009 年 9 月 15 日，党委书记钱军同志明确指出：学校应围绕国家发展、首都建设和行业发展的重大需求，充分发挥土建类学科齐全的集成优势，将学科建设、科研基地建设、科研团队建设、科研项目申报与研发密切结合，跨学科、跨院系组建大团队、构筑大平台、争取大项目，以学术带头人为核心，最有效地会聚了一批活跃的学术人才队伍，力争尽快形成 2—3 个在国内具有明显优势的"有特色、高水平"的创新团队，逐步提升学校的核心竞争力，初步提出了"大团队、大平台、大项目、大成果、大贡献"的工作思路。

图 3-2-9 北京建筑工程学院召开"学科与科技工作大会"（2009）

2009 年 12 月，学校召开学科与科技工作大会，提出"学科引领，科技支撑，强化特色，跨越发展"的发展规划。2010 年 5 月，学校第五次党代会做出"三大战略"部署，建设"三大工程"，实施"六大计划"，提出"经过 10 年左右的建设，使学校的整体办学水平居全国建筑类院校和北京市属高校'两个先进行列'，把学校建成特色鲜明的高水平建筑大学"的奋斗目标。2011 年 10 月 27 日，第七届全国建筑类高校书记、校长（院长）论坛上，党委书记钱军指出"构筑大平台—组建大团队—争取大项目—取得大成果—做出大贡献"这五个方面工作思路，深入实施科技兴校战略，推动学校整体工作不断跃上新台阶，推动向教学研究型大学转型，为建设有特色、高水平大学提供了强大的推动力。

在此基础上，2011 年年底，学校出台《"十二五"科技工作发展规划》。明确科技工作的发展思路是：围绕北京以及区域经济与社会发展的重大目标，解放思想，转变观念，结合学校学科专业发展的自身特点和需要，以建设特色鲜明的高水平建筑大学为目标，加强科技创新平台和团队建设，合理配置科技资源，积极开展科技攻关和服务社会，使学校真正成为行业和首都经济可持续发展的科技服务和人才培养的基地。发展目标是：到 2015 年，学校科学研究及服务社会的综合实力与水平居国内同类院校领先水平，将学校建成以服务城市规划、建设、管理为特色的，立足首都，服务城镇化的科技服务基地。

同时，学校建立健全了科研管理体制和奖励制度。"十一五"期间，学校发布《关于省部级科研基地建设与管理实施细则（试行）》和《学院学术委员会组织条例》，修订了《学院科技奖励办法》，加大对省部级以上科研奖励和高水平学术论文的激励力度；不断加强学校科研管理的规范化与制度化建设，调动科研人员的积极性和主动性。同时，加强知识产权保护工作，学校单独制定了《知识产权管理办法》。近年来，专利申请保持了快速的增长；学校为提高教师及科研人员科研能力和学术水平，每年投入约 100 万元，设立科研启动基金、每年投入 20 万元设立学术著作出版基金，鼓励申报省部级以上的科研项目，学校为获得资助的省部级以上的科研项目提供到校经费 5%—10% 的配套经费，2012 年，学校用于配套的经费达 120 余万元。

二、凝练特色鲜明科研方向，不断取得重大科研成果

经过多年发展，学校已经形成明显的科研特色与优势，通过整合人力资源和成果积累，形成若干相对稳定的科研团队和方向。其中包括历史文化名城与历史街区保护规划、村镇规划与设计、医疗建筑设计、结构抗震及防护工程、建筑防灾与减灾技术研究、路基路面施工与改造技术研究、新型建筑材料研究与应用研究、建筑节能改造及节能技术研究、城市节水与水资源可持续利用技术与应用研究、城市数字化技术研究、建筑节能经济激励政策研究、建筑文化等多个方向，并在国内具有一定影响力。如"城市节水理论与技术"团队先后主持或参与承担了 5 项国家重大科技专项——水专项课题，使学校在城市节水领域的研究和水平走在了全国同类院校的前列。

"十一五"以来，学校主持完成科研项目 1601 项。其中国家级项目 74 项，包括国家重大科技专项、国家 863、国家自然科学基金和国家社会科学基金项目等；省部级项目 223 项；获得知识产权 49 项；公开发表论文 4200 余篇，SCI、EI、ISTP、CSSCI 检索 1200 余篇；出版著作、教材 570 余部；科技服务经费连续四年过亿，连续五年居市属高校前三位。

在水环境科研领域，学校连续 3 年取得重大项目突破（见表 3-2-19）。同时，围绕水资源科学研究，先后举办了 2 次重要国际会议。2009 年 6 月 8 日，该项目在学校召开了"城市节水关键技术研究与示范"学术研讨会。来自天津大学、同济大学、中国城市规划设计研究院、北京市节约用水管理中心、中科院建筑设计研究院有限公司等高等院校和科研院所的科研人员参加了研讨会。2009 年 11 月 7 日至 9 日，学校主办了第二届"生命之水"前沿技术国际会议。会议以"城乡未来可持续水循环基础设施"为主题，首次在我国举办，来自美国、荷兰、澳大利亚、德国、加拿大、日本、爱尔兰、香港等 15 个国家和地区 90 余位知名学者、专家参会。会议围绕未来城市与乡村、资源化与原位处理系统、政策管理、雨水管理、微污染水、营养物去除与回收、原位处理系统、污泥管理等方面开展研讨并达成了若干共识。

表 3-2-19 学校在水环境科研领域取得重大项目突破

序号	项目名称	项目类别	首席专家
1	城市水污染控制与水环境综合整治技术体系研究与示范主题	国家水体污染控制与治理科技重大专项（2009）	张雅君
2	城市道路与开放空间低影响开发雨水系统研究与示范	国家水体污染控制与治理科技重大专项（2010）	李俊奇
3	低影响开发城市雨水系统研究与示范项目	国家重大水专项（2012）	张雅君 李俊奇

三、科研基地建设获得突破性发展，为科技创新与服务搭建平台

科研平台是组织高水平基础研究和工程化研究开发、科技成果转化、聚集和培养优秀人才、开展学术交流和科技创新的重要基地。自 2009 年以来，学校加大了科研平台建设力度，新增 11 个省部级科研平台，总数达到 12 个高层次科研基地。

"十一五"期间，学校加大了科研基地建设力度，在已有"供热、供燃气通风及空调工程北京市重点实验室"的基础上，新增 6 个省部级科研基地，其中包括"城市雨水系统与水环境教育部重点实验室""代表性建筑与古建筑数据库

教育部工程研究中心""工程结构与新材料北京市工程研究中心""绿色建筑与节能技术北京市重点实验室"、北京哲学社会科学"北京建筑文化研究基地"以及与浙江勤业集团联合建成了浙江省工程研究中心，使得学校拥有省部级科研基地的数量增加为7个。同时，学校积极争取并获得北京市大学科技园项目。

图3-2-10　工程结构与新材料工程研究中心（结构实验室）

其中，具有突出代表性的国家级科研基地（平台），主要包括2009年12月21日，获批"代表性建筑与古建筑数据库教育部工程中心"，这是学校第一个省部级科研创新平台。该工程中心围绕我国代表性建筑与古建筑遗产保护与利用的迫切需求，发挥与国内古建筑数据库生产企业联合的产学研优势，通过研究开发与工程化的环境建设，构筑起代表性建筑与古建筑数据库技术的工程能力平台。同年，12月24日，学校又获批"城市雨水系统与水环境省部共建教育部重点实验室"。该实验室包括市政、环境、水利与水资源、建筑规划、园林、道路等学科专业，属国家和北京市优先发展的交叉学科领域，研究方向主要有城市雨洪控制利用与水环境生态修复、水质处理理论与环境风险评价、水资源再生与城市节水等。实验室建立之后的近五年时间内，共承担科研项目200余项，科研经费5500余万元，省部级以上科研成果奖励3项，发表学术论文400余篇，出版论著30余部，SCI、EI、ISTP检索30余篇。专职研究人员有50余人，其中高级职称比例达到70%。

表 3-2-20 学校获批省部级科研创新基地（2009—2012 年）

序号	类型	基地名称	时间	批准单位
1	教育部重点实验室	城市雨水系统与水环境教育部重点实验室	2009 年	教育部
2	教育部工程研究中心	代表性建筑与古建筑数据库教育部工程研究中心	2009 年	教育部
3	自然资源保护部重点实验室	自然资源部城市空间信息重点实验室	2011 年	自然资源部
4	北京市重点实验室	绿色建筑与节能技术北京市重点实验室	2010 年	北京市教委、科委
5	北京实验室	通用航空技术北京实验室	2010 年	北京市教委
6	北京市高校工程研究中心	工程结构与新材料北京市高校工程研究中心	2010 年	北京市教委
7	北京市工程技术研究中心	北京市建筑安全监测工程技术研究中心	2011 年	北京市科委
8	北京市工程技术研究中心	北京市城市交通基础设施建设工程技术研究中心	2012 年	北京市科委
9	北京市哲学社会科学基地	北京建筑文化研究基地	2010 年	北京市哲学社科规划办、教委
10	北京市研究和人才培养基地	北京应对气候变化研究和人才培养基地	2012 年	北京市发改委、教委
11	国家文物局研究和人才培养基地	国家建筑遗产保护研究和人才培养基地	2013 年	国家文物局
12	北京市 2011 协同创新中心	北京节能减排关键技术协同创新中心	2012 年	北京市教委
13	北京市大学科技园	北京建筑工程学院建筑科技大学科技园	2009 年	北京市教委、科委、中关村管委

其中，学校申报获批"北京建筑工程学院建筑科技——大学科技园"项目旨在依托学科专业和区位优势，建成以建筑规划、设计、咨询、培训、施工与监理等产业为主的建筑创意产业集聚区，进一步推动大学科技园在培育创新创业人才、促进科技成果转化、孵化科技初创企业、推动自主创新能力等方面做出贡献。

四、科技奖励取得新进展，国家级科技奖励取得历史性突破

学校不断加大科技奖励的组织与申报工作。"十一五"以来累计获得各类科技奖励217项，其中省部级以上科技成果奖励35项，包括国家科技奖励4项，省部级一等奖7项。

"十一五"期间，学校坚持在建筑、土木、环境、能源、测绘、材料、机械等战略性新兴产业或国民经济重要、重点领域推出了一批高水平的科研成果，既面向国家战略需求与科学技术前沿，解决关系国计民生和国家安全的重大科技问题，又面向国民经济建设和社会发展的主战场，从现实的紧迫需求出发，切实解决生产、生活中大量的科技问题，有力促进了学校高水平、高质量科学研究工作，提升了学校的科研水平和社会影响力。

2010年至2012年，学校作为主持单位获得国家科技进步奖，实现"零的突破"，并且连续三年获此殊荣。2010年，王晏民、朱光、罗德安等人完成的"特大异型工程精密测量与重构技术研究及应用"获国家科技进步二等奖；2011年，徐世法、季节、陈家珑等人的"固体废弃物循环利用新技术及其在公路工程中的应用"获国家科技进步二等奖；2012年，张怀静、戚承志、李崇智等人的"地下工程开挖诱发灾害防控关键技术开发及应用"再摘国家科技进步二等奖。

表 3-2-21　2008—2012 年国家科技奖励一览表

序号	获奖项目名称	第一完成人或主要完成人	奖励名称	年度
1	特大异型工程精密测量与重构技术研究及应用	王晏民	国家科学技术进步二等奖	2010 年
2	固体废弃物循环利用新技术及其在公路工程中的应用	徐世法	国家科学技术进步二等奖	2011 年
3	地下工程开挖诱发灾害防控关键技术开发及应用	张怀静	国家科学技术进步二等奖	2012 年

续表

序号	获奖项目名称	第一完成人 或主要完成人	奖励名称	年度
4	矿井（隧道）复杂地质构造探测装备与方法研究	王怀秀	国家技术发明二等奖	2008 年
5	冲击爆炸作用下重要目标毁伤效应及防护技术研究	戚承志	国家科学技术进步二等奖	2008 年
6	我国北方几种典型退化森林的恢复技术研究与示范	宋国华	国家科学技术进步二等奖	2010 年
7	深地下＊＊＊关键技术研究	戚承志	国家科学技术进步一等奖	2011 年
8	大型矿山排土场安全控制关键技术	郑文堂	国家科学技术进步二等奖	2011 年

五、加快科研成果转化，成为服务城乡建设的重要力量

学校一批相关学术带头人和科研骨干，积极为各级政府机构提供决策咨询和科技服务。张大玉、汤羽扬、刘临安等人聘任为住房和城乡建设部城市设计专家委员会委员，郝晓地、张雅君、李俊奇等人聘为北京市人民政府决策咨询专家，为政府建言献策，提供智力支持；张大玉、季节、陈家珑、周文娟等一批专家和教授参与并支持住建部开展的 35 个城市建筑垃圾治理试点工作，为人大环资委、发改委、科技部、住建部、工信部、环保部以及 27 个省（直辖市、自治区）近 100 个城市的建筑垃圾资源化工作提供技术支持和服务咨询。

"十一五"以来，学校依托科研项目，为城乡建设提供了大量的技术服务。例如利用城市雨水资源化研究成果，先后在北京、天津、杭州等多个城市承担了 30 余项城市雨水资源化示范工程；利用建筑垃圾资源化研究，研制生产出以建筑垃圾为材料的"再生古建砖"，在北京旧城四合院修缮中进行示范，并在古城修缮保护中加以应用推广；利用城市数字化领域的研究，完成了故宫博物院、国家大剧院、云冈石窟等建筑的数字化测量项目；利用建筑文化遗产保护方面的技术优势，完成长城北京段保护、北京前门地区保护等项目的规划和研究，完成山西、河南、湖北、安徽、湖南等地历史文化遗产保护规划多项；利用新农村建设领域的优势，完成了京郊农村 100 余个村庄的新农村规划编制以及村

庄水环境综合治理规划。

图 3-2-11　业祖润老师带领学生参与前门大街改造工程（2003）

依托专业和技术优势，参加汶川、玉树灾后重建和援疆工作，为抗震救灾做出贡献。在 2008 年抗震救灾过程中，学校积极提供科技指导和技术服务，参与完成了中小学、康复医院、住宅的重建方案设计工作以及建设 4 万多套过渡安置房的技术指导和监理工作，为北京市政府援助四川什邡市地震灾区的"北京节能屋"项目做出了突出贡献，受到建设部和北京市的表彰，充分体现了一所大学在国家民族发展中的使命与责任。

推进校企合作机制，探索科技服务新模式。学校积极推进校企、校区层面的合作，加大服务社会的深度和广度，取得了积极的成果，实现了学校与企业、学校与地方建设共赢。学校先后与中国规划设计研究院、北京建工集团、北京市政路桥集团、北京建筑设计研究院、浙江勤业建工集团有限公司等多家企事业单位建立了良好的科研合作关系，其中与浙江勤业建工集团有限公司组建的"技术研发中心"取得积极成效，建成了浙江省工程技术中心。同时，学校先后与大兴区、门头沟区、密云县签订了合作协议，完成多项城乡规划与建设项目，受到当地领导和部门的充分肯定。

此外，校产企业也是实现科研成果转化的重要平台。"十一五"期间，校办产业完成产值 8.32 亿元，上缴国家利税 5562 万元。其中，承担完成重大设计项目 47 项，承担的监理项目包括国家体育馆、北京国际中心、凤凰国际传媒中心、央视新台址主楼以及地铁8号线、9号线、10号线等多项重要工程。尤其是在奥运工程监理中充分运用科技手段进行监理，获詹天佑奖、国家鲁班奖等各项国家奖15项，被奥组委评为"科技奥运先进集体"。同时，学校被北京市确定为中关村国家自主创新示范区股权激励改革工作首批试点的2所高校之一，积极参与中关村科技园区的科技发展和创新，不断增强服务社会的能力。

图 3-2-12　国家体育馆工程——监理（获鲁班奖、詹天佑奖、当代十大建筑奖、长城杯金奖）

图 3-2-13　北京雁西湖国际会展中心工程——监理（获鲁班奖、钢结构金奖）

图 3-2-14　凤凰国际传媒中心工程—监理（获詹天佑奖、北京市结构长城杯金质奖）

图 3-2-15　校办企业承担了北京地铁房山线、10 号线、16 号线等地铁线路的监理、第三方监测等任务，获得多项市政基础设施竣工长城杯金质奖

第六节　"三大工程"引领，推动学校更快发展

2000 年至 2013 年，学校各项事业发展进入一个新的更快更好的建设时期。其中，"三大工程"是最大的亮点，也是推动学校迈向更高水平的重要阶段。学校党委团结带领全校师生员工，深入贯彻落实党的教育方针，根据国家和首都社会经济发展的重要契机，瞄准进入"两个先进行列"，建设特色鲜明的高水平建筑大学的宏伟目标，以更名工程、申博工程、新校区建设工程为抓手，抢抓机遇，加快发展，为人才培养、科学研究、学科专业及师资队伍建设等各项工作提供坚实的基础，保障学校各项事业得到快速发展。随着"三大工程"取得阶段性成果，校园整体面貌焕然一新，办学空间全面改善，学科建设获得重要突破，为学校的继续发展奠定了基础和条件。

一、新校区建设取得突破，办学条件得到根本改善，树立崭新大学形象

1952 年，学校在西直门外展览馆校区建设校园，开始了长达半个多世纪的办学历史。经过几代建大人呕心沥血的建设，校园规模完整，建筑古朴典雅，几经风雨兼程，一路砥砺奋进，成为坐落在北京西城的一处高校文化园区，具有悠久的历史人文底蕴。从这里曾经走出过千千万万投身首都城乡建设事业的毕业生，承载着广大师生校友的美好记忆。随着我国高等教育的迅猛发展，学校的专业学科、科学研究、招生规模以及在校生人数等都在随之而不断扩大，办学空间狭小与教学资源不足的矛盾愈加显得突出。为解决办学空间问题，学校想方设法，采取多种措施，扩大校区规模，2001—2011 年期间，借助社会资源，实行多个校区办学，先后建立百万庄校区（2001—2009 年）、中关村校区（2002—2004 年）、大兴核干院校区（2004—2011 年）。在此期间，学校广大干部、教职工和学生辗转奔波在多个校区教学、工作和生活，付出很多艰辛。建设一个新校区，成为全校师生的共识和期盼，也是学校为谋求更大发展的重要保障。在此背景下，建设新校区的工作开始筹备和启动。

第一，确定新校区选址，新校区建设方案得到北京市各级主管部门批准。党委带领相关部门干部，积极寻找新校区的合适校址，踏访足迹遍布京郊各地。几经艰辛努力，在北京市政府的大力支持下，广大校友鼎力相助，各级部门通力协作，2003 年年底，学校终于获得了建设新校区的批复。2003 年 10 月 18 日，学校向北京市教委提请关于新校区建设用地选址的请示，提出需要 66.7 万平方

图 3-2-16　北京建筑工程学院百万庄校区

图 3-2-17　北京建筑工程学院中关村校区

米左右的土地，需资金 10 亿元左右的建设规划设想。12 月 5 日，请示获得北京市教委批准："同意你校选址建设新校区，新校区可按 10000 人规模进行规划

图 3-2-18 北京建筑工程学院与核工业管理干部学院合作办学签约仪式

图 3-2-19 北京建筑工程学院大兴核干院校区

建设。"

最终确定的新校区校址，位于北京市大兴区芦城，距黄村镇中心 3 千米，南临清源西路，北至黄鹅路，东临西永路，西距芦求路250米，与芦城工业开发区、北京市第三体育运动学校隔路相望，建设用地50.1万平方米。学校历史上最大规模的校区建设拉开帷幕。

新校区建设资金，全部由学校自筹。启动资金来源于位于西城校区北墙外的科贸楼项目置换补偿经费。科贸楼项目原由学校与首创集团合作开发，后经北京市政府有关部门同意，双方商定科贸楼项目整体置换给首创集团，首创集团为学校新校区建设提供启动资金3.55亿元。2003年9月22日，科贸楼项目置换补偿合同签约仪式在学校举行，北京市政府领导以及北京市有关部门的负责人出席了签约仪式。建设期间，教育部、北京市的各级领导先后来校考察，指导工作，给予新校区建设极大的支持和帮助。

获得北京市教委批复以后，学校加紧了各项建设工作。2004年2月，为落实上级关于新校区建设用地选址的批复，学校抽调得力干部和专家组建新校区建设指挥部，开展前期调研及筹建工作。2006年3月，学校成立新校区建设指挥部，任命副校长李维平担任新校区建设指挥部副总指挥，新校区建设指挥部正式成立。5月，指挥部面向社会和校内公开招聘。12月，学校与大兴区黄村镇人民政府签订了《征地安置补偿协议书》，正式启动征地工作。2007年1月，开始圈地砌筑围墙，前期工作正式开始。

2006年6月至7月间，学校向全社会公开征集《北京建筑工程学院大兴校区总体规划设计方案》，从中遴选出总体规划和设计方案，本着"公众参与，集思广益，公开公正"的原则，启动新校区建设的规划和设计工作。在征集方案的过程中，国内外24家知名设计单位积极参加。其中不乏业内精英，例如深圳建筑设计研究总院、北京建筑设计研究院、清华大学建筑设计研究院、中厦建筑设计研究院等，在国际上享有盛名的青年建筑师、建筑学专业1994级校友马岩松创立的MAD建筑事务所也积极参与征集。由学校聘请九位专家对全校师生投票选出的前十名入围设计方案进行评审，邀请获奖的前四家设计院：深圳建筑设计研究总院、北京建筑设计研究院、清华大学建筑设计研究院、中厦建筑设计研究院，进一步深化规划设计，最终完成详细规划设计，最终由北京建筑设计研究院再进行方案综合和深化设计。

作为一所办学历史悠久的建筑类高校，新校区建设凝聚着众多校友的智慧。除了前期立项、审批、规划、征地等各个环节，以及施工、监理等建设项目全过程中凝聚众多校友单位及校友鼎力支持以外，新校园中还有3位校友的建筑设计作品：被师生形象誉为"小鸟巢"的基A报告厅，是北京建筑设计研究院设计师、建筑学专业1980级校友褚平的作品；大学生活动中心是全国勘察设计

图 3-2-20　大兴新校区规划图

大师、北京建筑设计研究院总建筑师、建筑学专业 1982 级校友胡越的作品；坐落于校园的一片树林和绿地中，名为"萨蒂的家"的一幢具有现代艺术风格的建筑教具，是国内著名建筑师、建筑学专业 1981 级校友王昀的作品。这些风格迥异的建筑作品，伫立在新校园内各处，象征着校友与母校之间的永久对话和交流，饱含着他们对学校的深厚情感。

此外，还有广大校友捐赠的纪念作品，装点新校园环境。例如由著名书法家、工业与民用建筑专业 1952 级校友爱新觉罗·启骧题写的"团结、勤奋、求实、创新""百年树人"等书法作品形成文化小品，四合院里栽种的山东校友分会捐赠的百年石榴树，图书馆前草坪上河南校友分会捐赠的校训石，"日月同辉"建筑文化广场上由部分 1990 级校友捐赠的鲁班造像金身、2012 级 MBA 毕业生与 2013 届毕业生捐赠的"知行合一"与"饮水思源"等文化小品，都被安放在新校园，象征着广大校友对母校的眷恋之情。

2008 年 6 月 5 日，学校收到北京市发改委《关于北京建筑工程学院大兴新校区项目核准的函》（京发改〔2008〕96 号），标志着新校区建设项目完成立项申报工作，取得阶段性成果。建设项目位于大兴区黄村镇芦城，批准总用地面积约 66.7 万平方米，其中建设用地约 5.4 万平方米，总建筑面积 26 万平方米。2009 年 2 月 11 日，北京市规划委员会大兴分局审查批复了新校区修建性详细规划方案。随后，一期建设的各单体建筑的规划许可证、施工许可证相继获批。

图 3-2-21　大兴校区"萨蒂的家"

图 3-2-22　大兴校区校训石

图 3-2-23 大兴校区"日月同辉"广场

图 3-2-24 大兴校区"饮水思源"

图 3-2-25　大兴校区"知行合一"

图 3-2-26　大兴校区"百年树人"

新校区建设进入建设施工阶段。

第二，新校区一期建设工程启动，新校园初具规模。2009年3月28日，学校隆重举行大兴新校区奠基典礼。北京市委常委、市委教育工委书记赵凤桐，教育部党组成员、部长助理杨周复等领导出席会议并为奠基石揭幕。

图 3-2-27　大兴新校区奠基仪式

新校区建设根据实际情况，采取统筹规划、整体设计、分步实施的原则，计划分为三期完成。其中，一期工程建筑面积约16万平方米，可容纳4000名学生，2011年9月竣工交付使用；二期工程建筑面积约22万平方米，2018年基本建设完成。北京市政府大力支持学校建设，该项目列为北京市2008年、2009年、2010年连续三年的重点项目，既作为北京市"保增长、保民生"的重点项目，也是市委市政府"南城行动计划"的重点民生项目，这就为新校区按期高质量完成创造了有益的外部条件。

按照设计规划任务，大兴新校区一期建设项目包括学生宿舍1—5号楼、基础教学楼、经管-环能学院楼、金工-电子实训中心、青年教师公寓、体育场及看台、6号学生综合服务楼、学生食堂、后勤综合办公楼共9个项目。2010年，学校获批大兴校区国有土地使用证，按照整体规划、分步实施的原则，稳步推进，整个项目取得积极进展。到2010年年底，新校区一期工程所有单体主体结构全部完成。除6号学生综合服务楼和后勤办公楼外，其余单体二次结构、外檐基本完成，室内装修完成40%。其中1—5号学生宿舍楼进入工程竣工验收阶段，基础教学楼、金工-电子实训中心等单体建筑封顶，强电、弱电、园林、综合管网全面施工，燃气、自来水已满足正常使用，锅炉房在 2010 年 12 月 6 日点火启用；12 月底，图书馆进场施工。2011 年 1 月 23 日，新校区举行强电发电仪式。作为市政工程的重要组成部分，强电发电的启动，标志新校区建设又完成一个关键性节点，为投入使用提供了市政基础设施的重要保障。

图 3-2-28　大兴校区基础教学楼（2011）

图 3-2-29　大兴校区环能学院楼（2011 年，现大兴校区学院楼 B 座）

　　2011 年至 2014 年，新校区一、二期建设取得重要成果：一期工程期间，先后建成学生宿舍 1—5 号楼、基础教学楼主体建筑、经管学院楼（现大兴校区学院楼 A 座）、环能学院楼（现大兴校区学院楼 B 座）、金工-电子实训中心、硕博公寓 1、2 号楼、后勤办公楼、学生综合服务楼（现大兴校区"大学生活动中心"）、学生食堂（现大兴校区"和园"）、体育看台、锅炉房、配电站、垃圾

图 3-2-30　大兴校区学生食堂（2011 年，现大兴校区"和园"）

图 3-2-31　金工-电子实训中心（现大兴校区"工程实践创新中心"）

图 3-2-32　大兴校区宿舍楼群（2011）

楼等16万平方米建筑，还完成了大操场（含足球场）、北大门、篮球场、网球场以及室外园林、道路、给水排水管线等配套市政措施，基本满足了师生教学、生活、体育、休闲等需要。随后，二期工程陆续开工建设，硕博公寓3号楼、4号楼，学生宿舍7号楼、9号楼，教工俱乐部（现大兴校区四合院），机电-电信学院楼（现大兴校区学院楼C、D座），土交-测绘学院楼（现大兴校区学院楼E、F座）等10多项工程，共计11.5万平方米建设陆续启动，并相继在2012年至2014年内陆续竣工。新校区一、二期工程共完成建筑面积27万平方米。

2011年7月8日，新校区一期工程顺利完工后，学校1375名本科学生从大兴核干院校区整体搬迁入住大兴校区，标志着新校区正式投入使用，结束了学校辗转多校区办学的历史。2011年9月7日，新学年开学典礼在大兴校区操场隆重举行，这既是迎接本科新生的庆典，也是庆祝新校区正式入驻的庆典。一期工程的胜利竣工，为学校拓展了办学空间，学校也由此进入跨越式发展新阶段。

第三，新校区建设促进了办学条件的改善，推动了学校各项事业的蓬勃发展。从2012年开始，学校进入西城校区和大兴校区同步运行的新时期，共计占地约73.3万平方米。其中，西城校区占地近13.3万平方米，校舍建筑面积20万平方米。大兴校区占地约63.3万平方米，目前已完成一期工程16万平方米、二期工程 12 万平方米。

在大兴校区建设过程中，坚持"人文、科技、绿色"的建设理念，强化建筑院校特色，一所现代化建筑大学校园已初步展现在世人面前。在推进大兴校区建设的同时，学校还充分挖掘老校区资源，两个校区的建设极大改善了办学条件。学校生均占地面积、生均校舍建筑面积、生均教学科研行政用房面积等指标不仅全面达到更名标准，而且超过教育部教学水平评估的优秀标准。

二、以"申博工程"为重点，加快推进学科建设，提高学校核心竞争力

学科建设是高校发展创新的龙头和牵引，对推动和促进一所高校的科研水平、人才队伍、研究能力等都具有重要意义。其中，加强博士点建设和博士研究生的培养教育是其重点所在，也是体现一所大学学科实力和研究水平的重要标志。1980 年 2 月，第五届全国人大常委会通过了《中华人民共和国学位条例》，1981 年 1 月开始，北京 18 所高校的 167 个学科专业被批准为首批博士学位授予单位。[①] 到 2010 年，北京地区高校有一级学科博士点 195 个，二级学科博士点 159 个。[②] 在以上教育发展大背景下，学校适应形势，抢抓机遇，开始了加快推进博士点建设工作。

第一，明确建设规划，制定推进措施。在学校第五次党代会上，学校党委明确提出，将把申请博士点作为学校实现跨越式发展的"三大工程"之一，提出了"学科振兴计划"。学校在制订"十二五"规划中，明确指出："我国已进入建设创新型国家，由经济大国向经济强国转变的关键阶段，这既为高等教育的发展奠定了坚实的物质基础，也对高等教育的发展提出了更高的要求。"《国家中长期教育改革和发展规划纲要（2010—2020 年）》《北京市中长期教育改革和发展规划纲要（2010—2020 年）》对高等教育的改革和发展提出了新的要求。全国高等教育实现了由精英化向大众化的转变，进入了从高等教育大国向高等教育强国转型的关键时期，发展重点向内涵发展、提高质量转变，建设有特色、高水平大学成为了全国高校共同的战略选择。北京高等教育率先实现了普及化教育，进入了从普及化向现代化转变的关键时期，对优质高等教育的需求日益成为主导性的需求。

作为一所立足首都、服务建筑业的高等院校，办优质的人民满意的教育，

---

① 北京高等教育志编撰委员会. 北京普通高等教育志 ［M］. 北京：华艺出版社，2004：194.

② 北京市地方志编撰委员会. 北京志·教育志（1991—2010）［M］. 北京：北京出版集团北京出版社，2020：362.

归根结底是根据行业发展趋势和首都经济社会发展要求，办出特色，办出水平。当前，随着国家推进城市化进程，城乡规划、建设与管理及其相关领域的发展空间巨大，尤其是国家建设节约型城市、生态型城市、数字化城市战略目标的提出，对建筑行业提出了新的更高的要求，建筑行业正在发生着革命性变化，"绿色、低碳、环保、生态、低耗"成为建筑行业的新趋势和新方向。同时，北京提出了"人文北京、科技北京、绿色北京"以及建设中国特色"世界城市"发展战略，给首都城市建设带来了城市结构调整、城乡统筹、区域协调发展、旧城保护、城市交通和环境治理、资源开发利用、新农村建设、生态建设、文化创意产业建设等一系列重大课题，需要更加强有力的人才支持、智力支持和科技支持，也给北京的建筑业以及建筑教育提出了新的要求，带来了新的机遇。学校应坚持在质量、内涵、特色上下功夫，充分发挥学科专业优势，整合跨学科资源，努力提高人才培养质量，不断提高科技服务能力，为北京经济社会发展和高等教育的发展做出新的更大的贡献。因此，党委提出了积极做好申报博士授权和学科点的各项建设工作，为适时申报成功奠定坚实的基础。

面临北京高校林立，强校集中，学科优势明显的形势，在各种艰难的条件下，学校党委带领全校师生员工，敢于担当，迎难而上，明确方向，审时度势，克服困难，上下同心，以"申博工程"为重点，以学科建设为抓手，带动师资力量、科学研究、社会服务等工作齐头并进。经过反复论证，结合学校特色，围绕建筑学、土木工程、测绘科学与技术、环境科学与工程、管理科学与工程、数学6个一级学科为建设重点，加强内涵建设，提升总体水平，努力达到博士学位授权一级学科点的建设标准。同时，积极开展与博士授权院校、研究所联合培养博士，积累经验，积极储备和积蓄冲击博士点的实力。

第二，选择"服务国家特殊人才需要"作为突破口，申报博士人才项目获得成功。在国家严控博士点增列的情况下，学校抢抓国家博士、硕士学位授权审核办法改革机遇。2008年，国务院学位委员会启动新增博士、硕士学位授予单位审核工作。新的审核办法改变了以往"学校定期审核、全国统一评审"的做法，由省（自治区、直辖市）统筹规划和立项建设，国务院学位委员会进行验收和批准授权的办法进行，并对各省（自治区、直辖市）新增学位授予单位工作实行分类和限额管理，同时提出"对于服务国家特殊需求的少数单位，可以不受地区分类的限制，由国家统筹考虑"。为此，决定开展"服务国家特殊需求人才培养项目"试点工作，安排少数确属服务国家特殊需求，但尚无博士或硕士学位授予权和没有列入国家批准的新增学位授予单位立项建设规划的高等学校，在一定时期内招收培养研究生并授予学位，并根据国家特殊需求的变化

图 3-2-33 时任国家文物局局长单霁翔指导项目建设

图 3-2-34 "建筑遗产保护理论与技术博士人才培养项目"实施指导委员会第一次会议（2013）

对人才培养项目实行动态管理。这一政策的出台，无疑对于学校来讲是一次十分重要的发展机遇。

学校针对国家特别是北京加强文化遗产保护的重大需求，围绕建筑遗产保护和人才培养，努力建设国家建筑遗产保护研究和人才培养的重要基地。早在20世纪50年代，学校就开始关注古建筑保护方向的研究和人才培养。1984年，学校与建设部的建筑历史研究所联合培养古建筑保护方向的硕士研究生；1986年开始独立招收和培养这一方向的研究生，是国内较早进行古建筑保护人才培养和科学研究的高校之一。2011年，学校根据国家有关政策，组织力量，整合资源，积极申报"建筑遗产保护理论与技术"服务国家特殊需求博士人才培养项目。学校融合多个学科力量，以建筑学为主干学科，以城乡规划、土木工程、测绘科学与技术、环境科学与工程等学科为支撑，强化专业特色，突出交叉融合。

经过教育部专家的几轮严格评审和现场答辩，学校以全国第二名的优异成绩从140多所高校申报的188个项目中脱颖而出，并在复评中获得全票通过。2012年10月，学校被批准进入首批实施国家特殊需求博士人才培养项目单位，并在2013年下半年首届招生，授予建筑学科博士学位。这一历史性突破不仅解决了学校学科点建设"瓶颈"问题，还对完善学科整体布局，提升学科层次和水平，促进相关学科协调发展都起到了重要推动作用。至此，学校开启了培养博士生的历史，为正式获得博士学位授权点、授权单位的奋斗目标迈出了可喜的第一步。

"十一"期间，学校按照"优化学科布局，打造学科特色，提高优势学科的竞争力"发展战略，推进实施科技兴校战略，以申博工程为重点，凝练科研方向，培育了一批重大科研成果，主持承担国家重点项目和国家级科研项目，推动科研经费稳步增长，加强科研基地建设，为每个一级学科和博士点建设学科配备省部级重点实验室、工程中心等相应科研平台，加强大学科技园和建筑创意产业园建设，力争在国家工程技术中心建设上取得新突破。

三、成功完成"更名工程"，学校发展迈上新台阶

学校的"大学梦"由来已久。从清末的"京师初等工业学堂"，到"北平市立高级工业职业学校"，再到中华人民共和国成立时期的"北京市工业学校"；从"北京建筑专科学校"，到"北京建筑工程学校"，再到改革开放初期的"北京建筑工程学院"，历经百年风雨沧桑，先后从初等、中等逐步发展为一所建筑类高等学校，完整经历过各个不同层级和阶段的办学历史，屹立时代潮头，适应科技变迁，勇于拼搏，不断提升，完成时代赋予的艰巨使命，为国家和首都建设贡献力量。

中华人民共和国成立初期，根据北京市总体规划和高校布局，学校从复兴

门迁往西直门外二里沟校址，独立建立北京市土木建筑工程学校的时候，就有在城市西部建设一所新中国建筑大学的未来设想。中华人民共和国成立以来，学校走过 70 多年的奋斗，特别是近几年奋力拼搏，学校的办学水平、综合实力有了较大提升。梦圆大学是几代人任重道远、厚积薄发、坚毅笃行的理想追求和奋斗目标。

进入 21 世纪，随着国家城镇化战略、建筑行业的快速发展，以及北京建设中国特色世界城市的发展目标，社会对学校提出了新的更高要求，北京乃至华北地区优化高等教育布局的需求也给学校建设高水平建筑大学提供了更好的机遇和发展空间。因此，"更名大学"的工作任务提上了学校新发展阶段的议事日程。

从学院更名为大学绝非易事，这是一项复杂的系统工程，更是学校整体办学实力跃升的一次重要考验。为此，学校进行了周密部署和精心准备。

第一，对照教育部关于《普通本科学校设置暂行规定》（教发〔2006〕18号）中对申请更名大学的七项关键指标，举全校之力，精准对标，集中突破。在第五次党代会上，党委把"更名工程"确定为"三大工程"之一，以实施"六大计划"为抓手，促进学校综合实力提升。

第二，保持教育规模和招收计划的稳步增长。至 2012 年，在校生规模达到11531 人，其中全日制在校生 8218 人，本科生 7018 人，研究生 1142 人，留学生 58 人（含研究生 16 人），非全日制在校生 3313 人，其中在职硕士生 348 人，成人本专科生 2965 人。在校研究生数占总数的 14.1%。

第三，不断优化学科专业结构，形成办学定位清晰、土建类学科专业齐全、适应首都城乡建设需求的学科专业体系。学校拥有工、管、理、法、艺 5 个学科门类，工学、管理学、理学为学校 3 个主要门类。其中，工学覆盖 8 个一级学科和 35 个二级学科硕士点，在校生达到 4949 人，占全校在校生总数的60.7%；管理学覆盖 3 个一级学科和 5 个二级学科硕士点，在校生达到 1414 人，占全校在校生总数的 17.3%；理学覆盖 5 个一级学科和 7 个二级学科硕士点，在校生达到 1254 人，占全校在校生总数的 15.4%。有 30 个全日制本科专业，其中国家级特色专业 3 个、北京市特色专业 7 个；6 个土建类专业全部通过住建部专业评估。2012 年，建筑学专业教育本科和研究生均通过 7 年有效期评估，成为全国 15 所建筑学专业获得评估 7 年有效期的高校之一。

第四，学科基地和科研平台显著增长。拥有省部级以上重点学科 15 个，1个服务国家特殊需求博士人才培养项目，55 个二级学科硕士点（由 12 个一级学科硕士点覆盖），8 个硕士专业学位授权点。已授予 25 届硕士毕业生硕士学位。

学校是北京高等学校"城乡建设与管理"产学研联合研究生培养基地。

至此，学校各项指标已经基本达到和符合教育部规定的相关标准。

图 3-2-35 学校更名为"北京建筑大学"

2012 年，是学校更名工程取得重大进展的关键之年。教育部专家组和北京市专家组先后进驻学校，进行现场考察和评估。5 月 26 日，学校更名"北京建筑大学"申请顺利通过北京高校设置专家组评审，并被北京市政府列为 2012 年报教育部申请更名的唯一一所北京地区高校，12 月 9 日至 10 日，教育部高校设置委员会专家组一行 9 人进驻学校，按照教育部《普通本科学校设置暂行规定》对大学的 7 大类 23 项指标的具体要求，对学校的更名申请进行考察评估。在入校评估的两天里，专家组走访了西城、大兴两个校区，实地察看了学校的重点实验室、特色学院、图书馆等，核查了学校提交的各类申报材料，对学校更名各项工作给予了充分肯定，并以报告形式上报教育部审批。至此，学校的更名工作圆满结束。

第七节　党建和思想政治工作迈上新台阶

2000 年到 2012 年，这个时期是学校突破发展瓶颈、实现跨越式发展的关键阶段。学校党委始终高度重视党建和思想政治工作，按照"围绕中心抓党建，抓好党建促发展"的总体思路，统揽全局，把握方向，抓发展、抓大事，求真务实，积极进取，开拓创新，推动学校各项事业不断发展。

一、加强理论学习和教育培训

学校党委坚持用中国特色社会主义理论武装广大师生，以"党员先进性教育""党建评估""深入开展学习实践科学发展观活动""创先争优"等重大活动为契机，坚持校院两级中心组学习制度、党员干部教育培训制度、民主生活会制度、教职工理论学习制度，强化思想武装。结合北京奥运、国庆 60 周年、抗震救灾等重大活动，将社会主义核心价值体系融入学生思想教育，突出理想信念教育，引导学生树立正确的世界观、人生观和价值观。2007 年在北京高校党建和思想政治工作评估中被评为"优秀"，2008 年获得奥组委多项表彰，2009 年、2011 年学校连续两年被评为"首都文明单位"。

图 3-2-36　北京建筑工程学院保持共产党员先进性教育活动总结大会（2005）

图 3-2-37　北京建筑工程学院深入学习实践科学发展观活动动员大会（2009）

图 3-2-38　北京建筑工程学院创先争优活动（2010）

二、创新干部选拔任用、监督考核、教育管理新机制

学校党委坚持把领导班子和干部队伍建设作为实现发展目标的基础性工作抓实抓好。大力推进干部选任制度改革，对全校处级干部实行公开选拔、竞争

图3-2-39　学校的奥运志愿者队伍（2008）

上岗、任前公示和任期制，实行正处级干部全委会票决制。进一步加强和改进干部考核工作，不断完善处级干部和处级单位考核、考评体系，加大量化考核力度。大规模开展干部教育培训，创新集中培训、专题培训、专项培训、个性化培训、境外培训和在线培训"六位一体"的教育培训机制。全校70%以上的处级干部具有高级职称和硕士以上学位，优化了干部队伍结构。

三、重视抓基层打基础，推进基层党建工作创新

学校党委按照"扩大覆盖、强化功能、增强活力"的要求，坚持围绕中心，坚持分类指导，形成了基层党组织建设的良好机制，不断夯实推动学校科学发展的组织基础。通过科学设置党支部，不断扩大党支部的有效覆盖面；通过选配高素质的党支部书记，加大支部参与中心工作的力度；通过建立健全党员经常性教育培训等长效机制，加强基层党组织先进性建设；通过创新工作方式，增强基层党组织的工作活力。在学习实践活动中，创造性地开展了"四个一"党支部主题实践活动，特色鲜明、效果良好。大力加强党员发展工作，2010年年底，党员人数达到2080名，本科生党员比例达到10.1%。推进基层党建工作创新，2011年，"主讲主问制"理论学习模式先后被评为"北京高校优秀基层党建工作创新项目""北京市优秀党建工作创新项目"。

图 3-2-40　北京建筑工程学院优秀党性实践活动答辩暨经验交流会（2010）

四、加强党风廉政建设，党员领导干部的廉洁自律意识和拒腐防变能力得到进一步增强

学校党委坚持"标本兼治、综合治理、惩防并举、注重预防"的方针，以机制建设为基础，落实党风廉政建设责任制，开展廉政风险防范管理工作，推进具有我校特色的惩防体系建设；加强教育与强化考核相结合，深入开展领导干部廉洁自律教育，把处级领导班子反腐倡廉建设工作情况和处级领导干部廉洁自律情况纳入领导班子、干部考核指标体系；以关键领域为重点，加强招生、基建、财务、科研经费、校办企业、图书及物资采购、后勤等领域，特别是新校区建设的规范化管理。党委书记钱军主持的"高校基建领域反腐倡廉研究"获批北京市高校党建研究重大课题，并被评为"北京高校党建研究会 2008—2010 年度优秀研究课题"。课题研究成果应用于学校反腐倡廉实践，促进了学校基建领域尤其是新校区建设中的反腐倡廉工作，2010 年市委巡视组对我校新校区反腐倡廉的工作成效进行了充分肯定。2012 年荣获北京高校"践行北京精神，倡导廉洁修身"书画摄影大赛优秀组织奖。

五、加强统战、群团、离退休工作，推动校园和谐发展的合力进一步形成

学校党委努力调动一切积极因素，凝聚各方面力量，促进学校事业发展。实行教代会代表列席校长办公会制度，创新"点题公开"校务公开新模式，2013 年获评"全国厂务公开民主管理先进单位"，是全国 17 所获此殊荣的高校之一。2014 年获评"北京市厂务公开民主管理示范单位"。2007 年，校工会获评"北京市模范教职工之家"，2010 年获评"全国模范教职工之家"。认真落实

"四会两评一调研"制度，在涉及学校重大问题决策时，主动征求民主党派和党外代表人士的意见。2006 年，民盟党支部被民盟北京市委评为"先进基层组织"。侨联被评为 2008—2013 年度"北京市侨联工作先进集体"。以党建带团建，充分发挥共青团的助手和后备军作用，实践育人效果显著，连续多年获首都高校社会实践先进单位称号。2007 年获评北京高校优秀研究成果三等奖，北京高校心理健康教育工作领导重视特色奖。离退休工作多次受到上级表彰，2006 年获评"全国离退休干部先进党支部"，同年，殷虎喜获评"全国先进老干部工作者"。高度重视安全稳定工作，大力推进"平安校园"建设，构建和谐校园。

图 3-2-41 学校被授予"全国模范职工之家"称号（2010）

第三章

北京建筑大学（2013—2020）

2013 年，随着学校更名为"北京建筑大学"，标志着学校各项事业进入一个更快发展的时期。"三大工程"建设的圆满成功，为学校在新时代迈向更高目标奠定了坚实基础。在学校党委坚强领导下，全校广大师生精神振奋，同心同德，团结一致，以习近平新时代中国特色社会主义思想为指导，贯彻落实党的十八大、十九大精神，遵循"立德树人、开放创新"的办学理念和"团结、勤奋、求实、创新"的校风，秉承"实事求是、精益求精"的校训和"爱国奉献、坚毅笃行、诚信朴实、敢为人先"的北建大精神，坚决按照首都北京"四个中心"城市战略定位，全面落实北京市属高校分类办学总要求，把准高水平特色大学定位，坚持"北京味十足""建筑味十足"的办学特色，坚持内涵发展和改革创新，全面推进"提质、转型、升级"，发挥优势特色学科专业、平台和人才作用，更好地服务首都经济社会发展，向着国内一流、国际知名、具有鲜明建筑特色的高水平、开放式、创新型大学的远景目标奋力前行。

第一节　确立"提质、转型、升级"内涵式发展目标

2012 年 11 月，党的十八胜利召开，这是我国进入全面建成小康社会决定性阶段召开的一次十分重要的大会。十八大报告指出，全面贯彻党的教育方针，坚持教育为社会主义现代化建设服务、为人民服务，把立德树人作为教育的根本任务，培养德智体美全面发展的社会主义建设者和接班人，强调全面实施素质教育，深化教育领域综合改革，着力提高教育质量，培养学生创新精神。[①] 这对恰逢更名伊始的学校，具有重要的指导意义。

---

① 十八大报告文件起草组. 中国共产党第十八次全国代表大会文件汇编 [M]. 北京：人民出版社，2012：12.

　　教育部为贯彻党的十八大精神，先后制定了一系列重要决策，部署全国高校系统深入贯彻落实党中央的战略方针。主要包括三个方面的重要内容：一是深入学习贯彻习近平总书记系列重要讲话精神，加快推进教育治理体系和治理能力现代化，努力办好人民满意的教育，为全面建成小康社会、夺取中国特色社会主义新胜利提供人才保障和智力支撑；二是按照"五位一体"总体布局和"四个全面"战略布局，贯彻落实创新、协调、绿色、开放、共享的发展理念，全面贯彻党的教育方针，紧紧围绕提高教育质量这一战略主题，以立德树人为根本任务、以促进公平为基本要求、以优化结构为主攻方向、以深化改革为根本动力、以健全法治为可靠保障、以加强党的领导为坚强保证，加快推进教育现代化，为全面建成小康社会发挥关键支撑作用；三是适应经济发展新常态，全面深化综合改革，注重内涵发展，更好地为打造中国经济升级版、全面建成小康社会提供强有力的人才支撑和智力支持。①上述指示精神，对新时代背景下中国高校各项事业的建设和发展指明了方向，同时，对学校更好地把握大局方向、把准办学定位，谋划未来发展奠定了坚实的理论基础。

　　北京建筑大学是一所立足首都发展起来的建筑类工科大学，怎样办好具有鲜明建筑特色、以工为主的多科性大学，更好为首都城乡社会经济发展服务，培育德才兼备的高素质专业建设人才，这是学校始终不渝的办学初心和神圣使命，也是推动学校事业不断发展壮大的重要前提。因此，主动适应首都社会经济发展的实际需要，面向首都城乡建设主战场，发挥专业学科优势，坚持立德树人，创新发展思路，融入首都建设，这就成为北京建筑大学在构建蓝图、谋划未来当中首先需要考虑的重要方面。

　　2011年1月，《北京市国民经济和社会发展第十二个五年规划纲要》，明确提出北京"四个中心"的发展思路："全力推动人文北京、科技北京、绿色北京战略，进一步提高'四个服务'水平，努力打造国际活动聚集之都、世界高端企业总部聚集之都、世界高端人才聚集之都、中国特色社会主义先进文化之都、和谐宜居之都，推动北京向中国特色世界城市迈出坚实的步伐，努力把北京建设成为更加繁荣、文明、和谐、宜居的首善之区。"

　　尤其需要指出的是，在《北京市国民经济和社会发展第十二个五年规划纲要》中，有两个方面的内容，对学校的未来发展密切相关：一是提出了北京发展的一些重点领域和奋斗目标，如提升城市管理，城乡环境更加宜居，历史文化资源保护、传承与挖掘等；二是强化教育战略的支撑作用，指出"发挥教育

---

① 教育部. 教育部2018年工作要点［EB/OL］. 中华人民共和国教育部官网，2018-07-16.

对推动创新、培养人才的基础性作用，为国家和首都持续发展提供高端人才支撑和科技智力服务"，强调"把创新人才和高技能人才培养作为高等教育学校评价的重要因素"，明确要求"大力提升首都高等教育的人才培养、知识创新和社会贡献能力""继续支持在京高校建设世界一流大学和高水平大学，支持一批重点学科建设和科学研究""建立市属高校分类发展评价体系，引导高校科学定位、特色发展"。①

上述党中央精神、教育部相关文件以及北京市发展规划等，都为学校发展的未来远景指明了方向。学校深入学习贯彻党中央的战略部署，就如何推进下一步的发展进行了新的探索。

2013年5月16日，学校举行了隆重的"北京建筑大学"揭牌仪式。北京市委常委、市委秘书长、市教工委书记赵凤桐以及北京市各有关方面领导参加了揭牌仪式，学校师生校友共计600余人共同见证了这一历史时刻。在学校更名揭牌仪式上，北京市委教育工委副书记、北京市教委主任姜沛民发表讲话，并提出期望和要求：应在"提升质量""突出特色""服务首都""扩大影响"方面继续努力，把学校建成一所国内外都有较大影响的知名大学。学校党委书记钱军在致辞中指出，要积极响应和追寻"中国梦"的伟大号召，探寻新的"北建大梦"，努力把学校建成国内一流、国际知名的有特色、高水平建筑大学。

北建大，风雨兼程，走过了百年历程。至此，又翻开了新的历史篇章。

2013年7月，学校正式启用新版校徽，校徽设计典雅、庄重，体现着北建大的历史底蕴和人文特色：形态为圆形，以紫色为基调，图案取材于西城校区建于20世纪50年代的一座优秀建筑，显得深厚而沉稳，体现出学校严谨求实的优良传统和学风。学校经过研究，反复征求各方意见和建议，在2017年确定了包括办学理念、校训、校风、北建大精神在内的学校精神文化体系，进一步彰显了大学文化特色。2018年学校正式将北平市立高工时期的老校歌确定为校歌，接续传统，发扬光大。曲风淳朴而自然，歌词处处洋溢着工业报国的情怀和浓厚的爱国主义精神。

学校积极适应首都高等教育发展和首都城乡建设的需要，坚持"立足北京，面向全国，依托建筑业，服务城市化"，继往开来，与时俱进，不断拓宽办学视野，不断强化学科专业建设，不断提高办学质量和服务社会能力，已经成为一所以工为主，工、管、理、法、艺等学科相互支撑、协调发展的特色鲜明的多

① 北京市人民政府.北京市国民经济和社会发展第十二个五年规划纲要［EB/OL］.北京市发展和改革委员会官网，2011-06-20.

科性大学，是北京乃至国家城乡建设的重要力量。

一、跨入"省部共建"高校行列，步入新的发展时期

2015 年，学校跨入"省部共建"高校行列，标志着学校发展又迈向了新的台阶，步入新的发展时期。"省部共建"高校，是指国务院相关部委（教育部及其他国家部委）与相关省、直辖市、自治区共建高校。以建设国内一流、国际知名的高水平大学，中央部委和地方政府共同配套支持相关高校发展的战略规划。主要分为两类：第一类是教育部、地方政府以及各行业部门对国家"世界一流建设高校"和各行业领域的高水平行业特色型国家"世界一流学科建设高校"进行共建，指导这些高校扩大社会合作、强化社会服务，构建共建各方更稳固、持久的合作关系，发挥共建工作在高水平大学建设中的重要作用①。这一类主要是"211""985"高校参与建设。第二类是除地方政府与教育部之外的其他国家部委重点共建的省属大学。这些高校在某一或多个行业领域有较强的师资和科研基础，各部委加强对这些高校的支持力度，通过各部委与地方省市签署省部共建协议，积极发展强势学科，提高综合实力，目的是建设一批行业内具有巨大影响力的高水平大学。

为深入贯彻落实十八届三中全会和《国家中长期教育改革和发展规划纲要（2010—2020 年）》精神，全面实施科教兴国战略和人才强国战略，加快推进京津冀地区新型城镇化建设，促进国家和区域经济结构转型升级，基于上述背景下，2015 年 6 月，北京市人民政府与住房和城乡建设部决定共建北京建筑大学。

在《北京市人民政府、住房和城乡建设部共建北京建筑大学》的相关文件中，就共建的责任、内容、目标等方面做出了明确要求。其中，北京市为进一步推动学校发展，从 9 个方面加大支持力度，为北京建筑大学创造良好的发展环境：①继续把北京建筑大学作为北京市高等教育建设的重点，纳入本市经济建设和社会发展相关专项规划，给予重点支持和建设；②进一步整合教育资源，进行体制改革和机制创新，促使北京建筑大学在北京市高校布局结构调整、优化教育资源配置、提升北京高等教育整体水平和办学效益等方面发挥引领和示范作用；③支持北京建筑大学进一步加强"北京城市规划、建设、管理的人才培养基地和科技服务基地""北京应对气候变化研究和人才培养基地""国家建

---

① 《国务院关于印发统筹推进世界一流大学和一流学科建设总体方案的通知》国发〔2015〕64 号（2015 年 11 月 5 日）

筑遗产保护研究和人才培养基地"的建设，更好地发挥其在人才培养和科学研究中的支撑作用；④在重大科研项目评审、人才引进、学位点建设、重点学科、重点实验室、工程中心和教师队伍编制等方面对北京建筑大学予以倾斜支持；⑤支持北京建筑大学参与北京市城乡建设规划、城镇风貌特色保护、交通基础设施、城市精细化管理、房地产管理、设计咨询等领域战略研究，承担或参与有关规划编制或项目建设；⑥支持北京建筑大学"大学科技园"建设，加大政策扶持力度，在科技项目立项审批等环节开设绿色通道，依托北京建筑大学的优势学科及科技创新资源，将科技园建成面向首都城乡建设，集聚创新创业人才，扩散高新技术，实现知识创新和科研成果转化及产业化的基地；⑦支持北京建筑大学积极参与"高等学校创新能力提升计划"，加大对北京建筑大学"北京节能减排关键技术协同创新中心""首都世界城市顺畅交通协同创新中心""中国传统村落与建筑遗产保护协同创新中心"等协同创新中心建设的支持力度，争取早日建成国家重点实验室和国家级协同创新中心；⑧支持北京建筑大学继续加强建筑遗产保护、节能减排、地下工程、智慧城市、资源循环利用、生态环境保护等方面的研究，支持相关研究领域做大做强，进一步推动北京地区区域经济发展；⑨不断增加对北京建筑大学的经费投入，主要用于校园基本建设、重点学科专业、教学与科研基地等建设，特别是近几年内加大对大兴校区建设的政策支持，继续在高校基础能力建设和市属高水平大学建设方面加大经费投入，加快建设步伐，完善办学功能。①

从上述文件的阐述中，可以看到，北京市对学校的未来建设寄予了殷切希望。具体而言，主要体现在以下两个方面：

首先，进一步明确了学校的办学定位和发展方向，即人才培养基地、科学研究基地、科技服务基地，重点为北京城市规划、建设、管理培养人才，为北京城乡建设提供科技服务和研究成果。其次，推动学校积极融入北京城市发展，在北京"四个中心"建设中发挥作用，提升学校服务经济社会发展和行业发展能力，为推动北京建设和国家建筑业的更大发展提供技术人才支撑和智力支持。

同时，在文件中，住房和城乡建设部作为国家行业主管部门，为进一步推动共建，也从8个方面加大对学校的支持：①根据住房城乡建设教育事业发展需要，指导北京建筑大学完善战略发展规划和学科建设规划，进一步强化其作为"北京城市规划、建设、管理的人才培养基地和科技服务基地"和"国家建筑遗产保护研究和人才培养基地"的地位；②支持北京建筑大学进一步强化建

---

① 《北京市人民政府与住房和城乡建设部共建北京建筑大学协议书》（第一部分）

筑教育特色和学科专业发展，促进学校重点学科、特色专业、重点实验室、实践教学基地、工程技术研究中心的建设；③支持北京建筑大学实施卓越工程师教育培养计划，发挥"建设领域卓越工程师教育联盟"的平台优势，开展卓越工程师人才培养的课程体系与教学内容、师资队伍、实习实训等方面的研究，积极探索校企联合培养人才的新体制与新机制；④发挥北京建筑大学建筑学、城乡规划学、测绘科学与技术等学科专业优势，开展历史城市、村镇及古建筑的保护与发展研究，加强建筑遗产保护研究和人才培养基地建设，使之在建筑遗产保护与优秀文化传承领域发挥引领与示范作用；⑤发挥北京建筑大学土木工程、交通运输工程、管理科学与工程等学科优势，针对京津冀地区城市特点，重点开展地下空间开发与防灾减灾、结构耐久性与可靠性、既有建筑检测与加固、建筑新材料与新工艺、智慧城市建设与管理等领域的研究，为京津冀地区城乡建设提供技术保障；⑥支持北京建筑大学加快推进城市节水与水资源可持续利用、固体废弃物资源化技术与应用、绿色建筑与节能技术等研究，促进科技成果的转换推广应用，为节能减排和应对气候变化做出更大贡献；⑦支持北京建筑大学发挥师资、学科及区位优势，围绕住房和城乡建设部的重点工作和行业人才培养规划，为行业领导干部、专业技术管理人员提高业务素质和能力提供继续教育服务；⑧支持北京建筑大学发挥技术开发、成果转让、检测评价等方面的优势，承担行业和地方的工程设计与建设、科学研究和成果推广项目，与全国建设行业相关企事业单位、科研院所进行交流与合作，承办重大学术交流活动。①

从住房和城乡建设部的角度，对学校的共建提出了明确的期望和要求，主要包括以下三个方面：

第一，加强对学校行业和职业的指引和指导，推动学校在建筑业和城乡发展、环境保护、智慧城市建设与管理等方面的优势领域发挥重要示范作用，为京津冀地区城乡建设提供技术保障；第二，促进科技成果转化和利用，发挥特色专业学科优势，承担本行业和地方的工程设计与建设、科学研究和成果推广项目，为区域经济和地方发展做出更大贡献；第三，发挥专业人才培养优势，以"建设领域卓越工程师教育联盟"为平台，探索校企联合培养人才的新体制与新机制。

综合上述，北京市人民政府与住房和城乡建设部在共建文件中，从宏观形势和改革发展创新的层面，对学校提出了新期望和新要求，重点指出："北京建

---

① 《北京市人民政府与住房和城乡建设部共建北京建筑大学协议书》（第二部分）

筑大学应坚持科学发展第一要务，不断强化学校办学特色，主动适应国家新型城镇化、京津冀协同发展战略、北京"四个中心"建设等一系列改革发展的新常态，主动服务国家、北京发展战略需求，主动对接行业发展需求，着力提升学校服务经济社会发展和行业发展能力，为推动北京和建筑行业的更大发展提供技术、人才支撑和智力支持。"①

2015年10月9日，北京市人民政府与住房和城乡建设部共建北京建筑大学签约仪式在学校西城校区隆重举行，标志学校进入省部共建高校行列。

出席签约仪式的有住房和城乡建设部副部长易军、北京市委市政府的有关领导，双方主要领导共同签署了共建协议书，住建部、北京市政府办公厅、北京市教委领导以及学校师生代表共计400余人出席了这次活动。

易军副部长在讲话中指出，当前，住房城乡建设相关行业改革发展任务艰巨，迫切需要科技和人才支持，迫切需要发挥建筑类高校的人才优势和智力优势。市部共建北京建筑大学是支持北京市住房城乡建设事业发展和城乡规划、建设、管理人才培养的重要举措，是助力京津冀地区新型城镇化建设的实际行动，对于学校进一步凝聚各方共识，汇聚各方资源，加大对学校的支持，加快学校改革发展步伐，促进学校更好地服务住房城乡建设事业和北京地区经济社会发展具有十分重要的意义。住建部将认真履行协议内容，加大对北京建筑大学的支持力度，进一步提升学校的办学层次和水平。希望学校以市部共建为契机，抓住机遇、主动作为、乘势而上，力争在人才培养、科学研究、社会服务、文化传承等方面取得新的更大成绩。

学校党委书记王建中在讲话中指出，市部共建北京建筑大学为学校更好更快发展搭建了更加宽广的平台，提供了更为广阔的空间和机遇，标志着学校发展又迈上了新的台阶，步入了新的发展时期。在今后的办学中，学校将以市部共建为新起点，充分抓住新机遇，不负重托、不辱使命，按照市部共建协议各项部署，以建设有特色、高水平建筑大学为目标，凝聚全校师生员工的智慧和力量，全面深化改革，全面加强内涵建设，全面推进学校"提质、转型、升级"，以首善标准推动学校各项事业上层次、上水平，为北京建设国际一流和谐宜居之都，为推动国家新型城镇化建设，提供人才保证、智力支持和科技支撑，努力做出新的更大贡献。

根据协议，北京市人民政府将在重大科研项目评审、人才引进、学位点建设、重点学科、重点实验室、工程中心和教师队伍编制等方面对北京建筑大学

---

① 《北京市人民政府与住房和城乡建设部共建北京建筑大学协议书》（第二部分）

予以倾斜支持，继续在高校基础能力建设和市属高水平大学建设方面加大经费投入，支持北京建筑大学建设"大学科技园"、协同创新中心、重点学科专业和重点科研基地，并将学校作为北京市高等教育建设的重点，纳入全市经济建设和社会发展的专项规划。住建部将在北京建筑大学改革、发展、建设等方面给予更多的指导和帮扶，强化其作为"北京城市规划、建设、管理的人才培养基地和科技服务基地"和"国家建筑遗产保护研究和人才培养基地"的地位，发挥其在建筑遗产保护与优秀文化传承领域发挥引领与示范作用。进一步强化建筑教育特色和学科专业发展，促进学校重点学科、特色专业、重点实验室、实践教学基地、工程技术研究中心的建设，支持学校发挥在技术开发、成果转让、检测评价等方面的优势，承担行业与地方的工程设计与建设、学科研究和成果推广项目。

与此同时，学校为贯彻落实《京津冀协同发展规划纲要》精神，加快推进高水平人才培养基地和高端智库的建设，签约仪式上还同时举行了北京建筑大学研究生院揭牌仪式。

学校研究生院的成立，是按照《京津冀协同发展规划纲要》和北京市贯彻意见要求，落实北京非首都功能疏解要求，更好统筹两校区发展的重要举措，是学校根据纲要精神和市委市政府的部署要求，确定的"大兴校区建成高质量本科人才培养基地，西城校区建成高水平人才培养和科技成果转化、产学研协同创新基地"的"两高"发展布局的成果体现。

签约仪式和揭牌活动结束后，与会领导和嘉宾还参观了学校重要的研究中心与科研平台：包括代表性建筑与古建筑数据库教育部工程研究中心，现代城市测绘国家测绘地理信息局重点实验室，城市雨水系统与水环境省部共建教育部重点实验室，供热、供燃气、通风及空调工程北京市重点实验室和工程结构与新材料北京市高校工程研究中心。

市部共建这一重大举措，既是学校更名后进入新的更快发展阶段的重要标志，也是学校即将迎来一个新的发展机遇期的重大标志。

二、编制"十三五"规划，引领学校发展

进入省部共建高校行列之后，学校开始了谋划、编制"十三五"规划的工作，站在新的历史起点，围绕"建设什么样的北建大"和"怎样建设北建大"这一关键问题，在学校党委的坚强领导下，集思广益，深入研讨，广泛调研，结合正在扎实推进党的群众路线教育实践活动，全校上下掀起"建设有特色、高水平建筑大学"大讨论，聚焦问题，统一思想，明确方向，全面启动"十三五"发展规划编制和综合改革方案推进工作。

"十二五"时期，学校紧紧围绕国家城乡建设的重大需求和北京经济社会发展需要，以"更名工程、申博工程、大兴校区建设工程"为主要抓手，深入实施"质量立校、人才强校、科技兴校、开放办校"四大战略，大力推进"学科振兴计划"等六大计划，顺利完成了"十二五"规划确定的主要目标和任务，实现了更名北京建筑大学、获批服务国家特殊需求"建筑遗产保护理论与技术博士人才培养项目"、初步建成大兴校区、荣获国家级教学成果奖、国家级科技奖励、北京市党建先进校等六大突破，以北京市与住房和城乡建设部共建北京建筑大学为重要标志，学校的办学实力、核心竞争力和社会影响力进一步提升，为学校"十三五"时期的发展奠定了坚实的基础。

学校"十三五"规划认真贯彻党的十八大和十八届三中、四中、五中全会精神，贯彻落实习近平总书记系列重要讲话精神以及对北京工作的重要指示精神，按照"四个全面"战略布局，坚持"创新、协调、绿色、开放、共享"发展理念，贯彻落实中央城市工作会议精神，按照市委市政府统一部署要求，准确把握和紧密结合当前我国高等教育发展趋势，紧紧围绕服务北京"四个中心"城市战略新定位和建筑业转型升级新要求，坚持中国特色社会主义办学方向，在思想上、政治上、行动上和党中央保持高度一致。学校"十三五"规划遵循教育发展规律和高校办学规律，紧密结合学校发展实际，符合学校现阶段发展特征，目标任务明确，战略思路清晰，举措针对性和可操作性强，是指导学校"十三五"时期科学发展的行动指南。在规划编制过程中，全校上下深入调研，反复论证，广泛听取了广大师生以及校友、企事业单位和上级部门的意见和建议，专门征求了民主党派代表以及学校老领导的意见，经过学校教代会、学术委员会的审议，充分体现了学校依法治校、科学决策、民主管理的要求，凝聚了全校之智，汇集了全校之力，绘制了学校"十三五"发展蓝图。规划的编制进一步统一了全校师生的思想，起到了凝心聚力的作用，从顶层设计入手，增强了各级干部战略思维能力和全局意识，有力地促进了学校的提质转型升级，为学校"十三五"时期上层次、上水平打下了坚实的基础。

经过一年多的充分调研、反复论证，学校"十三五"规划编制工作圆满完成。其中，包括1个总规划、9个分项规划以及各二级学院规划。

从整体而言，学校的"十三五"规划贯彻落实五大发展理念，紧紧抓住学校未来发展的重大机遇，着力服务首都北京新定位、服务国家建筑业转型升级，确立了"建设国内一流、国际知名、具有鲜明建筑特色的高水平、开放式、创新型大学"建设目标，以及"大兴校区建设高质量本科人才培养基地，西城校区建设高水平研究生培养、科技协同创新和科技成果转化基地"的"两高"办学布局。全校师生员工进一步明确了学校发展的阶段特征和面临的形势，以及存在的短板和下一个阶段的发展目标，统一思想认真，明确了前进方向，为全面实施"六大工程""六大计划"，实现学校"十三五"良好开局奠定坚实的基础。

从"十三五"规划的重点内容而言，具有以下三个方面的特点。

第一，全面回顾和总结了学校近年来所取得的成绩，尤其是围绕"十二五"规划各项任务和建设目标完成情况，在学科专业、师资队伍、人才培养、科技创新、社会服务、校园建设、管理服务、党建和思想政治工作等方面的成就，为编制新的五年规划奠定了坚实基础。同时，分析和展望了目前形势和发展机遇，找到存在的不足和各项短板，明确下一步的奋斗方向。

第二，明确发展理念与战略构想，学校发展方针和办学定位更加清晰准确。推进学校"提质、转型、升级"，实现由教学型大学向教学研究型大学转型，为实现"国内一流、国际知名、具有鲜明建筑特色的高水平、开放式、创新型大学"远景战略目标而奋斗；全面落实党的教育方针，坚持立德树人，以为北京市乃至全国城乡建设培养拔尖创新人才和提供智力支撑为学校使命，围绕服务首都北京新定位，服务国家建筑业转型升级，秉持现代鲁班精神，坚持培养造就"古都北京的保护者、宜居北京的营造者、现代北京的管理者、未来北京的设计者、创新北京的实践者"的人才定位。

同时，强调全面落实"创新、协调、绿色、开放、共享"的发展理念，即以创新发展激发办学活力，推进创新型大学建设；以协调发展优化办学结构，推进学校与区域经济社会和建筑业发展需求相协调；以绿色发展提升办学品质，为国家生态文明建设提供新支撑；以开放发展拓展办学资源，加强科教结合、产学融合，推进与科研院所、行业企业协同创新、协同育人，坚持国际化办学，实施"走出去"战略，提升国际化办学水平；以共享发展汇聚办学合力，办好人民满意的大学，突出师生主体地位，关心职工利益，把改革发展成果体现在改善师生学习生活条件、拓展成长成才空间上，使师生拥有更多的获得感和成就感。

第三，"十三五"规划的一个重点，也是一大亮点，就是提出了学校的发展战略、阶段步骤以及实施计划、推进举措、保障措施。

"六大发展战略"包括：①质量立校战略：坚持高标准办学，把质量建设作为学校改革发展最核心任务，始终贯穿于人才培养、科学研究、社会服务、文化传承创新各项工作；②人才强校战略：牢固树立"人才是学校第一资源"的理念，创新改革人才引进、培养、管理与激励机制，建立一支高水平的人才队伍；③创新领校战略：推动科技创新，加强创新团队和科技创新平台建设，把创新创业教育融入人才培养体系；④特色兴校战略：聚焦城市设计、建筑遗产保护、智慧城市、绿色城市、绿色建筑等特色领域，整合学科资源，优化学科布局，做强优势特色学科专业，突出人才培养特色，创建具有鲜明建筑特色的创新型大学；⑤信息助校战略：加强信息化建设，建设智慧校园，适应"互联网+教育"带来的挑战，推动信息化与教育教学、科研创新的深度融合，推进卓越管理，提高服务品质，努力创建现代信息化大学；⑥开放办校战略：强化开放办学，加强与政府、企业和社会团体合作，完善国际交流合作，扩大国际合作办学、合作科研，推进协同创新、协同育人，努力提升办学国际化水平。这一战略构想，站位高远，立足实际，为学校发展构建了顶层设计和战略谋划。

远景战略目标为：建设"国内一流、国际知名、具有鲜明建筑特色的高水平、开放式、创新型大学"；按照"三步走"发展路径，大力推进一流学科建设，完成由教学型大学向教学研究型大学转型，实现两校区办学"两高"布局，学科建设水平、人才培养质量、科技创新能力、服务社会能力以及国际化、信息化、大学文化建设和管理服务水平有较大提升；办学实力、核心竞争力和社会影响力显著提升；到2036年，初步实现"国内一流、国际知名、具有鲜明建筑特色的高水平、开放式、创新型大学"远景战略目标，为2049年中华人民共和国成立100周年时全面实现奠定坚实的基础。①

为此目标，学校提出了"六大工程"和"六大计划"。

实施"六大工程"，引领方向：

1. "两高"校园建设工程：统筹谋划大兴校区和西城校区的规划设计和建设管理，推进两校区协同发展，大兴校区建成高质量本科人才培养基地，西城校区建成高水平研究生培养、科技协同创新及成果转化基地。

2. 一流学科建设工程：以建设博士学位授权单位和建筑学、土木工程、环境科学与工程、测绘科学与技术一级学科博士学位授权学科为建设重点，建设具有鲜明建筑特色的学科生态体系。

3. 高端平台建设工程：以北京"未来城市设计高精尖创新中心"为核心，构建科技协同创新体系和成果转化基地；以大型多功能振动台阵实验室等高层次科技平台建设为重点，构建特色研究中心（院、所）；推动科技水平提升和成果转化，保障科技平台、创新团队、人员队伍可持续发展。

---

① 《北京建筑大学教育事业发展"十三五"规划》（2016—2020年），第14页。

4. 创新人才培养工程:以提升人才培养质量为核心,以创新创业教育为突破口,更新教育理念和管理观念,发挥学校学科专业特色优势,创新人才培养模式,优化人才培养方案,加强通识教育,强化实践育人特色,营造优良育人环境,大力培养拔尖创新人才。

5. 卓越管理服务工程:深入推进综合改革,大力加强现代大学制度建设和学校治理能力建设,全面实施"卓越管理行动计划",着力推进学校治理体系和治理能力的现代化。

6. 全面从严治党工程:贯彻落实全面从严治党各项要求,全面加强党的建设,强化落实从严治党主体责任,强化基层党组织建设,构建全面从严治党新体系,不断增强党组织的创造力、凝聚力、战斗力,使党的各级组织成为引领学校科学发展的坚强核心。

实施"六大计划",重点推进:

1. 高端人才引育计划:以高层次人才队伍建设为重点,加大高端人才引进培养力度,通过培养、支持和引进等各种举措,努力造就一支在专业行业具有较高影响力和竞争力的一流师资队伍。

2. 育人质量提升计划:适应教学研究型大学转型要求,适应工程教育认证要求,创新"通识教育+专业教育+双创教育"三位一体的人才培养,促进科教融合,强化创新训练和工程实践,加强教育信息化,完善质量监测和评估考核,全面提高人才培养质量。

3. 双协同推进计划:推进协同创新、协同育人,加强科研机构和行(企)业深度合作,围绕国家培养高层次创新人才目标,深化科教融合,建立资源共享、优势互补、共同发展的长效机制。

4. 国际化拓展计划:树立国际化办学理念,系统构建国际化办学体系,建立可持续工作机制,打造国际合作交流品牌,推动国际化办学与人才培养、科学研究、学术交流、师资队伍建设等深度融合,全面提升办学国际化水平。

5. 大学文化提升计划:强化大学文化建设内涵,培育特色鲜明大学精神,创新大学文化建设体制机制,建设系列文化艺术场馆,提升两校区校园环境品位,打造文化景观,发挥环境育人功能,大力推动文化传承创新。

6. 中国梦和社会主义核心价值观引领计划:加强思想政治教育工作,强化意识形态主体责任,构建培育和践行社会主义核心价值观长效机制,加强思想政治理论课和网络舆论阵地建设,创新教育载体和方式,提高思想政治教育针对性和实效性,以"中国梦"凝心聚力,引领全校师生推动学校发展,为实现"两个一百年"奋斗目标做出更大贡献。

　　根据"十三五"规划总体建设目标、发展战略，学校围绕学科建设、队伍建设、人才培养、科学研究、社会服务和文化传承创新等方面，按照"建设目标"和"专项任务"两大类别，以实施"六大工程"和"六大计划"为载体，分别构建以学科建设为龙头，以师资队伍建设、人才培养、科学研究与社会服务、对外交流与合作等工作为重点，以党的建设、"两高"布局建设、文化建设、"智慧北建大"建设为支撑的共计九大项工作任务体系，全力推进学校发展目标的实现。

　　同时，为落实上述工作任务和奋斗目标，学校制定各项保障措施。在"全面深化改革""优化资源调控""完善组织体系"等各个方面，为"十三五"规划保驾护航。

　　随着"十三五"规划编制工作的完成，学校进入一个新的发展阶段，学校党委发出号召，要求各级党组织、全体共产党员和广大师生员工进一步把思想和行动统一到学校"十三五"发展规划上来，以高度的使命感和责任感，牢固树立政治意识、大局意识、核心意识和看齐意识，把握正确的办学方向，践行五大发展理念，增强进取精神和担当精神，大胆创新实践，确保学校"十三五"事业发展开好局、起好步，为实现学校建设"国内一流、国际知名、具有鲜明建筑特色的高水平、开放式、创新型大学"的远景目标而努力奋斗。

三、学校召开更名大学后的第一次党代会

　　2017 年 10 月 18 日，党的十九大在北京胜利召开，这是全面建成小康社会决胜阶段、中国特色社会主义发展关键时期召开的一次十分重要的大会。党的十九大做出中国特色社会主义进入了新时代、我国社会主要矛盾已经转化为人民日益增长的美好生活需要和不平衡不充分的发展之间的矛盾等重大政治论断，对教育提出了新要求，在十九大报告中，强调建设教育强国是中华民族伟大复兴的基础工程，要求全面贯彻党的教育方针，落实立德树人根本任务，发展素质教育，推进教育公平，培养德智体美全面发展的社会主义建设者和接班人。要求以培养担当民族复兴大任的时代新人为着眼点，发挥社会主义核心价值观对国民教育、精神文明创建、精神文化产品创作生产传播的引领作用。① 这些重要论述，为学校在未来的发展和建设指明了前进方向。

　　2017 年 12 月 26 日，在全国上下深入学习宣传贯彻党的十九大精神之际，

---

① 刘延东. 深入学习贯彻党的十九大精神 全面开创教育改革发展新局面 [J]. 中国校外教育，2018（7）：1-5.

中国共产党北京建筑大学第一次党员代表大会胜利召开。

图 3-3-1 北京建筑大学召开第一次党代会（2017）

这次会议是在学校全面贯彻落实党的十九大精神，深入推进提质转型升级发展的关键时期，召开的一次十分重要的大会。学校党委书记王建中作了题为《以党的十九大精神为指引，加快建设国内一流、国际知名、具有鲜明建筑特色的高水平、开放式、创新型大学》的工作报告。报告深入总结了学校上次党代会以来七年所取得的成绩，明确了学校新时代肩负的历史使命与所处的历史方位，做出了落实立德树人根本任务，全面推进学校内涵发展、特色发展和创新发展，扎根中国大地办好社会主义大学，全面开创党建和思想政治工作新局面的重要部署，发出了开启建设国内一流、国际知名、具有鲜明建筑特色的高水平、开放式、创新型大学新征程的重要号召，体现了学校党委管党治党、办学治校的强大决心，对北京建筑大学新时代改革发展稳定具有纲领性的指导意义。

大会重点强调："学校的办学定位、人才培养目标、办学模式、学科专业布局等涉及学校整体发展的要素都将发生新的变化。"因此"质量特色创新是新发展阶段的本质特征，提质转型升级是新发展阶段的根本要求，学校各方面工作都需要跃升到新的标准和新的境界"。大会进一步明确，新的发展阶段，学校必须坚守和突出强化建筑类大学的行业特色，必须坚守和突出强化重视实践、推崇创新、面向应用的人才培养特色，必须坚守和突出强化以工科为主，理、管、法、艺等学科协同支撑发展的学科布局，继承和发扬学校的优良传统，必须坚守和突出强化服务首都城市战略定位核心使命，进一步强化优势特色，坚定不移地走内涵发展、特色发展、创新发展的道路，扎根中国大地，办好社会主义大学。

大会提出，通过不懈努力，未来五年，要全面建成教学研究型大学，实现"两高"办学布局目标，进入北京市高校"双一流"行列，为向学校远景发展目标进军奠定坚实的基础；到 2035 年，基本建成"国内一流、国际知名、具有鲜明建筑特色的高水平、开放式、创新型大学"；到 21 世纪中叶，在中华人民共和国成立 100 周年之际，全面实现学校远景发展目标。

大会报告对今后五年的主要任务进行了部署，强调新的发展阶段，建设高水平大学必须明确和坚持学校的办学使命和人才培养目标，坚持服务首都城市战略定位，服务国家城乡建设发展，服务人类和谐宜居福祉。大力培养知识、能力、素质协调发展，具有社会责任感、实践能力、创新精神和国际视野的建设领域高级专业骨干和领军人才；必须继承和弘扬北建大精神，始终坚持"立德树人、开放创新"办学理念，秉持"实事求是、精益求精"校训，发扬"团结、勤奋、求实、创新"校风，弘扬"爱国奉献、坚毅笃行、诚信朴实、敢为人先"北建大精神；必须深入实施质量立校、人才强校、创新领校、特色兴校、信息助校、开放办校"六大战略"；必须重点推进"两高"校园建设工程、一流学科建设工程、高端平台建设工程、创新人才培养工程、卓越管理服务工程、全面从严治党工程"六大工程"，以及高端人才引育计划、育人质量提升计划、双协同推进计划、国际化拓展计划、大学文化提升计划、"中国梦"和社会主义核心价值观引领计划"六大计划"。要坚持改革创新，深化学校治理体系、人才培养体系、人事制度、学科和科研体制、资源配置模式等重点领域的改革，构建国际合作交流新格局，优化校园空间布局，扎实推进内涵式发展和"双一流"建设。

大会选举产生了中国共产党北京建筑大学第一届委员会和中国共产党北京建筑大学第一届纪律检查委员会。党委委员 24 名，党委常委为王建中、白莽、吕晨飞、孙冬梅、孙景仙、李爱群、张大玉、张启鸿、张爱林、黄京红，王建中任党委书记。纪委委员 7 名，黄京红任纪委书记。

四、建立"三大新型机构"，汇聚资源，推进发展

2020 年一场新冠肺炎疫情蔓延波及全国。面对疫情防控的形势，经过了 2020 年春季大规模的在线教育，学校一手抓疫情防控，一手抓教学科研秩序恢

复，开始了化危为机的创新探索。学校根据《中国教育现代化 2035》《北京城市总体规划（2016—2035 年）》《首都功能核心区控制性详细规划（2018—2035 年）》新要求，聚焦立德树人根本任务，发挥学科优势和专业特色，提升服务首都"四个中心"建设能力，引燃三台事业发展"发动机"。

三个新型机构面向世界科技前沿和国家重大需求，围绕服务首都"四个中心"功能定位，着眼于落实立德树人根本任务，以政治建设为统领推动政治生态与创新生态互育共进，提升学校科技创新硬实力、文化软实力和国际化水平，成为学校未来发展的新引擎。2020 年 7 月 12 日，学校召开"三大新型机构"成立大会暨学校战略发展咨询会。中国工程院院士、教育部科学技术委员会主任、教育部原副部长赵沁平，国务院参事、住建部原副部长仇保兴，故宫博物院原院长、中国文物学会会长单霁翔，全国政协常委、副秘书长兼提案委员会副主任、九三学社第十四届中央委员会副主席赖明，国家教育咨询委员会委员、国务院学位委员会委员钟秉林，中国工程院院士、清华大学副校长尤政等专家领导应邀出席会议，共同为学校战略发展问诊把脉、出谋划策。

图 3-3-2　学校成立三个新型机构（2020）

科学技术发展研究院（简称"科发院"）把握国家、首都北京和建筑业发展形势，强化服务首都北京城市战略定位和国家建筑业发展，聚焦北京全国科技创新中心建设、北京城市副中心建设、雄安新区建设、京津冀一体化协同发展等重大战略和"一带一路"倡议等重大机遇，聚力优势学科方向，创新驱动城乡建设科技快速发展，打造面向世界的城乡规划建设管理人才培养中心、建筑科技创新中心和建筑大数据研究中心，全方位提升学校科技硬实力。科发院除科研管理服务机构外，设有长城文化研究院、遗产保护与城市更新研究院、城市设计研究院、土木工程与绿色建造研究院、环境与生态修复研究院等研究院所。揭牌仪式上，《北京建筑大学面向未来城市的科技创新研究计划（2020—2035）》正式发布，提出城市设计与建成遗产保护、绿色建造与建筑工业化、生态修复与能源资源循环利用、智慧城市与精细管理、城市治理政策与制度创新五大计划，36个研究方向，内容涉及北京城乡建成遗产保护与利用、健康环境设计、现代工程结构防灾减灾、地下空间开发与应用等问题。

国际化发展研究院（简称"国发院"）旨在服务北京国际交往中心功能建设，提升北京建筑大学国际化办学水平、科研创新能力、国际影响力。国发院将实施国际创新平台、国际合作网络、国际人才培养三大发展计划。打造"1+N"个高端国际创新中心，以"一带一路"城市国际化创新中心为核心，打造建筑遗产保护国际创新中心、未来水技术国际创新中心、城市时空信息国际创新中心、防灾减灾国际创新中心、医疗建筑多学科国际创新中心、新能源国际创新中心、寒区工程国际创新中心等多个高端国际创新中心，推进国际科技合作、成果孵化与产业转化、技术与产品输出和培训。

文化发展研究院（简称"文发院"）发挥建筑文化研究特色，致力成为文化领域的研究高地与智库机构，建设学术研究与文化交流的重要平台，围绕北京老城改造、胡同街区及四合院保护、中轴线、长城文化带、北京水文化、北京古桥遗产保护等方面，发挥智库专家作用，开展对策咨询研究，为北京城市发展资政建言。文发院围绕"北京文化遗产保护与活化利用、北京红色建筑文化、建筑文化的理论与方法、北京文化发展战略研究、建大精神与文化形象展示"五大发展方向，注重科技与人文的交叉融合、融入北京"四个中心"建设，搭建服务北京文化发展的平台，培育建筑文化新思想，筑牢百年老校文化根基，为首都建设全国文化中心提供学理支撑与对策建议，做建筑文化新思想的倡导者、传播者和推动者，为学校高质量内涵发展提供精神动力源。

党委书记姜泽廷表示，要通过组建三个新型机构，推动形成政治生态、创新生态互育共进的良好格局，不断提升北建大科技创新硬实力、立德树人软实力和办学治校治理能力。要把北建大"北京味十足""建筑味十足"的办学特色凝聚在"十四五"期间，打造城市规划建设管理领域高层次人才培养基地、科技创新基地、国际交流合作基地和大数据基地。要坚持以"三个有利于"思考问题、指引发展：一要有利于更好地完成立德树人的根本任务，强化文化引领，厚植文化底蕴，增强学校文化软实力，营造富有文化情怀的良好育人环境；

二要有利于融入首都北京"四个中心"建设，找准突破点，增强公信力，依托具体科研项目，充分发挥专业特色，解决好北京城市规划建设管理面临的"卡脖子"问题；三要有利于疫情防控常态化工作，要从供给端对教学科研模式进行结构性的改革创新，探索常态化疫情防控条件下的教学科研新模式。

第二节　实施"质量立校"，人才培养质量显著提升

学校更名后，紧紧围绕人才培养这一核心任务，全面实施"质量立校"战略，深入落实"两高"办学布局，落实"把大兴校区建成高质量本科人才培育基地"战略决策，在大兴校区加大教学经费投入，大幅度提升和更新多媒体教室、实验室、教学设备、教务信息系统以及图书资料等教学基础条件的水平。同时，不断深化人才培养改革，创新人才培养模式，加强专业内涵建设，优化专业布局，强化实践育人环节，健全质量保障机制。经过"十二五"和"十三五"期间的不断建设，获得一系列标志性的教育教学成果，学校的人才培育工作成绩显著。

一、更新观念，规划引领，打造高质量、创新型人才培育体系

"十三五"和"十四五"时期是决胜全面建成小康社会的关键时期，首都北京发展也站在了新的历史起点上。作为北京市唯一的建筑类高校和住建部、北京市共建高校，也面临国家、京津冀建筑业和城镇化建设转型升级的重点发展机遇期，学校步入了全面提质转型升级的关键时期，迈进了建设国内一流、国际知名、具有鲜明建筑特色的高水平、开放式、创新型大学新的发展阶段，对学校的人才培养目标、类型、层次、质量提出了新的要求。为此，在完成"十二五"规划基础上，继续发展，在谋划"十三五""十四五"发展蓝图的过程中，首先进一步解放思想，统一认识，以人才培育为中心，深化教学改革，坚持质量立校，以创新专业教育为重点，在培育模式、培育计划、实践能力、特色专业建设等方面，构建起新的规划格局和培育体系。

2015 年 10 月，学校第十二次本科人才培养工作大会对此进行了工作部署。此次会议是在学校成功更名后，加快推进"提质、转型、升级"的发展策略，以及编制"十三五"规划的关键节点召开的。会议主题是：研究并部署构建有特色、高水平、创新型大学的人才培养体系。校长张爱林作了题为《总结特色经验，把准目标定位，创新机制模式，科学制订好北京建筑大学"十三五"人

才培养规划》的主题报告，提出面向未来发展趋势，优化专业设置，强化特色优势，走内涵发展之路；大力创新体制机制，推进科教融合，提高学生工程实践能力、科技创新能力和创业服务能力。李爱群副校长作了题为《本科人才培养综合改革实施意见》的主题报告，提出全面实施"本科生人才培养质量提升工程"，通过教风学风建设、专业课程建设、教师教学能力提升、协同育人创新、校院两级管理、教学资源信息服务六大方面以及15项举措，实现学校"十三五"人才培养综合改革的建设目标，推进学校教学型大学向教学研究型大学转型。

2015年6月，学校成为住房与城乡建设部和北京市人民政府省部共建高校，为学校本科人才培养搭建了更广阔发展平台。7月，学校与天津城建大学、河北建筑工程学院共同签署协同创新战略合作协议，成立"京津冀建筑类高校协同创新联盟"，学校人才培养双协同模式初具雏形。

图3-3-3　学校牵头建立"京津冀建筑类高校协同创新联盟"（2015）

2016年6月，学校的"十三五"规划编制完成。专门就人才培育问题，提出"创新人才培育工程"：以提升人才培养质量为核心，以创新创业教育为突破口，更新教育理念和管理观念，发挥学校学科专业特色优势，创新人才培养模式，优化人才培养方案，加强通识教育，强化实践育人特色，营造优良育人环境，大力培养拔尖创新人才。同时，制订"质量育人提升计划"和"双协同推进计划"，并加以具体落实。其内容包括：

为适应教学研究型大学转型要求，适应工程教育认证要求，加强专业建设，提高生源质量，创新"通识教育+专业教育+双创教育"三位一体的人才培养新模式，强化创新训练和工程实践，完善学分制体系建设，提高教师人才培养能力和水平，加强教育信息化建设，完善质量监测和评估考核体系，提升学生就业创业能力，全面提高人才培养质量；同时，大力推进"协同创新、协同育人"培养机制，加强科研机构和行（企）业的深度合作，围绕培养高层次创新人才目标，深化科教融合，促进密切配合，建立资源共享、优势互补、共同发展的长效机制，推动人才培养质量提高。

二、落实"质量立校"战略，突出创新意识，推进改革措施，建设教学研究型大学

2016 年至 2017 年，学校按照"十三五"规划的目标和任务，以迎接教育部本科教学工作审核评估为契机，以评促建、评建结合，从以下六个方面入手，采取有力措施，推动高质量人才培养工作迈上了一个新台阶。

1. 优化人才培养方案和学科专业结构。按照教学研究型大学的要求，重新制定新版人才培养方案，构建有特色、高水平、创新型大学人才培养体系。2016 年，形成"通识教育+专业教育+双创教育"人才培养机制，按照"三增、三减、三优化"原则，开展新一轮教育教学改革，编制《2016 版人才培养方案》，启动"大师驻校计划"；学校成立"创新创业学院"和"通识教育中心"，统筹协调，共同推进；加强"知识、能力、素质"三位一体课程体系建设，强化核心课程和在线课程建设，加大通识教育的力度和水平，把创新创业教育全面融入教育教学全过程；推进工科类专业全部完成工程教育专业认证。开展适应未来城市发展的专业体系建设，推动"互联网+绿色建筑+智慧城市"在线开放课程平台建设。

2. 加大课堂教学改革力度，推进"一人一教改"计划。以教学评估工作为切入点，以评促建，提高全面质量标准。加强教学督导评价工作，建立系统完善的教学质量监控和评价体系；建立适应学分制的教学管理模式，深化新版人才培养方案配套管理改革，加大落实力度；加强实验班内涵建设。加大教育教学信息化建设力度，建成高水平课程中心，积极推广慕课、翻转课堂等教学新模式。

3. 加强"招生–培养–就业"联动机制建设。探索本科生专业大类招生模式，完善高考改革的录取机制，建立专业预警和动态调整机制。稳步提升生源质量，加大学生就业指导工作力度，大力提升学生的就业质量和水平。

4. 创新人才培养模式。建设服务行业需求的卓越人才培养平台，开展校企合作、协同育人"USPS计划"，依托专业开展特色教学，强化建筑学专业"大师实验班""土木英才实验班""环境类创新人才实验班"等实验班建设。2011年，学校被教育部批准为"卓越工程师教育培养计划"试点校，为上述实验班建设创造了更高的平台；2014年7月，"首届中国高等建筑教育高峰论坛"在学校举办，宣布成立"中国建筑领域卓越工程师教育联盟"，学校成为首批成员单位，该联盟包括了27所大学和14家企业，其宗旨是联合高校、企业和行业协会等各方力量，建立校企合作育人机制，搭建创新型工程人才培养平台。2017年，又获得推荐优秀应届本科毕业生免试攻读研究生资格高校，为培养优秀本科生提供了广阔空间。

图3-3-4 学校牵头建立"建设领域土建类专业卓越工程师教育校企联盟"
（2014）

5. 积极推进素质教育和创新创业教育。完善"通识教育"体制机制及课程体系建设，提高学生人文素养。从2016年之后，构建"通识核心课"专题模块，形成"课堂+讲座+实践"为特色的通识教育体系；以"最爱学生的大学"为理念，引领"三全育人"工作体系建设；构建"面向群体、分类施教"培养体系，建立健全创新创业教育指导机制，培育创新创业师生团队。2017年至2019年，学校获得"挑战杯""创青春"等一系列代表性奖项。

6. 加强一流专业建设。以北京市一流专业建设为契机，优化专业设置、强化专业特色、提升专业建设水平。学校坚持分层分类、合理布局，一方面加强优势专业建设力度，推进形成一批国内一流的强势专业、行业一流的急需专业、新兴交叉复合的品牌专业。另一方面推动工科类专业工程教育专业认证力度，扩大专业国家认证覆盖面，通过不断深化产教融合、校企合作、协同育人，推动传统工科专业改造升级，新工科教育探索和实践取得显著提升。

经过近几年的不断努力，学校有一大批强势优势专业跻身一流专业，分别进入"国家级一流专业建设点"、"国家级特色专业"以及"北京市级一流专业建设点"和"特色专业"行列。

三、人才培养工作取得一系列标志性成果

第一，顺利完成本科教学工作审核评估任务，并取得丰硕的教学成果。2014 年，学校汤羽扬等人共同完成的教学成果《注重中国优秀文化传承的建筑学专业人才培养体系研究与实践》，获得第七届国家级教学成果奖一等奖，本次获奖是全国建筑学领域内第一个国家级教学成果一等奖。同时，在"十三五"期间，共获得 23 项省部级教学成果奖，显示了学校多年来在建筑学专业人才培养领域所取得的卓越成就，标志着学校在综合办学水平和人才培养质量方面的发展。（见表 3-3-1）

表 3-3-1　2012 年以来学校获得省部级教学成果奖一览表

序号	奖励类别	获奖等级	获奖成果名称	主要完成人	获奖年度
1	国家级教学成果奖	一等奖	注重中国传统文化传承的建筑学专业人才培养体系研究与实践	汤羽扬、朱光、胡雪松、吴海燕、刘临安、欧阳文、金秋野、李雪华	2014 年
2	北京市教学成果奖	一等奖	以创新思维为引导的虚拟仿真建筑设计教学体系研究与实践	马英、刘临安、邹积亭、邹越、刘博、欧阳文、俞天琦、陈霞妹	2018 年
3	北京市教学成果奖	一等奖	贯穿"工程设计思维"的机械类递进式创新人才培养模式探索与实践	杨建伟、秦建军、朱爱华、张军、孙建民、王跃进、周庆辉、周素霞、谢贻东	2018 年
4	北京市教学成果奖	一等奖	多校联合、协同共享，探索地方高校卓越工程人才培养新机制	王兴芬、金春华、邹积亭、王景中、戴波、李子臣、肖念、白菁	2018 年

续表

序号	奖励类别	获奖等级	获奖成果名称	主要完成人	获奖年度
5	北京市教学成果奖	二等奖	以田径运动为载体，构建高校复合型人才可持续培养模式的研究与实践	胡德刚、康钧、李林云、肖洪凡、杨慈洲	2018年
6	北京市教学成果奖	二等奖	计算思维先进理念引领的计算机专业创新人才培养体系的研究与实践	赵春晓、马晓轩、魏楚元、魏东、钱丽萍、刘亚姝、张琳	2018年
7	北京市教学成果奖	二等奖	紧握时代脉搏，开展图学特色资源建设，提升工科学生建筑文化素养	杨谆、王少钦、张长伦、李春青、焦驰宇、刘晓然	2018年
8	北京市教学成果奖	二等奖	锻造大国工匠——"工程技术综合能力"培养的研究与实践	金秋野、胡雪松、李春青、欧阳文、王韬、刘烨、李煜、郝石盟	2018年
9	北京市教学成果奖	二等奖	多层次工程能力及创新能力人才培养体系建设与实践	罗德安、黄鹤、吕书强、丁克良、邱冬炜、周命端、李学芳	2018年
10	北京市教学成果奖	二等奖	全产业链式复合创新型工程造价人才培养体系的研究与实践	周霞、王炳霞、戚振强、张宏、赵金煜、张俊、陈雍君、郝迈	2018年
11	北京市教学成果奖	二等奖	"融合联动、五位一体"创新创业教育教学模式的建设与实践	王建中、吕晨飞、邹积亭、朱静、李雪华、姜军、吴海燕、卫巍	2018年
12	北京市教学成果奖	二等奖	卓越引领，多元协同，构建以学生为中心的创新实践型人才培养体系	李爱群、邹积亭、李俊奇、吴菁、胡雪松、韩淼、冯翠敏、倪欣、逄宁	2018年
13	北京市教学成果奖	一等奖	"行业导向，教科融合，强化工程"——土建类人才培养综合改革的实践与探索	朱光、吴海燕、李雪华、王锐英、吴建国	2013年

续表

序号	奖励类别	获奖等级	获奖成果名称	主要完成人	获奖年度
14	北京市教学成果奖	一等奖	数学类课程在工科院校创新人才培养中的作用研究与实践	宋国华、郑连存、崔景安、张艳、申亚男、窦家维	2013 年
15	北京市教学成果奖	一等奖	注重中国文化传承的建筑学专业创新人才培养体系的探索与实践	汤羽扬、胡雪松、刘临安、欧阳文、金秋野	2013 年
16	北京市教学成果奖	一等奖	基于"水质水量并重"的给水排水工程专业人才培养模式探索与实践	张雅君、冯萃敏、许萍、王俊岭、曹秀芹	2013 年
17	北京市教学成果奖	一等奖	"多校企联合，资源共享"的工程训练示范中心建设的创新与实践	吴波、刘华、隋金玲、李合增、张剑锋、赵志强、邹积亭	2013 年
18	北京市教学成果奖	二等奖	应用型测绘人才实践创新能力培养改革与实践	陈秀忠、王晏民、杜明义、邱冬炜、靖常峰	2013 年
19	北京市教学成果奖	二等奖	秉承实践育人理念，强化工程能力培养——施工教学系列改革与实践	穆静波、王亮、廖维张、杨静、侯敬峰	2013 年
20	北京市教学成果奖	二等奖	普通高等工科院校体育教育模式改革促进人才培养的研究与实践	杨慈洲、康钧、施海波、孙瑄瑄、朱静华	2013 年
21	北京市教学成果奖	二等奖	全渗透参与式主动性学习的工程管理人才培养教学与实践体系	赵世强、张俊、陶庆、张宏、孙强	2013 年

第二，利用两大"培育平台"，推进教科融合与校企合作，形成协同育人新模式，提升学生的创新创业能力。截止到 2017 年，共获批 6 个国家级教学基地，一方面，利用这些国家级教学示范平台建设（如国家虚拟仿真实验教学中心、国家级实验教学中心等）对学生进行工程实践能力的培育。另一方面，利用卓越联盟平台拓展优质教学资源，提高科研院所和企业在人才培养工作中的参与

程度，探索产学研合作的人才培养模式。借助"中国建设领域卓越工程师教育联盟""京津冀建筑类高校协同创新联盟""USPS协同合作"等育人计划，推行暑期小学期制，每年暑假开展1期以卓越联盟平台等为基础的工作营活动，力争把卓越联盟的暑期工作营打造成为学校的品牌活动。近年来，学校获评全国高校实践育人创新创业基地、北京市深化创新创业教育改革示范高校。学生在"挑战杯"等国家级和市级竞赛中不断取得突破，创新和创业类竞赛双双捧得北京市"优胜杯"。

图3-3-5　2014年至2020年，学校连续七年入围"挑战杯""创青春"国赛

第三，一流专业建设成效显著。"十二五"期间，建筑学、土木工程、给水排水工程和热能与动力工程4个专业获批教育部卓越工程师培养计划试点专业，测绘工程专业成为学校首批通过工程教育国际专业认证的专业，6个土建类专业全部通过住建部专业评估，土木工程、测绘工程2个专业获批市属高校专业综合改革试点项目。

同时，在"十二五"期间，新增8个本科专业，专业总数达到34个（"十一五"期末专业总数为26个），国家级特色专业3个，北京市特色专业7个；"十三五"期间，又新增6个本科专业，专业总数达到39个，覆盖了工、管、理、法、艺五大学科专业门类。其中，国家级一流建设点12个、国家级特色专业3个、北京市重点建设一流专业2个、北京市级一流专业建设点8个、北京市特色专业7个。建筑学、城乡规划、风景园林、土木工程、建筑环境与能源应

图 3-3-6 学校首次荣获"挑战杯"国赛"进步显著奖"（2019）

图 3-3-7 学校召开测绘工程专业工程教育认证工作汇报会（2015）

用工程、给排水科学与工程、建筑电气与智能化等优势专业进入国内一流专业
建设行列，并取得重要突破。（见表 3-3-2）

表 3-3-2　"十三五"期间专业建设情况一览表

专业建设级别	序号	专业名称
国家级一流专业建设点	1	建筑学
	2	城乡规划
	3	风景园林
	4	土木工程
	5	给排水科学与工程
	6	建筑环境与能源应用工程
	7	环境工程
	8	计算机科学与技术
	9	建筑电气与智能化
	10	工程管理
	11	测绘工程
	12	车辆工程
国家级特色专业	1	建筑学
	2	土木工程
	3	建筑环境与能源应用工程
北京高校重点建设一流专业	1	建筑学
	2	土木工程
北京市级一流专业建设点	1	城乡规划
	2	交通工程
	3	能源与动力工程
	4	自动化
	5	计算机科学与技术
	6	工程造价
	7	车辆工程
	8	机械电子工程

专业建设级别	序号	专业名称
北京市特色专业	1	建筑学
	2	土木工程
	3	给排水科学与工程
	4	建筑环境与能源应用工程
	5	自动化
	6	工程管理
	7	测绘工程

第四，学生培养规模继续增加，就业情况位列北京市高校前列。"十二五"末，学校本科在校生达7703人（"十一五"末，学校本科、高职在校生规模6367人），"十二五"期间共培养本科毕业生8057人（"十一五"期间共培养本科、高职毕业生7959人）。获评教育部"2014年度全国毕业生就业典型经验高校"。毕业生全员就业率多年来一直保持在95%以上。毕业生就业率连续七年达到97%以上。高质量就业率达到70%以上，考硕（留学）率达到25%，考博（留学）率达到10%。国家大学英语四级考试通过率达到80%。

图3-3-8 学校承办第二届全国建筑类高校就业联盟年会（2014）

第五，建设一批适应社会发展需要的新兴学科和交叉学科专业。"十三五"期间，学校根据国家和北京市发展战略需要，先后建设了"历史建筑保护工程""工程造价""遥感科学与技术""机械电子工程""智能建造""机器人工程"等急需专业和交叉专业。（见表3-3-3）同时，建设辅修专业管理制度，扩大大类招生、大类培养专业规模。

表3-3-3　2013年至2020年，创办的专业情况一览表

序号	名称	时间
1	工程造价	2013年
2	遥感科学与技术	2013年
3	机械电子工程	2013年
4	城市管理	2016年
5	智能建造	2018年
6	地理空间信息工程	2018年
7	机器人工程	2018年
8	环境生态工程	2019年

第六，推进教学模式改革，构建以通识教育为基础，"通识教育+专业教育"相融合的优化课程体系。引进和建设一批通识教育在线开放课程、人文素养课程，作为学生人文素质教育必须取得的学分；构建高水平、有特色的慕课资源，以"京津冀建筑类高校协同创新联盟"为平台，牵头建设建筑行业高校专业基础和专业课"互联网+建筑"慕课平台。将微课、SPOC、MOOC应用于传统教学，实施翻转课堂计划，进行大翻转或者小翻转，探讨线下线上混合教学模式，制定专业核心课程网络化体系。"十三五"期间，各类翻转课堂教学模式改革立项的数量达到50个，建成在线开放课程30门。

第七，激励一线教师投身教学改革，提高教学水平，教学名师培育成效显著。

在"十三五""十四五"时期，学校大力提升教师业务能力水平，提高教师教学基本功，培育一流师资队伍。通过政策引导，一方面完善新任教师助教制度、青年教师教授导师制，给予指导津贴，另一方面设立专项培训资金，实施教学型"主讲教师"评选工作。对具有一定学术水平、专门从事基础课教学的教师，设立职称晋升的绿色通道。建立教学长效激励机制，制定以教学工作量和教学效果为导向的学校《教学工作奖励办法》。开展各类优秀教师评选推荐

工作，给予部分获奖教师优先"推优权"资格，设立专项经费优先保证获奖教师的国内培训、出国进修名额，建立教师节表彰机制。在上述方针和政策的支持下，以各类教学名师为代表的优秀教师不断涌现。

2013年，张怀静荣获北京市第九届高校教学名师奖；2015年，欧阳文荣获北京市第十一届高校教学名师奖；2017年，杜明义荣获北京市第十三届高校教学名师奖。

第八，加强学生思想政治工作。学校全面加强和改进学生思想政治工作，着力构建全员全过程、全方位育人工作格局。

制定推进方案，贯彻落实到位。中央召开全国高校思想政治工作会议以来，学校党委2017年6月制定《关于全面贯彻落实<加强和改进新形势下高校思想政治工作的意见>的实施方案》等文件，明确要求把大学生思想政治教育摆在学校各项工作的首位，贯穿于教育教学的全过程。通过召开学校思想政治工作会议和育人质量提升座谈会，制定并落实加强和改进新形势下思想政治工作实施方案，大力实施教风学风建设联动工程，相关经验在北京高校党的建设工作座谈会上做交流发言。

提出建设"最爱学生的大学"理念和全方位、多角度的"大思政"工作格局，构建以学生为中心的发展辅导体系，统筹规划建设一流的学生发展辅导中心和学业辅导中心，获批首批北京高校学业辅导示范中心，2014年该中心获北京高校心理素质教育"突出贡献奖"、北京高校心理素质教育教师教学技能大赛一等奖。

加强"思政课程"和"课程思政"建设。2015年，学校成立马克思主义学院，推进思想政治理论课改革。同年，成立学生思想政治教育研究中心，大力建设教师育人投入的考核机制和政策措施，有效发挥教师教书育人主体作用和各门课程的育人职责，加大"课程思政"建设力度，推动形成与思想政治理论课、思想政治教育活动同向同行的育人合力。2018年，获批北京高校思想政治理论课教育教学改革示范点和北京高校思想政治理论课教学改革创新重大项目。

积极探索实践德智体美劳"五育并举"的育人机制体制与发展路径，构建实施学校关于加强体育教育、美育教育、劳动教育的具体方案，严格执行学生体质健康合格标准，充分保证大学生在校期间体育锻炼四年不断线，倡导每天锻炼一小时。学校体育成绩突出，2020年10月，学校田径运动队在第58届首都高等学校学生田径运动会第15次蝉联乙组男女团体冠军。截至2020年，连续9年获首都高等学校阳光体育联赛"朝阳杯"优胜奖，连续8年获得"首都高校阳光体育联赛'阳光杯'优胜校"称号。

图 3-3-9　学校在首都高校第 57 届学生田径运动会蝉联乙组男女团体总分冠军、男子团体总分冠军，成功实现十四连冠（2019）

第三节　实施"人才强校"，建设高水平师资队伍

　　建设一所高水平大学的关键在于努力建设一支高素质的德才兼备的师资队伍。加强新时代高校教师队伍建设，强化教师思想政治素质和师德素养，引导教师自觉贯彻落实新时代党的教育方针，增强自身责任感和使命感，充分调动广大高校教师的积极性和创造性，不断提高广大教师的教书育人能力和教育教学水平，为中国特色社会主义现代化建设事业培养更多优秀人才，这是党的十八大以来全面推进高校教师队伍建设的指导方针和改革方向，这就为学校师资队伍建设工作提供了遵循。

　　2013 年学校更名大学后，根据国家和北京市发展需要，学校党委深入贯彻习近平总书记系列重要讲话精神，按照"五位一体"总体布局和"四个全面"战略布局，全面落实创新、协调、绿色、开放、共享的发展理念，深化综合改革，创新发展模式，制定并实施"人才强校战略"，树立"人才是学校第一资源"的办学理念，创新改革人才引进、培养、管理与激励机制，通过以学科建设为龙头，凝聚和培养人才；加快引进优秀人才和领军人物，分层次培育学术团队，优化教育管理服务队伍，激励骨干教师成才，关心青年教师成长，努力建立一支高水平的人才队伍。

经过"十二五"和"十三五"的不断建设，在引进高端人才、学科领军人物和学术骨干人才、优秀科研团队、"双师型"专业骨干教师以及青年教师培养方面都取得了一系列的标志性成果，形成了一支规模稳定、结构合理、素质优良、师德高尚、国际化水平稳步提高的教职工队伍，为建设有特色、高水平、创新型建筑大学奠定了良好的人才基础。

一、坚持党管人才原则，全面加强教师思想政治工作和师德建设

高水平大学的竞争说到底是人才竞争，人才是支撑学校发展的第一资源，高素质师资队伍是建设高水平大学的基础和关键。

在 2017 年召开的北京建筑大学第一次党代会上，党委明确指出，要坚持党管人才原则，把人才强校的理念和要求贯穿于办学治校、教育教学全过程，遵循人才培育和成长规律，着力激发各类人才创新活力和潜力，按照"有理想信念、有道德情操、有扎实学识、有仁爱之心"的好老师标准，下功夫培育一支支撑学校未来发展的高水平师资队伍，集聚更多优秀人才，赢得竞争优势。这就在指导思想和工作理念方面为全校的人才工作奠定了坚实基础。

2017 年 7 月，全国高校思想政治工作会议之后，为深入贯彻落实会议精神，加强和改进新形势下教师思想政治工作，学校成立党委教师工作部（正处级单位），与人事处合署办公，负责具体落实教师思想政治工作和师德师风建设工作，进一步完善师德建设长效机制和学校"大思政"工作格局。之后，学校先后出台了《关于加强和改进新形势下教师思想政治工作的实施意见》《教师思想政治工作实施方案主要任务分解表》《北京建筑大学教师职业道德规范》《北京建筑大学师德"一票否决制"实施细则》《北京建筑大学师德考核办法》等相关师德建设文件，明确教师思想政治工作主要任务和责任分工，进一步完善学校师德管理制度体系。根据北京市委教育工委、北京市教委、北京市教育督导室的通知要求，2018 年，学校组织开展"做新时代'四有'好老师和'四个引路人'"学习实践活动，按照实施办法，统筹推进各项工作，完成学习实践活动各项任务。2019 年 6 月，经学校党委常委会研究，成立北京建筑大学师德建设与监督委员会，负责指导学校教师师德失范行为的审查认定工作，审议师德"一票否决"处理建议和处理解除建议；受理师德"一票否决"处理的复核申请，审议复核意见；师德考核工作总体部署，组织、协调、督导、审定考核等工作。这一举措有力地推动了全校师德师风建设工作。与此同时，2017 年，学校建立了师德重大问题报告和师德舆情快速反应机制，深度开展教师思想状况年度调研，加强师德监督，严格师德惩处，发挥师德奖惩的教育功能，引导广大教师争做"四有"好老师和"四个引路人"。

在制定相关政策和健全完善组织体制的基础上，学校结合实际，开展了旨在推进师德师风建设的一系列活动。

组织入职宣誓，牢记教师使命。2017年开始组织新教师入职宣誓、开展师德承诺、教师荣休、先进表彰、节日暖心等一系列师德建设活动。2018年9月10日，在大兴校区举办新入职教师宣誓和教师荣誉退休仪式。51名新任教师，在全体领导干部、在职教师和学生代表的见证下，身着正装，面对国旗，举起右手，在领誓人"万人"计划科技领军人才季节带领下，庄严宣誓。校长张爱林为2018—2019学年退休教职工逐一颁发荣誉奖牌，并合影留念。2019年12月5日，学校党委书记姜泽廷、副书记张启鸿、副校长张大玉等领导共同出席了"新教工发展引航培训暨青年教师导师"聘任仪式，并为青年教师导师颁发聘书，党委书记姜泽廷为新教工讲授开班第一课。

开展暑期社会实践，筑牢红色基因。2018年7月，学校利用暑期组织中青年骨干教师赴革命圣地井冈山开展暑期社会实践培训，启动中青年骨干教师理想信念教育异地培训全覆盖五年计划。2019年7月，学校又组织部分中青年骨干教师赴延安开展理想信念和革命传统文化教育。结合调研，举办了"重温井冈山红色记忆，学思践悟再启新征程""延安精神在建大""守好一段渠，种好责任田"等主题沙龙。

举办教师沙龙，助力成长成才。学校创办"思享汇"等系列教师成长主题沙龙，丰富师德教育宣传载体，通过网站、微信公众号等形式，大力宣传学校的师德典型。依托"首都国企开放日""城乡体验日"等活动，深入社会，服务社会，加强对青年教师社会实践的组织引导，不断增强教师育人意识，推动育人实践。2019年5月，土木与交通工程学院索智，环境与能源工程学院张群力、张伟，经济与管理工程学院张丽分别带领的四支青年教师团队入选2019年度北京高校师生服务首都"四个中心"功能建设"双百行动计划"。

结合专业特色，打造课程思政。制定《北京建筑大学关于推进"课程思政"建设的实施方案》，开展"课程思政"教育教学改革。方案明确了2018年至2020年间，部署改革试点、总结推广、全面实施三个阶段的重点工作任务，完成时限及责任分工。同时，推出第一批22门试点建设课程，通过设置教改立项的方式给予扶持，并为试点课程教学团队配备马克思主义学院教师对接指导，按期完成既定任务。经过几年建设，2022年2月，在北京市第一批课程思政示

范课评选中，学校有7门课程入选北京市课程思政示范课程。（见表3-3-4）

表3-3-4　学校入选北京市课程思政示范课程一览表

教育类别	课程思政示范课程	课程思政教学名师和团队
普通本科教育	有机化学	张晓然、武利园、陈南燕、杨华、王宇、王建龙、杨亚利
	工程力学	郝莉、白会娟、石萍、何凡、任艳荣、肖建杰、王晓虹、彭培火
	计算思维导论	吕橙、万珊珊、张蕾、郭志强、王雅杰、田芳、肖建杰
	系统工程	尹静、张军、王传涛、肖建杰、王凯晖、陈思源
	绿色建筑设计原理	俞天琦、李青春、穆钧、肖建杰、李颖、王博、刘烨、成慧桢
研究生教育	近现代建筑引论	金秋野
	建筑规划评析	孙力、张忠国、杨震、祝贺

二、实施"高端人才引育"计划，加大高层次人才的引进和培育力度

坚持"引进"和"培育"并举方针，推进高端人才建设。2016年，学校全面实施"高端人才引育计划"，2017年修订并完善《北京建筑大学高层次人才引进管理办法》等一系列相关文件，明确各级别人才引进政策，持续提高相应配套待遇，着力加强高端人才引进工作。坚持以高层次人才引进带动传统优势学科发展，充分发挥优势学科的"积累效应"，利用优势学科和科研平台，实现重点突破。学校高层次人才引进工作取得了显著进展。

在"十二五"期间，学校在长江学者、国家杰出青年基金获得者（简称"杰青"）、北京学者、全国优秀教师等高层次人才项目上取得零的突破，学校拥有省部级以上各级各类人才称号83人。在此基础上，"十三五"期间，继续发力，发展势头不减，并且继续加大政策和措施力度，重点内容包括两大方面。

一方面，根据学校学科专业建设需要，结合学科带头人的现状，以二级学科硕士点为基础，重点突出优势特色学科和发展态势良好的学科，引进具有国内领先水平或在学科、行业内具有较高知名度和影响力的领军人才，引进或短聘海外专家，"双管齐下""筑巢引凤"；另一方面，以凸显特色、满足行业需求为原则，充分发挥土建类学科齐全的集成优势，紧密围绕国家和首都城乡建设重大科技需求，大力凝练研究方向，培育学科带头人和科研骨干人才，打造具有较高的行业影响力和国内领先水平的学术创新团队，建设国家级学术创新团队或优秀群体。其重点是，围绕建筑遗产保护、结构抗震与防灾减灾、资源循环利用与节能、海绵城市、污水处理与中水利用、三维激光扫描重构、智能机器人、建筑伦理与城市空间等领域着力打造学术创新团队。

同时，抓好各类人才项目工作，着力培育学科领军人才和科研骨干队伍。在国家级"千人计划"、长江学者、国家杰出青年基金获得者、北京学者、国家级百千万人才、北京市级百千万人才、长城学者、教育部新世纪优秀人才高端人才项目方面有所发展。

学校本着"开放、共享"人才理念，坚持"引才"与"引智"并举，柔性引进高层次人才和有良好教学水平的各类优秀教师。2016年，学校未来城市设计高精尖创新中心成立后，发挥平台优势，集聚高端人才，先后聘任崔愷院士、王建国院士、肖绪文院士、仇保兴参事、李德仁院士、江亿院士、曲久辉院士、孟建民院士、聂建国院士、周福霖院士、Mark院士（荷兰籍）到校指导开展工作。同时，聘请了百余位具有丰富实践经验的资深专家和学者作为兼职教授。他们在开展科学研究、学科专业建设、参与实验室建设、毕业设计以及生产实习、教师工程实践能力培养等方面发挥了积极作用。

同时，学校在北京市"海聚工程"人才项目支持下，面向世界，吸引海外高层次人才到校工作，系统制定、科学分解"海聚工程"任务指标，并将该指标作为各单位综合考核参考条件。2015年学校正式启动北京市"海聚工程"的申报工作，当年即有6人成功入选，标志着学校在海外高层次人才引进方面实现"零的突破"。2016年、2017年共有18位老师入选。2019年，学校成功入选首批北京市"海聚工程"自主选拔高校，自主组织全过程评审工作。

经过多年的努力，"十三五"期间，学校在引进和培育高端人才方面，取得显著成果，初步形成了一批在国内外具有重要影响的学科领军人才和知名专家队伍，有力地支撑了学校的各项事业发展。

目前，学校专任教师中拥有教育部高层次人才项目特聘教授1人、青年学者1人，国家杰出青年科学基金获得者1人，国家级教学名师1人，国家"万人计划"科技创新领军人才2人，百千万人才工程国家级人选4人，全国优秀教师2人，北京学者4人，享受政府特殊津贴专家13人，教育部高等学校教学指导委员会委员10人，北京市"高创计划"杰出人才4人，北京市"高创计划"百千万领军人才6人，北京市"高创计划"教学名师2人，北京市高等学校教学名师5人，中科院"百人计划"入选者2人，青年北京学者2人，教育部新世纪优秀人才入选者3人，科技部中青年科技领军人才1人，科技北京百名领军人才1人，百千万人才工程北京市级人选10人，北京市长城学者培养计划入选者9人，北京市高等学校青年教学名师3人，北京市科技新星9人。（见表3-3-5）拥有教育部创新团队、北京市教委学术创新团队、优秀教学团队、管理创新团队、北京市委组织部青年拔尖团队等各类国家级及北京市级团队34个。

表 3-3-5　学校获批省部级以上人才项目情况（2022年6月）

序号	入选人才项目/获得称号	姓名
1	"长江学者奖励计划"特聘教授	戚承志
2	"万人计划"科技创新领军人才	蒋捷、季节
3	国家杰出青年基金获得者	李爱群
4	"千人计划"创业人才项目入选者	周惠兴
5	北京学者（"高创计划"杰出人才）	张爱林、李爱群、王随林、徐世法
6	百千万人才工程国家级人选	李爱群、戚承志、蒋捷、曾德民
7	"长江学者奖励计划"青年学者	王坚
8	青年北京学者	侯妙乐、李海燕
9	百千万人才工程北京市级人选	戚承志、季节、杨建伟、王崇臣、刘永峰、侯妙乐、李海燕、王瑞祥、王衍学、胡越
10	"高创计划"百千万领军人才	季节、杨建伟、王崇臣、刘永峰、侯妙乐、李海燕
11	"高创计划"教学名师	陈静勇、欧阳文
12	"高创计划"青年拔尖人才	焦驰宇、张溢木、牛润萍、王利萍
13	"高创计划"杰出人才	张爱林、李爱群、王随林、徐世法
14	北京市委组织部青年拔尖个人	焦驰宇、张溢木、牛润萍、王利萍
15	北京市优秀人才培养资助青年拔尖个人（北京市委组织部青年拔尖个人）	杜晓丽、焦朋朋
16	"海聚工程"青年项目入选者	聂金哲、刘然彬、单晓微、韩秉烨、赵曦、周仪、张颖异、李梦一欣、徐海韵、徐世硕、罗娜娜、杜聪、简美鹏

续表

序号	入选人才项目/获得称号	姓名
17	国家级教学名师	李爱群
18	享受政府特殊津贴专家	张爱林、李爱群、徐世法、季节、戚承志、曾德民、郝晓地、王瑞祥、高大文、杜明义、李俊奇、蒋捷、胡越
19	国家有突出贡献中青年专家	曾德民、戚承志
20	教育部新世纪优秀人才	高岩、高大文、王坚
21	科技部中青年科技领军人才	季节
22	北京市战略科技人才	张大玉、李爱群、王随林
23	中国科学院"百人计划"入选者	齐吉琳、周若华
24	科技北京百名领军人才	徐世法
25	北京市留学人员创新创业特别贡献奖	郝晓地
26	长城学者	季节、杨建伟、王崇臣、刘永峰、侯妙乐、李海燕、王红春、焦朋朋、穆钧
27	北京市科技新星	李海燕、侯妙乐、陈红兵、陈韬、牛润萍、刘扬、索智、焦朋朋、曹达啟
28	北京市高等学校教学名师	陈静勇、欧阳文、杜明义、杨建伟、冯翠敏
29	北京市高等学校青年教学名师	周霞、金秋野、王崇臣
30	江苏省宣传文化系统"五个一批"人才	钮维敢
31	北京高校思想政治理论课特级教师	张溢木
32	北京市教委高层次人才引进计划	周惠兴、王坚、蒋捷、齐吉琳
33	黑龙江省杰出青年基金获得者	郭茂祖、高大文
34	广西杰出青年基金获得者	王衍学
35	辽宁省百千万人才工程入选者	张军
36	2022年度高层次留学人才回国资助	陈未
37	北京市有突出贡献的科学技术管理专家	胡越

续表

序号	入选人才项目/获得称号	姓名
38	全国工程勘察设计大师	胡越、张杰

三、实施"双塔培育计划"，引培并举、分类指导，不断完善人才梯队培养体系

"双塔培育计划"即"金字塔人才培养项目"和"主讲教师支持项目"，这是学校为进一步聚焦中青年教师培养，建立分层次、多渠道的人才培养体系的重要举措，也是坚持人才培养与引进相统一，深入挖掘内部潜力，把现有人才培养好、使用好，助推优秀人才脱颖而出的重要途径。

其一，实施"金字塔人才培养工程"，构建"学者奖励""建大领军""建大杰青""建大英才"四个培养层次，打造一批创新能力突出、科研水平精湛、梯队结构合理的高素质人才队伍。通过培养发展潜质良好的青年骨干教师，着力提高青年教师的竞争力，助其在北京市"科技新星计划"和北京市委组织部青年拔尖人才等项目申报中能脱颖而出。同时，培养具有较大发展潜力的优秀青年骨干教师，使其成为"国家优秀青年科学基金项目"获得者、中组部青年拔尖个人、青年长江学者等优秀人才的入选对象。该计划的目标是：培养高水平的青年学术带头人，使其尽快成长为本学科的领军后备人才，在国家级百千万人才工程、"千人计划"、长江学者、"杰青"、北京学者、长城学者、科技北京百名领军人才、北京市级百千万人才、教育部新世纪优秀人才、"优青"、北京市科技新星、北京市委组织部青年拔尖人才等高层次人才队伍中占有一席之地。

其二，实施"主讲教师支持计划"，培养"特级主讲教师""高级主讲教师""优秀主讲教师"三个培育层级，不断提升一线教师的教学能力，构建学校可持续发展的教学人才队伍。探索建立教师分系列（教学型、教研型、研究型）聘任制度，建立团队聘任考核制度，从"分类指导、分级管理、目标引领、绩效考核"原则出发，以培育和塑造北建大的"教学名师"为目标，形成一大批德才兼备、热爱教学、教书育人的优秀专业教师队伍。

通过对"双塔培育计划"入选教师的项目配套支持，广大入选教师的教学、科研水平得到大幅度提升。"十三五"期间，通过"双塔培育计划"完善了校内人才梯队培养体系，完成三个批次共96人的选拔和资助，加强校内现有高端人才培养和人才梯队建设，王随林、李爱群、张爱林相继当选"北京学者"，学

校实现"北京学者计划"连续 3 年申报不间断、成功入选不断线，王坚入选"长江学者奖励计划"青年学者项目，侯妙乐、李海燕当选青年北京学者，刘然彬等 11 位青年教师入选北京市海外人才项目青年项目，实现上述高层次人才项目获批人数零的突破。新增国家"千人计划"入选者 1 人，北京市战略科技人才 3 人，国家"万人计划"科技创新领军人才 2 人，国家级百千万人才 3 人，全国优秀教师 1 人，北京市级百千万人才 5 人，长城学者 6 人，北京市委组织部青年拔尖个人 3 人，"高创计划"教学名师 2 人。目前，学校拥有国家级人才称号 13 人，省部级以上各类人才称号 109 人。

四、立足学科建设，加强科研创新团队发展

2018 年建立"教学型"和"科研型"两大类型团队建设制度，完善个人成长和团队建设相融合的人才培养模式，为个人成长提供优良的科研平台和组织保障。

团队建设以学科领军人才为负责人，以优秀中青年人才为骨干，以国家及北京市经济社会发展的重要问题为目标导向，不断凝练学科研究方向，以国家级和省部级、北京市重点实验室（研究中心）为平台，促进交叉学科协同合作，带动重点学科发展，提升教师队伍教学科研能力，从体制上健全人才成长模式，全面提升师资队伍的教学支撑能力和科研创新能力。

2013 年以来，以张爱林牵头负责的"大土木工程与地下建筑工程创新"团队，获批"教育部创新团队发展计划"滚动支持；李海燕牵头负责的创新团队当选北京市委组织部"青年拔尖团队"；李爱群、张大玉、郭茂祖等人牵头负责的科研创新团队，分别入选北京市教育委员会"高水平创新团队建设计划"；梁昔明和肖建杰牵头负责的科研团队，入选中央支持地方科技创新团队；22 位教师作为负责人的学术团队入选北京市教育委员会学术创新团队、优秀教学团队等团队支持计划。

第四节　突出学科引领，推进"一流学科"建设工程

学科建设是大学整体建设的重要组成部分，是实现人才培养、科学研究、社会服务、文化传承四大功能的重要基础，是推动高等院校建设发展的首要因素。学校以建设国内一流、国际知名、具有鲜明建筑特色的高水平、开放式、创新型大学为战略发展目标，坚持学科引领，实施"学科振兴"计划，按照

"双一流"导向，突出建筑特色，进一步提升学校综合办学实力和水平，加快学校"一流大学和一流学科"建设，成为学校事业发展的必然选择。"十三五"期间，落实"特色兴校"战略，以"一流学科建设工程"为导引，以建设博士学位授权单位和一级学科博士学位授权学科为重点，优化学科结构，凝练学科方向，整体推进重点优势学科和高水平学科特色方向建设，打造特色鲜明学科高地。同时，优化资源配置，建设具有鲜明建筑特色的学科生态体系。

基于此，在"十三五"规划中，着重从五个方面加强建设：①实施博士学位点建设项目，按照博士学位授权一级学科建设，同时学科评估排名整体水平得以提升，全国建筑类高校和北京市属高校相应学科领先行列；②实施支撑学科提升项目，围绕具有优势力量的 8 个学科加强建设，形成支撑学科作用；③实施特色学科卓越项目，以专业学位类别、工程硕士专业学位领域为重点，推进进入"卓越工程师教育培养计划"研究生层次学科。同时，培育新专业学位授权点；④实施交叉学科协同项目，开展特色鲜明的高水平学位授权交叉学科点建设；⑤推进研究生教育质量工程，包括研究生规模和培养质量提升、教育教学的提升、联合培养基地建设、加强研究生思想政治教育和创新创业实践活动。这一发展规划，为未来学校的学科建设指明了方向。

一、学科建设和研究生培养稳步发展，形成相互支撑、布局合理、特色鲜明的学科群，推动了一流学科建设

学校成立研究生院，加强对学科建设的统筹布局和协同推进，全面加强研究生培养工作。2013 年，根据国务院学位委员会发布的《关于批准重庆大学等高等学校开展建筑学学士、硕士专业学位和城市规划硕士专业学位授予工作的通知》（学位〔2013〕26 号），学校获批城市规划硕士专业学位授权类别点。2014 年，在国务院学位委员会发布的《关于下达 2014 年审核增列的硕士专业学位授权点及撤销的硕士学位授权点名单的通知》（学位〔2014〕14 号）中，学校获批社会工作硕士专业学位授权类别点，有机械工程、工业设计工程 2 个工程硕士专业学位授权领域点。至此，学校有工程硕士、建筑学硕士、城市规划硕士、工商管理硕士、社会工作硕士 5 个专业学位授权类别点。其中，工程硕士专业学位授权类别点下有建筑与土木工程、机械工程、测绘工程、环境工程、工业工程、工业设计工程、项目管理、物流工程 8 个专业学位授权领域点。2014 年，又获批建筑学博士后科研流动站，学科门类、层级、类型更加丰富和齐备，形成了以工科为主，覆盖理、工、文、管、法多个学科门类、不同层次的专业学科体系。

经过"十二五"期间建设，深入实施"学科振兴"计划，学科布局进一步优化，学科特色进一步凝练，优势特色学科进一步凸显，学科建设水平整体提升。取得以下成绩：获批服务国家特殊需求"建筑遗产保护理论与技术博士人才培养项目"，获批"建筑学"博士后科研流动站，建筑学、测绘科学与技术2个学科排名进入全国前10名。新增学科门类3个、硕士点6个、一级学科北京市重点学科3个、北京市重点建设学科2个，形成了5个学科门类、1个服务国家特殊需求博士人才培养项目、12个硕士学位授权一级学科点、1个硕士学位授权交叉学科点、5个硕士专业学位授权类别点、8个工程硕士专业学位领域点等学科生态架构和研究生培养格局。（见表3-3-6）为下一步的发展奠定了坚实基础，同时，学科门类更加齐全、覆盖面更广、更具特色和优势的学科布局框架和发展格局。

到"十二五"末，学科建设工作跨上新台阶，在2012年学科评估中，学校有6个学科参评，其中建筑学获第9名，测绘科学与技术获第9名，城乡规划学获第12名，风景园林学获第15名，土木工程获得31名，优势学科水平显著提升。

同时，学校研究生教育规模持续扩大，研究生教育质量不断提高。"十二五"期间，学校在籍各级各类研究生共2028人，其中全日制博士研究生7人（占0.4%），各类硕士研究生2021人（占99.6%）。2015年招收全日制硕士研究生数量与2010年相比增长138.4%，非全日制（在职）硕士生数量增长315.6%。初步建成了以"建筑遗产保护"为突出特色的"学士—硕士—博士—博士后"全层次专门人才培养体系，建立健全了研究生思想政治工作、奖惩助困、心理健康、学术活动、文体活动等组织和工作体系，完善和优化了与学科建设相协同的研究生教学管理体系。在2014年北京市首次学位论文抽查中合格率为100%。"十二五"期间，学校硕士研究生就业率保持在97%以上，签约率保持在95%以上。2015年学校面向"十三五"启动了"研究生教育质量工程"。

表3-3-6　"十二五"期间学校学科建设成绩一览表

学科类别	名称	时间
国家特殊需求博士人才培养项目	建筑遗产保护理论与技术	2012年
博士后科研流动站	建筑学	2014年
北京市重点学科（一级学科）	建筑学	2012年
	土木工程	2012年
	测绘科学与技术	2012年

续表

学科类别	名称	时间
北京市重点建设学科（一级学科）	管理科学与工程	2010 年
	城乡规划学	2010 年
交叉学科硕士学位授权点	建筑遗产保护	2012 年

"十三五"期间，学校实施"一流学科建设"工程，突出学科建设龙头地位。全部工学学科均参加了教育部第四轮学科评估并获 C 以上档次评价。其中，建筑学、土木工程学科评估结果为 B、城乡规划学为 B-；"建筑遗产保护理论与技术"服务国家特殊需求博士人才培养项目以优异成绩通过验收。2018 年，学校抓住北京高校高精尖学科建设的契机，开展申报工作。建筑学、土木工程、测绘科学与技术获批北京高校高精尖学科。同时，学校成功新增机械工程、马克思主义理论 2 个一级学科硕士学位授权点，风景园林、工程管理 2 个专业学位类别硕士学位授权点。2019 年，应用统计获批增列专业类别硕士学位授权点。

二、攻博项目和博士点建设取得历史性突破

学校在"十三五"规划中明确提出，实施"一流学科建设"工程，重点建设服务国家特殊需求"建筑遗产保护理论与技术博士人才培养项目"，建筑学、土木工程、环境科学与工程、测绘科学与技术 4 个一级学科，努力达到博士授予权水平。

为此，学校高度重视，制定了一系列保障配套措施，明确建设路径和实施步骤，确保攻博项目和博士点建设工作落到实处。第一，按照博士项目与攻博学科、支撑学科、特色学科等分层分类进行建设，在人力、物力和财力上重点支持特殊需求博士项目与攻博学科建设，支撑学科、特色学科支持博士项目与攻博学科的建设和申博。第二，以学科评估为抓手，对照指标体系，开展学科建设工作，实施学科年检和绩效考核机制。其中，攻博一级学科达到博士点授予权水平。第三，加强学科人才队伍建设，为学科建设提供支撑。充分利用"高端人才引育计划"和"金字塔人才培养工程"，加强学科队伍的领军人才和优秀青年储备人才的培养，以及加大引进力度。学校增编人员名额的分配优先向申博学科倾斜。在"十三五"前半期，攻博一级学科争取至少引进或者培养 1 名国家级的人才，培养或者引进 2—3 名"优青"、长城学者、北京市百千万人才工程入选等层次的年轻人才，尤其增加 45 岁以下学科骨干人才数量。到"十三五"后半期，力争每个攻博学科二级学科方向建成一个市级学术创新团队。上述措施有力地推动了学校攻博工程的进程。

2016年至2017年，是博士点申报和建设工作的关键期。在此期间，学校党委和领导班子高度重视，抢抓机遇，统筹谋划，强化推动；全校师生团结一心，共同努力，做好各项申报准备。校长办公会先后10余次专题研究部署，校院两级认真凝练学科发展与学术沉积、办学特色、师资队伍、人才培养及科研成果，研究生院和相关部门以及建筑学院、土木学院、环能学院、测绘学院等协同推进，学科带头人和骨干教师全心投入，一丝不苟，高标准、高质量完成学校新增博士学位授予单位和一级学科博士学位授权点申报书及答辩材料。2017年9月26日，校长张爱林带队参加北京市申请新增博士学位授予单位汇报会并亲自汇报和答辩。学校在北京市属高校强手如林的激烈竞争中脱颖而出，成为北京市推荐的新增博士学位授予单位两所高校之一。12月26日，学校顺利通过了教育部组织的新增博士学位授予单位复审视频答辩。

2018年5月2日，国务院学位委员会下发《关于下达2017年审核增列的博士、硕士学位授予单位及其学位授权点名单的通知》（学位〔2018〕19号），经国务院学位委员会第三十四次会议审议批准，学校正式获批博士学位授予单位，同时，建筑学、土木工程获批一级学科博士学位授权点。这是学校学科建设取得重大突破，向教学研究型大学转型的重大标志，也是学校发展历史上的一个里程碑，为学校实现建设国内一流、国际知名、具有鲜明建筑特色的高水平、开放式、创新型大学奠定了坚实基础。

在此之前，学校博士人才项目已获成果。2017年6月5日，学校首位"建筑遗产保护理论与技术"博士人才培养项目博士研究生戚军（2013级"建筑遗产保护理论"方向）通过博士学位论文答辩。6月30日，学校举行2017年研究生毕业典礼暨博士、硕士学位授予仪式，首位博士如期毕业并获工学博士学位。2018年6月，博士研究生夏国芳（2014级"数字化保护"方向）通过博士学位论文答辩，这标志着学校服务国家特殊需求"建筑遗产保护理论与技术"博士人才培养项目取得接续性成果。

2018年，按照国务院学位委员会要求，对"服务国家特殊需求人才培养项目"进行验收评估工作。学校2012年获批准该人才培养项目以来，严格按照文件精神和项目实施方案开展博士研究生培养工作。"建筑遗产保护理论与技术"服务国家特殊需求博士人才培养项目以优异成绩通过验收。以服务国家特殊需求为契机，学校的"建筑遗产保护"交叉学科点建设得到稳步持续发展。

经过"十二五""十三五"的努力，学校学科建设取得了一系列标志性成绩：现有一级学科博士学位授权点2个，服务国家特殊需求博士人才培养项目1

图 3-3-10　博士人才培养项目首届毕业生授予学位（2017）

个，博士后科研流动站 2 个，一级学科硕士学位授权点 14 个，交叉学科硕士学位授权点 1 个，专业学位类别硕士学位授权点 10 个，北京高校高精尖学科 3 个（建筑学、土木工程、测绘科学与技术），建筑学、土木工程 2 个学科在教育部第四轮学科评估中结果为 B。2019 年 9 月，学校"工程学"首次进入 ESI 全球排名前 1%。工程学排名快速攀升，表明学校国际声誉和影响力不断提升，学校以工为主的学科特色得到进一步彰显。

三、构建系统完备的高水平研究生培养体系

学校更名大学后，高度重视研究生培养教育工作，着力扩大研究生规模，提高培养教育质量，推进向教学研究型大学转型。

在"十三五"规划纲要中做出战略部署和任务安排：到 2018 年，完成全部学位授权点合格评估，在确保达到优良的基础上，突显各个学科的优势和特色；充实和优化研究导师队伍，实现各学科在相应重点领域培养布局全覆盖，在教育部"卓越工程师教育培养计划"研究生层次学科形成突破；力争经过 5 年的努力，在学科布局方面形成重点攻博学科引领、支撑学科和特色学科辅助的合理学科布局；重点攻博学科评估名次有显著的提升，为将来建成若干一流学科奠定坚实的基础；重点攻博学科建成博士学位授予权水平，形成较为完备的高水平研究生培养体系。

为此，学校实施"研究生教育质量工程"，并加以推进落实。内容主要包

括：①研究生规模和培养质量提升项目。推进实施"培养提质、学科升级、招就对接、动态调整"的研究生教育机制，提升创新人才培养水平。努力达到在校博士研究生50人，各类硕士研究生3000人，研究生与本科生比例约1∶2.5，实现向教学研究型大学的转型。②教育教学提升项目。建设设置研究生教育教学提升项目，每年发布项目指南引导申报，开展研究生优质课程建设、教材建设、专业学位案例建设、研究生教育教学研究等工作，资助教师和相关管理人员开展素质提升工作。③联合培养基地项目。建设依托产学研联合研究生培养基地，借助北京市教委产学研联合研究生培养基地项目经费，支持研究生在培养基地开展专业实践和科学研究工作。④创新创业激励项目。加强研究生思想政治和科学探索精神培养工作，组织研究生参加高水平学术论坛、创新创业实践活动，树立研究生学术活动品牌，扩大影响力；完善和优化既有研究生奖助体系，激发研究生的创业创新活力。

经过"十三五"期间的建设，学校不断完善研究生培养教育体系，在体制机制、政策措施方面取得了一系列显著成效，有力地推动了研究生教育培养工作。

第一，建立一支高水平研究生导师队伍。为适应学校研究生教育事业发展的需要及不同学科之间的差异，促进学校加快发展，学校于2016年、2018年两次修订《北京建筑大学硕士研究生指导教师管理条例》。同时，在2018年又颁布《北京建筑大学博士研究生指导教师管理条例（试行）》。进一步完善研究生指导教师遴选条件、招生人数、年度考核等实施细则，把立德树人职责纳入导师年度考核，将考核结果作为职称评定、职务晋升、绩效分配、评优评先的重要依据，充分发挥考核评价的鉴定、引导、激励和教育功能。

同时，通过不断完善研究生导师相关制度建设，明确遴选条件、岗位职责、考核标准等方面的具体要求，优化导师组师资，强化研究生指导环节，全面提升研究生培养质量。截至2020年12月31日，学校在岗的研究生导师共919人，其中校内博导50人、校外兼职博导4人；校内硕导336人、校外兼职硕导529人，为培养高质量研究生提供了良好的条件。

第二，加强精细化培养全过程管理。2012年，学校建设完成"学科建设与研究生教育信息管理系统"，包括基础数据、通知公告、学科建设、招生管理、学籍管理、培养过程、学位管理、教学工作量、优质课程建设、产学研培养基地、经费等模块。该信息管理系统已上线运行7年，完成研究生培养管理全过程，实现了培养过程网上审批，不仅简化了管理流程，而且提高了管理效率与服务水平。

第三,推进协同培养,突出行业特色。发挥学校和行业单位各自优势,截至2020年年底分别与中国建筑科学研究院、北京城建设计发展集团股份有限公司、北京建工集团有限责任公司、北京住总集团有限责任公司等68家城乡建设与管理行业领域的企事业单位陆续签订了《北京建筑大学城乡建设与管理产学研联合研究生培养基地共同建设框架协议书》,双方在研究生联合培养和科学研究等方面进行深度合作。经过几年的实践和发展,形成了独具特色的"项目制"产学研基地建设模式,研究生直接参与一线重大工程项目,服务首都经济建设。结合企业的实际需求,强化专业学位应用型人才培养的同时解决了城乡建设行业发展的技术前沿问题。2012年起学校以"城乡建设与管理"产学研联合研究生培养基地为平台,先后有460名研究生参加了校企合作项目174项。这些项目在全国范围内进行了广泛的推广应用,在奥运工程、地铁工程、北京老城保护、城市更新改造等项目中做出突出贡献。其中,有的成果形成了多个地方标准、专利,在国家及省重点项目中成功应用;有的项目成果被百余所高校及科研院所应用,支撑了重大复杂的工程设计,创造了显著的经济社会效益。

至2020年底,学校有各类在校生11163人。其中全日制本科生7948人,硕士研究生2375人,博士研究生83人,形成从本科生、硕士生到博士生,从全日制到国际学生教育、成人教育全方位、多层次的办学格局和培养教育体系。

第五节 实施"创新领校",科研创新能力显著提高

2013年更名大学后,学校在"十二五"建设的中后期,抓住有利契机,从大幅提升科研发展规模,增强科研实力,以科学研究引领学科建设,加快高素质人才培养,科技服务国民经济主战场实现新跨越等几个方面,推动科研能力和技术成果服务首都经济社会发展,学校科研经费超过5亿元,较"十一五"增长3倍多,学校总体科技实力得到明显提升,科技创新平台得到快速发展,国家自然科学基金项目成倍增长,国家奖实现了零的突破,服务工程建设主战场、解决装备技术问题的能力显著提高。同时,服务区域经济发展的作用日益明显。

进入"十三五"期间,学校围绕建设"国内一流、国际知名、具有建筑特色的高水平、开放式、创新型大学"的定位目标,结合北京"四个中心"建设和学校"两高"发展布局,以"创新引领,协调发展,深化改革,开放协同"为指导思想,提升科研水平和质量,推动开放协同,统筹科技人才队伍、高端创新平台和重大项目建设,持续提升科技创新能力、服务经济社会能力和整体

核心竞争力，为学校教学型向教学研究型转型发展奠定基础，为高水平创新型大学建设提供有力引擎，为建筑行业发展提供智力支持，为国家新型城镇化建设和北京建设国际一流的和谐宜居之都贡献力量。

一、围绕目标蓝图，谋划科研规划

2015 年 11 月 10 日，学校召开"学科与科技工作大会"，主题是"深化科技改革，推进转型发展，强化创新驱动，建设一流学科"，住建部、北京市教委、北京市科委领导和全体校领导、处级干部、各学院（部）负责人及教师代表等共计 300 余人参加会议。会议提出了学校"十三五"期间科技工作的六大任务是：聚焦博士人才培养项目和博士授权单位建设，努力营造校园创新文化，培育学术土壤，构建创新团队，搭建开放平台，组建高精尖创新中心，凝练特色方向，提高科技创新水平，推进成果转化，促进为行业和首都建设的"两个服务"。

为此，在"十三五"规划中，学校提出了以下发展目标和任务。

主要目标：按照北京建筑大学"十三五"规划的总体部署，瞄准国家重大战略需求、首都经济社会发展需要和建筑行业技术前沿，全面提升科技创新能力，到 2020 年，原始创新源头供给能力显著增强，产生一批具有原创性的基础研究成果；创新驱动经济社会发展能力和实际贡献显著增强，拥有一批高水平的科技创新平台和哲学社会科学创新基地，形成一批具有自主知识产权的应用研究成果；影响力和竞争力实现新的提升，现代大学新型科研管理制度基本形成，高水平科学研究支撑高层次人才培养和一流学科内涵建设取得明显成效。

具体目标：①科技管理体制和机制更加完善。进一步建立完善科研奖励及成果、科技成果转化、科研项目及经费、创新团队及平台建设、管理政策，营造良好科研氛围与学术环境。②行业产业关键技术供给能力显著增强。积极争取国家及地方重大科研项目，包括国家重点研发计划课题、国家自然基金重点项目、重大国际合作项目；国家自然科学基金及哲学社会科学项目、北京市自然及社科基金稳步增加；纵向科研经费较"十二五"增加；力争获得国家级科技奖励、省部及行业科技奖励；科技论文和基金经费总量等部分指标步入全国建筑类高校前列。③技术转移和成果转化能力显著提升。发明专利等知识产权较"十二五"翻一番、成果转化经费增长。④创新平台基地建设普遍提高。实现各学院省部级创新平台全覆盖，建成国际合作联合实验室；努力建设国家级创新平台、北京高精尖创新中心。

主要任务：落实"创新领校"战略，紧紧围绕学校建设"国内一流、国际知名、具有鲜明建筑特色的高水平、开放式、创新型大学"的建设目标，实施

"高端平台建设"工程，开展"双协同推进"计划，坚持"学科—平台—项目—团队—人才"科技建设模式，抓好科研体制创新，在关注科研总量的同时，更加关注科研的质量，更加关注科研的整体水平和育人功能，努力搭建科研支撑平台，产生一批高显示度的科研成果。

目标和方向更加明确，任务和措施逐步推进，学校的科研水平开始进入发展新时期。

二、搭建高端科研平台，提升科学研究水平

在首都建设发展新时期，北京确立了"全国政治中心、文化中心、国际交往中心、科技创新中心"的城市战略定位和建设国际一流的和谐宜居之都战略目标，出台了《中共北京市委北京市人民政府关于全面深化改革提升城市规划建设管理水平的意见》。作为北京地区唯一一所建筑类高校，学校在北京城市规划、建设、管理等方面拥有深厚的积淀、做出了积极的贡献。在建设创新型大学过程中，学校围绕首都北京新定位，坚持创新驱动，建设高端科研平台，推进北京"未来城市设计高精尖创新中心"建设，提升科学研究水平。截至2020年，学校建有北京未来城市设计高精尖创新中心以及城市雨水系统与水环境教育部重点实验室等26个省部级重点实验室、工程研究中心和研究基地，形成了若干个在国内具有较大影响力的学术团队和研究领域。

表3-3-7　2013—2020年新增省部级以上科研平台

序号	类型	基地名称	批准时间	批准单位
1	北京市重点实验室	机器人仿生与功能研究北京市重点实验室	2015年	北京市教委、科委
2		城市轨道交通车辆服役性能保障北京市重点实验室	2015年	
3		建筑大数据智能处理方法研究北京市重点实验室	2016年	
4		建筑遗产精细重构与健康监测北京市重点实验室	2016年	
5		建筑结构与环境修复功能材料北京市重点实验室	2016年	
6	北京实验室	通用航空技术北京实验室	2013年	北京市教委

序号	类型	基地名称	批准时间	批准单位
7	北京市工程技术研究中心	北京市可持续城市排水系统构建与风险控制工程技术研究中心	2014 年	北京市科委
8		北京市建筑能源高效综合利用工程技术研究中心	2014 年	
9	国家文物局研究和人才培养基地	国家建筑遗产保护研究和人才培养基地	2013 年	国家文物局
10	北京市国际合作基地	北京市电子废物资源化技术、标准与产业政策研究基地	2014 年	北京市科委
11		北京市城市交通基础设施建设国际科技合作基地	2014 年	
12	北京市 2011 协同创新中心	首都世界城市顺畅交通协同创新中心	2013 年	北京市教委
13	住建部研究中心	住房城乡建设部村镇建设司乡村规划（北方）研究中心	2014 年	住房和城乡建设部
14	高精尖创新中心	北京市未来城市设计高精尖创新中心	2016 年	北京市教委

2015 年，北京市教育委员会实施"北京高等学校高精尖创新中心建设计划"，启动建设一批北京高校高精尖创新中心（以下简称"高精尖中心"）。为此，学校整合资源，抢抓机遇，积极申报。2015 年 11 月 10 日，学校下发《关于成立北京建筑大学城市设计高精尖创新中心的通知》，成立北京建筑大学城市设计高精尖创新中心，11 月 11 日召开了筹备组第一次会议。2016 年 5 月 9 日，北京市教育委员会正式认定北京建筑大学未来城市设计高精尖创新中心，为国内城市设计领域唯一的高精尖创新中心，标志着学校建设高端科研平台的新突破。10 月 14 日，住房和城乡建设部副部长易军、北京市副市长隋振江共同为北京"未来城市设计高精尖创新中心"揭牌，中国科学院院士、中国工程院院士吴良镛先生为"未来城市设计高精尖创新中心"题字。

高精尖中心由学校牵头，联合清华大学、中国建筑设计研究院有限公司、中国城市规划设计研究院、北京市建筑设计研究院有限公司、北京市城市规划设计研究院等共同组建而成。以服务北京"四个中心"建设和国家京津冀协同发展战略需求，围绕破解"大城市病"以及建筑文化缺失等城市化发展中的问题，以建设服务国家建筑业转型升级高端智库和科技创新中心为发展定位，围绕城市设计理论与方法、文化遗产保护与城市有机更新、绿色城市与绿色发展开展科学研究和协同创新实践。2016年7月14日，学校设立北京建筑大学未来城市设计高精尖中心办公室，主要负责落实高精尖中心的规划及建设实施工作。高精尖中心成立后在机制和运行管理模式上进行了创新。

第一，进行人才特区改革，执行"四三"工程，即"三给政策"：给身份、给条件、给待遇，"三定政策"：定团队、定岗位、定职责，"三双政策"：双主任、双PI、双导师，"三个探索"：海外非全时教授、国际性开放课题、高端人才缓冲区。实现"全时"与"非全时"大师队伍，事业编制与高精尖中心编制，"大师+团队"，年薪、月薪、日薪相结合等灵活用人制度，制定了大师目标考核制度、"团队+绩效"弹性考核制度、重大研究进展激励制度以及突出实际贡献和创新质量绩效考核制度，将人才特区作为改的核心与龙头，推进高精尖中心体制机制创新。

第二，进行科技特区改革。将校内外PI融合、科研经费激励、独立自主建设三结合的方式，以科技特区改革为契机，充分用好、用足国家政策，落实建设自主权。根据任务协同攻关需要，组建团队并动态调整，融合团队内外人员，实行PI联席会议制度。建立稳定性和竞争性相结合的科研经费激励机制。根据聘期和研究任务给予稳定的科研经费支持，设立竞争性专项课题。给予高精尖中心主任充分的自主权，可采用不同的资助方式和科研组织模式，有效开展任务组织和资源配置。

第三，实行"6轮驱动"的协同管理模式。即理事会、高精尖中心主任、学术委员会、国际咨询委员会、监督委员会、高精尖中心办公室的多元协同治理机制。实行理事会领导下的主任负责制，高精尖中心主任和各委员会切实履职尽责。2016年，时任校党委书记王建中任管理委员会理事长，崔愷院士任高精尖中心主任，王建国院士任高精尖中心学术委员会主任，时任校长张爱林任执行主任，时任副校长张大玉任副主任。2018年1月6日，高精尖中心召开第一次理事会。高精尖中心主任、中国工程院院士崔愷，高精尖中心学术委员会主任、中国工程院院士王建国，国务院参事、住房和城乡建设部原副部长仇保兴，中国工程院院士肖绪文，清华大学建筑学院院长庄惟敏，高精尖中心国际咨询委员会委员代表、美国AECOM设计集团亚太区高级副总裁刘泓志及高精尖中心理事单位相关代表参加会议，分别对高精尖中心建设与发展、重点工作、重大项目选题等方面提出了很多富有建设性的意见和建议。

第四，高精尖中心办公室作为正处级实体单位运行，内设部门相对合理，与高精尖中心功能定位相适应。高精尖中心独立设置处级编制，配备正处、副处、正科等专职管理干部 6 人。自成立以来至 2021 年，高精尖中心理事会、学术委员会、国际咨询委员会、国际监督委员会等组织重要活动 60 余次。制订了2016—2025 年发展规划、章程、人才聘任与考核评价管理办法，开放工作室管理办法，经费使用和管理办法，国内差旅费、会议费、专家咨询费管理办法，外拨经费管理办法，货物与服务采购管理办法，出国出境管理办法等规章制度。

表 3-3-8　高精尖中心组建创新团队（2016—2020 年）

创新团队	团队负责人	创建时间
城市设计理论方法体系创新团队	王建国、金秋野	2016 年
城市更新关键技术研究创新团队	崔愷、胡雪松	
城市历史保护与发展创新团队	庄惟敏、汤羽扬	
绿色建筑关键技术研究与应用创新团队	侯兆新、张爱林	
工程抗震防灾与绿色发展创新团队	Maria Feng、李爱群	
城市能源系统智能化与互联创新团队	江亿、张群力	
城市地下综合管廊工程安全创新团队	钱七虎、戚承志	
海绵城市建设与水质水量风险防控创新团队	刘会娟、李俊奇	
城市设计大数据获取与处理创新团队	陈军、杜明义	
未来"城市—建筑"设计理论与探索实践研究	孟建民、马英	2018 年
首都皇城及周边地区空间格局保护复兴规划及研究	吴晨、齐莹	
城市空间发展决策支撑系统关键技术研究——以北京市中心城六区为例	金鹰、杜明义	
历史城市更新中的文化遗产保护与利用关键技术研究	刘托、田林	
创新驱动下的未来城市空间形态及其城市规划理论和方法研究	吕斌、张忠国	
污水处理"京标 A"资源化工艺	Mark van Loosdrecht、郝晓地	
量子点建筑太阳能电池的高效率的机理研究和高性能器件的设计开发	沈青、王瑞祥	
首都重点道路工程减灾减排技术及应用	聂大华、徐世法	
城市空间信息一体化平台关键技术研究	姜卫平、霍亮	

高精尖中心成立后，根据"搭平台、聚人才、接任务、出成果"建设思路，推进各项事业发展。截至 2020 年，高精尖中心聚合了清华大学、东南大学、中国建筑设计院有限公司、哈佛大学、密歇根大学等国内外多家单位，聘请多位国内外高水平专家担任高精尖中心学术委员会委员和国际咨询委员会委员，汇聚了百余名具有国际影响力的海内外一流学术人才，是国内城市设计领域唯一的高精尖中心。经过几年的建设和发展，高精尖中心在以下方面取得了一系列相关成果，扩大了影响力，为学校科研平台、团队建设、人才培养以及服务首都社会经济发展方面做出了积极贡献。

第一，会聚人才，组建高端科研团队。截至 2021 年高精尖中心固定研究人员 257 人，占高精尖中心总人数的 71%；高级职称 204 人，占高精尖中心总人数的 56%；全职引进 22 人，全职高层次人才 15 人，占高层次人才总人数的 25%，海外引进人才 15 人，占比引进人才总人数的 24%。海内外高层次人才 62 人，其中中外院士 20 人，"千人计划" 4 人，长江学者 7 人，"杰青" 3 人。充分发挥高层次人才优势作用，把准科研趋势，审定发展规划，引领学术前沿，培育青年骨干，指导学科建设，评价学术价值，逐步形成国际顶尖人才领衔、人才高地、学科高原、层次结构较为合理的高水平队伍。实施"四育人"机制，即"团队—实践—平台—开放计划"，逐步实现"引智—育智--提智"中青年人才良性增长。2016 年、2018 年高精尖中心在主要三大研究方向上，分两批次共组建 18 支创新研究团队。各研究团队发挥学校研究基础，同时借助校外顶级专家优势，不断创新性看展前沿研究，并在科学研究的基础上积极进行实践，均获得了丰硕的研究成果。2018 年，高精尖中心国际咨询委员会委员、"中—荷未来污水处理技术研发中心"Mark van Loosdrecht 外籍教授获得世界水资源保护领域最高奖"瑞典斯德哥尔摩水奖"。2019 年 11 月 22 日，Mark van Loosdrecht 教授成功当选中国工程院外籍院士。

第二，整合校内资源，搭建创新型高端科研平台。高精尖中心落实推进学校"两高"办学布局，积极整合校内场地资源，配套面积超过 3 万平方米。校内科研平台包括"建筑精细重构及遗产修复研究平台""建筑全过程一体化虚拟仿真平台""代表性建筑与古建筑数据资源平台""现代生土建筑研究平台""球形自平衡全方位加载试验平台""大型复杂建筑结构抗震安全试验平台"等在内的 9 个创新型高端科研平台，为科研工作的开展奠定了坚实基础。（见表 3-3-9）

表 3-3-9　校内科研平台一览表

科研平台	负责人	面积/平方米
建筑精细重构及遗产修复研究平台	李爱群	2500
建筑全过程一体化虚拟仿真平台	李青春	2700
代表性建筑与古建筑数据资源平台	黄明	2200
现代生土建筑研究平台	穆钧	1000
球形自平衡全方位加载试验平台	张爱林	3000
污水处理与资源化研究平台	郝晓地	1000
大型复杂建筑结构抗震安全试验平台	戚承志	1600
人工降雨及产汇流模拟平台	李俊奇	2000
建筑全性能仿真平台	高岩	600

其中，"大型复杂建筑结构抗震安全试验平台"，可以进行建筑结构、建筑遗产保护、市政工程以及生命线工程等领域的动力、抗震、减振研究，建成后成为国际领先、具有重要影响的高水平试验平台和人才培养基地，为国家"生命线工程"的全寿命期抗震安全提供科技条件支撑。自主研发设计"球形自平衡全方位加载试验平台"，由 6 根经度梁、8 根纬度梁、4 根赤道梁、6 根支撑短柱等组成，总高 10.4 米，宽 11.9 米，总重约 220 吨，为北京大兴新机场的复杂节点进行校准试验，并为新机场航站楼钢结构中应用提供技术支撑。

第三，服务国家和首都社会发展，扩大学校传播力和影响力。高精尖中心把准服务北京建设全国科技创新中心目标定位，发挥建筑类学科特色和创新人才优势，牵头组织学校教授、青年教师、硕博研究生、本科生形成项目攻坚组。"十三五"期间，在高精尖中心政策或经费支持下，学校师生获得面向未来前瞻科学研究探索 200 余项，获得省部级以上奖励 50 余项，承担服务首都功能核心区、北京城市副中心、雄安新区项目 100 余项，主编海绵城市、全装配式结构等国家标准 3 部。（详见本章第七节）

扩展服务范围，科研辐射全国区域。2017 年，在住房和城乡建设部村镇司与无止桥慈善基金支持下，高精尖中心资助的科研团队参与甘肃省会宁县马岔村村民活动中心"生土建筑"示范项目，并成为住建部向全国推广的优秀乡土建筑设计案例。该项目在 2017 年荣获住建部第二届优秀田园建筑一等奖的基础上，在 2018 年又获得"世界建筑节"佳作奖。为贵州省研讨保护与展陈关键性问题出谋划策，2018 年，为了做好"智力援黔"项目，高精尖中心联合学校其他部门开展了多次协调会，对接贵州省有关方面的部门及人员，为"西南研究分中心"尽快实体化运行，打造科技服务西部品牌奠定了坚实的基础。2019年，高精尖中心资助的"共同缔造"团队在住房和城乡建设部和中央办公厅等单位的指导下在河南光山县做试点村的"共同缔造"乡村规划研究，设立"北京建筑大学城乡建设与管理产学研联合研究生培养基地""北京建筑大学大学生思想政治教育基地"，助推试点村"共同缔造"工作向前发展。

图3-3-11 住建部党组书记、部长王蒙徽现场调研学校青海大通县试点项目 (2018)

注重提升中国话语权和北京话语权。2016年至2020年，共开展29个国际联合工作营，有近千名师生从中获益。2016年8月，首次主办"北京城市副中心城市设计国际联合工作营"和北京城市副中心交通规划国际专家研讨会，邀请国际顶尖专家学者10余位、国际顶尖设计集团4家，通过围绕副中心城市设计热点问题，展开国际设计咨询和国际高端对话，为副中心建设顶层设计提供了国际化的解决方案和思路，得到领导和行业专家的高度认可。2017年7月，举办首届以"城市设计"创新为主题的国际联合工作营，组织专家学者带领学生展开系列的专题研究，为解决城市建设与城市设计存在的问题提供了新的思路和方法。同时通过构建国际、国内合作交流机制，有效地推动了学校科研、人才培养国际化进程。2018年，高精尖中心与北京市规划与国土资源委员会签订合作备忘录，共同开展30余次城市设计大讲堂。2018年9月至12月，结合北京新城市总规落地，共同主办"2018北京公共空间城市设计大赛"，探索北京空间品质提升，邀请美国哈佛大学、耶鲁大学，意大利米兰理工大学等国内外100多所高校，70余家设计单位参与，提出"人人营城、共享再生"城市设计理念。这次活动获得中共中央政治局委员、北京市委书记蔡奇批示："北京公共空间城市设计大赛这个尝试很好，成果可以利用。"同年7月20日至25日，张大玉副校长与米兰理工大学副校长Giuliano Noci和建筑学院院长Ilaria Valente等多位院系负责人一起就共建"韧性与智能城市国际联合实验室"事宜进行了详细洽谈并签约。2019年，高精尖中心与工程院、中国建筑设计研究院联合组织2019中国工程院"建筑师对话结构师"国际论坛，近20位国内外知名专家进行了精彩学术分享，反映了行业对建筑与结构话题的关注。同年，高精尖中心与北京市规划和自然资源委联合策划组织2019北京公共空间城市设计大赛"小空间　大生活—百姓身边微空间改造优秀设计方案征集"活动。活动贯彻习近平总书记"人民城市人民建，人民城市为人民"讲话精神，选取百姓身边小微公共空间，征集优秀方案，并在2021年5月前完成落地实施。蔡奇书记批示要求宣传部门关注跟踪报道，北京卫视《北京新闻》已连续3次报道本活动。2016年至2020年，高精尖中心成功举办了5届北京国际城市设计大会，逐步培育"以我为主"的国际学术和交流环境，彰显出国际化的品牌效应。2020年，在高精尖中心统筹主办的全球城市设计领域年度学术盛会——2020（第五届）北京国际城市设计大会上，4位院士、4位全国工程勘察设计大师以及来自美国、意大利、荷兰以及我国知名的城市设计领域专家学者，围绕"韧性城市·健康人居"主题，展开交流、研讨、对话。大会搭建了全球城市设计领域的教育、研究与实践的高端交流平台，有效地推动了首都与高校的互补优势、互动交流，深化了互助共建。大会吸引了来自国内外专业人士和高校师生近千人现场听会，近万人次通过网络直播收看了大会开幕式和主旨报告，人民网、中国新闻社、环球时报、人民日报海外网、北京日报、北京电视台等36家新闻媒体进行了此次大会报道，得到了行业及社会各界的关注及好评。

学校围绕国家和北京市重大战略需求，面向行业建设主战场，进行重大工程项目的科技攻关和装备研制，努力解决行业共性关键技术和战略新兴产业核心技术问题，提高原始创新和集成创新能力。2015年，学校开始投入大型工程实验装备建设。其目的是以大型多功能振动台阵实验室建设为契机，加强自主创新和技术集成，与企业结成战略联盟，与校内相关学院（学科）共建技术创新和成果转移中心，积极推动国家工程（技术）研究中心建设，构建国内领先、面向区域和行业的共性关键技术研发平台。2015年11月13日，北京市教育委员会专家组对学校"大型多功能振动台阵实验室"建设项目进行论证。由中国

图 3-3-12　学校与与北京市规划与国土资源委员会主办"2018 北京公共空间城市设计大赛"

图 3-3-13　学校举办第五届北京国际城市设计大会（2020）

工程院院士、中国建筑设计研究院总工程师、全国工程勘察设计大师在内的专家，与天津城建大学、北京工业大学、清华大学、中国建筑科学研究院、中铁建设集团有限公司、中国石油大学（北京）、北京林业大学等合作单位和人大代表组成联合专家组。经过论证后，学校获批"大型多功能振动台阵实验室"建

图 3-3-14　大型多功能振动台阵实验室（2016）

图 3-3-15　城市雨水系统与水环境教育部重点实验室

设项目。经过几年建设，2019 年 12 月 23 日，学校举行"大型多功能振动台阵实验室首台运行仪式"，活动现场进行了振动台模型振动试验演示。大型多功能振动台阵实验室首台设备的成功运行标志着历时四年半，这一代表国家水平、满足国家重大科研需求的重大科技基础设施圆满完成一期建设目标。按照建设预期，实验室建成后将成为京津冀地区唯一的、国际领先水平、具有重要影响的高水平试验平台和人才培养基地，是学校"高端平台建设"重中之重，是土木学科专业建设和学校发展的科研"重器"，也是学校重点建设的高层次科技平台。实验室建成后将有力提升学校抗震研究设施、装备水平和持续科技创新能力。截至2020年，大型多功能振动台阵实验室一期投入运行并启动二期建设。

2016年7月6日，学校"城市雨水系统与水环境"省部共建重点实验室，通过了教育部组织的专家组验收并正式运行。这是学校教育部重点实验室方面的一个标志性成果，该实验室涉及市政与环境、水利与水资源、建筑规划与园林、城乡道路等跨学科、交叉融合领域，研究方向包括：城市雨洪防控与利用、水环境生态修复、水质处理与环境风险评价、水资源再生与城市节水等。

三、科研成果丰硕，科技创新能力显著提升

更名大学后，学校坚持创新引领，深入实施"科技兴校"计划，科研项目和经费稳步增长，成果数量和质量同步提高，科研水平和综合实力显著增强。

"十二五"期间，学校科研经费超过5亿元，国家自然科学基金项目数稳步增加，获得国家级科技奖励7项。其中，主持项目"固体废弃物循环利用新技术及其在公路工程中的应用"和"地下工程开挖诱发灾害防控关键技术开发及应用"，分别获得2011、2012年度国家科学技术进步二等奖。主持完成"防腐高效低温烟气冷凝余热深度利用技术"，获得2014年度国家技术发明二等奖，实现国家技术发明奖零的突破。同时，获省部级科技奖励50多项，各类知识产权近400项，发表SCI、EI论文1200余篇。

深入实施"服务首都"计划，社会合作不断深化，成果转化不断加强，服务能力不断提升。2015年科技服务经费近3亿元，位居市属高校前列。5年立项各类服务项目700多项，累计合同额达1.5亿元。科技成果广泛应用于北方地区冬季取暖、长安街大修、雨洪控制利用等应用项目，产生经济效益十多亿元。承担天安门城楼维修、古北水镇规划、北京雁栖湖国际会展中心监理等众多重点项目，获得中国土木工程詹天佑奖、中国建筑工程鲁班奖等各类奖励近70项。作为中关村国家自主创新示范区股权激励改革工作首批试点的2所高校之一，成功注册北京北建大科技园发展有限公司，为学校大学科技园实体化运营打下了坚实的基础。

"十三五"期间，学校科研经费总额达到6亿元，较"十二五"时期增长约20%；牵头承担国家自然科学基金项目125项，较"十二五"时期增长约40%；首次承担国家自然科学基金重点项目和国家社科基金重大项目，国家重点研发计划项目等重大科技任务的级别和数量方面取得历史性突破；获批省部级科研平台数量增长 20%，达到 26 个，大型多功能振动台阵实验室正式运行；获国家级科技奖励 3 项，教育部、北京市科学技术奖 15 项，获世界人居奖铜奖，成为第三个获得此项殊荣的中国专业团队；在大跨度钢结构、装配式建筑、结构减隔震、建筑垃圾治理、海绵城市建设、污水处理及资源化回收、城市体检、生土营建、建成遗产保护等研究领域取得了一批具有重要影响力的标志性研究成果。

"十三五"期间，学校服务产业、企业和社会需求获得的科研经费总额超过 2 亿元，占学校科研经费总量的 33%，较"十二五"期间相比实现翻倍增长。产学研项目数量实现大幅增长；产学研单个项目合同经费创历史新高，达到 880 万元；产学研服务区域扩展到 29 个省份，其中服务北京的项目超过 75%。发明专利申请量占总申请量的比例逐年增高，实现翻倍增长；发明专利授权量较"十二五"期间增长 3 倍；专利授权率从 58% 提高到 75%，人均授权专利数量达到 3.4 件。发布《北京建筑大学面向未来城市的科技创新研究计划（2020—2035 年）》和《北京建筑大学服务首都功能定位行动方案（2021—2025 年）》，主动服务北京"四个中心"、北京城市副中心、雄安新区、北京冬奥会、大兴机场、乡村振兴、天安门城楼保护修缮等重大战略需求和重大工程。

图 3-3-16　北京大兴国际机场航站楼 1：10 模型抗震性能试验

"十三五"期间，学校新增各类科技项目 2000 余项，其中国家科技重大专项、国家重点研发计划项目、国家自然科学基金重点项目、国家自然科学基金

图 3-3-17　学校助力北京冬奥会延庆赛区"生命线"综合管廊隧道项目

项目、国家社科基金重大项目、国家社科基金项目、教育部人文社科项目、北京市自然科学基金项目、北京市科技计划项目等省部级及以上科研项目 400 余项。2016 年，新增国家自然科学基金、国家社会科学基金资助立项 27 项。2017年，新增国家自然科学基金、国家社会科学基金资助立项 20 项。2018 年，新增国家自然科学基金、国家社会科学基金资助立项 30 项。2019 年，新增国家自然科学基金、国家社会科学基金资助立项 28 项。其中，《中国传统村落保护发展的理论与方法研究》获批国家自然科学基金重点项目，实现了由学校牵头的国家自然科学基金在重点项目上的"零"突破，是 2019 年度建筑学领域唯一的重点项目。《"一带一路"遭遇的冷战思维挑战及应对研究》获批国家社会科学基金重大项目，实现在社科领域最高层次项目零的突破，是全国建筑类高校中唯一获此立项的高校，也是北京市属高校中仅有的 2 所获此立项的高校之一。2020 年，新增国家自然科学基金、国家社会科学基金资助立项 19 项。其中，《玉米基因型-表型数据关联的智能处理方法与验证》获批国家自然科学基金重点项目。

"十三五"期间，获得省部级及以上科技奖励 50 多项，其中国家级科技奖励 8 项，各类知识产权近 400 项，发表 SCI、EI 论文 1200 余篇。2014 年，王随林主持"防腐高效低温烟气冷凝余热深度利用技术"项目荣获国家技术发明二等奖。这是近五年来北京市属单位唯一作为项目负责人荣获国家技术发明奖，实现国家技术发明奖零的突破。2015 年，张爱林主持"预应力整体张拉结构关键技术及产业化应用"荣获国家科学技术进步二等奖。2020 年，李爱群主持"高性能隔震建筑系列关键技术与工程应用"荣获国家科学技术进步二等奖。

表 3-3-10　2013—2020 年国家科技奖励一览表

序号	获奖项目名称	第一完成人或主要完成人	奖励名称	年度
1	防腐高效低温烟气冷凝余热深度利用技术	王随林	国家技术发明二等奖	2014 年
2	混凝土结构耐火关键技术及应用	刘栋栋	国家科学技术进步二等奖	2014 年
3	农村污水生态处理技术体系与集成示范	杜晓丽	国家科学技术进步二等奖	2014 年
4	建筑结构基于性态的抗震设计理论及方法	韩淼	国家科学技术进步一等奖	2015 年
5	预应力整体张拉结构关键技术及产业化应用	张爱林	国家科学技术进步二等奖	2015 年
6	建筑固体废物资源化共性关键技术及产业化应用	陈家珑	国家科学技术进步二等奖	2018 年
7	废旧混凝土再生利用关键技术及工程应用	周文娟	国家科学技术进步二等奖	2018 年

2017 年，穆钧团队荣获联合国教科文组织 2017 年度亚太地区文化遗产保护"创新设计奖"。2019 年 12 月 9 日，穆钧团队完成的"现代生土营建研究与推广"系列成果，荣获 2019 年度世界人居奖铜奖，该奖项是教育部建筑学学科评估指标体系认定国际奖的最高级别奖项。穆钧团队是继中国科学院院士、中国工程院院士吴良镛和中国工程院院士刘加平之后，再次获"2019 年度世界人居奖"的中国专业团队。该奖项受到新华社、人民日报、中央电视台、北京电视台、经济日报、北京日报、文汇报、中国青年报、人民网、光明网等 22 家主流媒体的集中报道，并被国内 300 余家社会媒体转发。其中，《人民日报》文化版

刊发专题报道文章，人民网官网官微中该条新闻阅读量超过 10 万次，为提升学校的社会美誉度和影响力起到重要作用。

综上所述，学校更名大学后，高度重视科技创新和社会服务工作。获得的这些成果，面向国家重大需求和国民经济主战场，支撑国家经济高质量发展，服务创新型国家建设，支撑北京高质量发展，为北京建设具有全球影响力的科技创新中心积蓄新动能，为提升学校内涵发展的质量和水平做出重要贡献。

第六节　实施"开放办校"，国际化办学水平不断提升

国际化是高等教育本质特征的重要体现，是培养高素质拔尖创新人才的重要支撑，是迈向国内外知名高水平大学进而建成世界一流大学的重要途径。按照学校创建"国内一流、国际知名、具有鲜明建筑特色的高水平、开放式、创新型大学"的奋斗目标，构建"两高"战略格局，整体办学水平居全国建筑类高校和北京市属高校先进行列的发展目标，学校大力推进国际化建设，实施开放办校战略，开展"国际化拓展"计划，构建"大国交"工作格局，通过体制机制建设，推进各项国际化办学措施，开展更高层次、更广范围、更具实效性的国际合作与交流，抓住"一带一路"发展机遇，拓展国际交流渠道，深化国际合作项目，探索中外合作办学模式，促进教育教学改革，对拓展学生国际视野，提升教师队伍水平和科学研究水平具有十分重要的意义。

一、站位高远，统筹谋划，构建国际合作交流新格局

学校在"十二五"推进国际化办学的基础上，"十三五"期间加大了工作力度，通过贯彻"开放办校"战略，全面实施"国际化拓展"计划，推进国际化办学体制机制改革，构建与学校发展相适应的国际交流合作新格局，加大师生国际交流合作力度，着力提高学校国际交往合作能力，努力开创学校国际化办学新局面。2017 年召开的北京建筑大学第一次党代会上，党委明确提出"构建国际交流合作工作体系"，以加强国际化办学顶层设计。

其内容包括：构建学校国际化办学工作机制，出台相关激励政策，明确校院两级国际交流合作职责和任务，将国际交流合作工作纳入学院考核体系；加强教师和学生出国管理，引导教师加大国际交流合作工作投入，纳入工作考核和职称评定指标体系；加大师生出国访学、培训、交流支持力度，支持教师在国际学术组织任职，支持院系举办高水平国际学术会议，支持与国外高水平大

学联合科研和联合研究平台建设，进一步提高教师出国（境）访学经历比例。

在"十三五"规划中，具体制定了保障和激励的相关措施：建立大外事管理模式，成立由校、院、处等相关部门领导组成的学校"国际化办学工作领导小组"，讨论制定学校整体国际交流合作的大政方针，审议批准并考核学校的国际交流合作计划；推动学校外事管理重心下移，实施校院两级管理模式，学院配备分管外事领导，设立外事秘书，强化外事工作队伍；建立考核评估体系和指标分解办法，建立各单位半年自查汇报制度，组织开展年度检查和考核评比，评议结果纳入干部考核；成立"留学预科培训及服务中心"，归口管理学校各种出国留学培训和服务；成立"中外合作办学办公室"，加强中外合作办学机构、项目及国际教育基地的申办评估和管理。同时，探索建立"四个资助"体系（学生海外访学、国际科技合作、师资国际交流、留学生资助），多种渠道筹集经费。

同时，举办暑期国际学校、夏令营、国际文化节等校园国际文化交流活动，吸收海内外一流大学的教师和学生到学校进行交流访问，加大留学生同本土学生间的交流，围绕国际前沿、焦点和热点问题邀请国外著名大师、学者、教授来校做报告，营造校园多元文化相互交融的国际化大学氛围。

"十三五"末期，学校深刻认识到国际化工作是下一步学校整体发展当中具有比较优势的增长点，应当构建"大国交"工作格局，充分利用好"一带一路"建筑类大学国际联盟平台资源，组建更多国际化科研平台、国际化科研团队，举办更多国际化科研活动，不断扩大学校的国际影响力和国际声誉。办学过程中，既要符合中国特色社会主义大学定位，又要符合国际化交往的规则和惯例。在此基础上学校完成国际化发展工作顶层设计，确定了国际化发展总体目标和重点任务，于2020年5月底成立国际化发展研究院（国际教育学院）（以下简称"国发院"）。国发院实施三大发展计划：打造"'1+N'个高端国际创新合作平台""建立多层次多模式的国际合作网络""进行多层次国际人才培养"。遵循发展目标，国发院以"4个中心+1个学院+1个秘书处+1个中法培训中心"的架构开展工作。

2020年6月，学校组织召开国际化发展规划咨询会，邀请中国工程院院士、专家和行业领军人物十余人为学校"十四五"国际化工作问诊把脉、建言献策。学校国际化工作积极谋划，融入北京"外事大格局"，融入国家"一带一路"发展和首都"国际交流功能中心"功能建设工作中；整合国内外"大资源"，紧密围绕城市规划、设计、建设和运行管理需求，建设国际高层次人才培养基地、国际化科学技术创新基地，国际交流合作示范引领基地。

二、推进"国际化拓展计划"的主要目标和工作任务

在"十三五"规划中，学校认真贯彻《国家中长期教育改革和发展规划纲要（2010—2020年）》和《北京市中长期教育改革和发展规划纲要（2010—2020年）》，紧紧抓住"一带一路"、北京"四个中心"建设的有利时机，为创建"国内一流、国际知名、具有鲜明建筑特色的高水平、开放式、创新型大学"制定如下主要目标和工作任务。

主要目标是：实施"国际化拓展计划"，不断提高学校的国际化水平。围绕"三个转型"，加快国际化拓展步伐，采取多种措施激励师生"走出去""引进来"国外优质教育资源，提升国际交流能力和水平，为学校整体发展和提升提供有力支撑。具体将在十个方面开展国际化探索，包括"学科建设""师资队伍""教学模式""人才培养""学生生源""学生就业""科研能力""学术成果""管理队伍""校园建设与后勤保障"多方位的、全覆盖的国际化提升目标。

工作任务是：一是进一步拓展全球战略伙伴关系合作院校，积极扩大国际交流合作。包括：每年新增友好院校，与国外及港澳台地区高等教育或科研机构建立长期稳定、有实质性合作项目的合作关系，逐步构建与国外高水平大学、科研机构和企业的合作网络，通过主办国际会议和专题研讨会、拓展留学项目、新增合作交流项目、与国外知名大学建立可持续发展的合作办学实体，为学校参与国际合作与竞争搭建平台。

二是引进国外优质智力资源与提升校内人才国际竞争力并举，提升学校教学科研管理水平。包括：推进"国际大师驻校计划"，邀请国外专家学者来校从事讲学访问、合作科研、参加国际学术会议等；争取"北京海外人才聚集工程""千人计划"外专项目突破；拓展合作与项目渠道，增加教师出国讲学、参加国际会议、进修学习和境外培训等任务；丰富校内教师特别是青年教师的海外访学经历；提升教师国际影响力和竞争力，制定海外学术休假制度，鼓励和支持在国际学术组织、行业组织任职，担任国际期刊编委，参加重要国际学术会议并做特邀报告、主题报告；紧密围绕"一带一路""北京国际交往中心"战略布局，积极开展国际交流和国际化专业培训。

三是推动教育教学改革，丰富学生海外访学经历。包括：通过中外合作办学项目和机构，积极探索海外办学，引进世界一流大学的教育理念、教学方法、管理模式和评价方式，推进人才培养模式改革；启动"暑期国际学校"项目，将各国优质师资与学生汇聚校园，增强跨文化交流能力和创新能力；选送学生

赴国（境）学习或交流；推进与国际知名大学多种形式的合作办学，到 2020 年，成立 1—2 个中外合作办学实体，招收培养学生；以"中法能源培训中心"三期为基础，争取与法国巴黎东部马恩-拉瓦雷大学等共同承办工程师人才培养项目，与首创集团"中法经济贸易合作区"及里尔工程师学院，洽谈海外办学及工程师联合人才培养；继续推进与美国奥本大学联合举办的给水排水工程专业本科学历教育项目；探索与南康涅狄格州立大学等高校的合作与交流形式；与英国伦敦艺术大学、西苏格兰大学共同开展本硕联合培养及北京高等学校高水平人才交叉培养计划"外培计划"项目；探索与欧洲艺术类院校合作，联合开展多种形式人才培养；拓展与韩国光州科学技术院、圣彼得堡技术大学等大学的合作，探索硕博连读人才培养新模式，为学校申博提供支撑；围绕"中国青年设计师驻场四季计划"，开展新型国际化模式，与"北京市国际设计周"及北京歌华美术公司密切合作，拓展对外交流窗口，鼓励原创产品的创作、分享和传播；积极开展专业课程国际认证，到 2020 年新增国际认证专业课程 2—3 个，基本形成开放式、国际化的教育教学体系；推动在学校设立"留学预科培训及服务中心"，为广大学生提供绿色通道留学服务；通过"全球合作伙伴国家日"及"建大日"等活动，增强全校师生对国际交流及多元文化了解。

四是大力实施"留学北建大"工程，提高教育教学水平。包括：用好北京市专项奖学金，不断扩大海外留学生的规模。到 2020 年，长短期留学生总人数达到 300 人，其中学历生占 50%，基本形成与学校事业发展相适应的留学生规模和结构；建立学历教育的学位课程体系，到 2020 年，通过与国外高水平大学合作开设课程、聘请外籍教师授课等各种措施，形成 3 个以一级学科为基础、与国际接轨的全英文学位课程体系；完善预科生和短期访学教育体系，建设具有学校特色的汉语学习和中国文化学习体系，努力成为建筑类来华留学生汉语学习首选校之一；积极推进孔子学院的申报和汉语推广工程，提升对外汉语教学的水平和影响力。

上述"十三五"规划中对提高学校国际化办学水平和加强国际交流和合作，提出了明确的建设方向和目标，并就推进路径和制度保障方面做出了具体的部署，为推动学校发展奠定了坚实的基础。

三、构建"一带一路"建筑教育共同体，实现国际化办学新突破

随着学校进入新发展时期，国际交流合作获得显著发展，其中以学校紧抓国家战略发展机遇，倡议成立"一带一路"建筑类大学国际联盟最为突出。2017 年，为贯彻国家和北京市关于做好教育对外开放工作的有关精神，加大与

提升北京教育服务"一带一路"国家倡议的力度与水平，北京市教委组织启动了"一带一路"国家人才培养基地项目的申报评审工作。学校积极申报，从 70 多所院校中脱颖而出，确定为北京市"一带一路"国家人才培养基地。此次批准立项的国家人才培养基地建设周期为 3 年，市教委将给予每年 150 万元的建设经费，支持基地学科建设和国际人才培养。9 月 1 日，学校举办"一带一路"国家人才培养基地项目启动会。会议强调，要积极发挥学校的学科专业优势，建立健全管理制度，加强"一带一路"国家高端人才培养和相关学科专业建设研究，逐步建立"一带一路"国家人才培养的新机制，不断推动本校人才培养、学科建设和科学研究水平的提升，推进学校国际交流合作特别是同"一带一路"沿线国家的实质性合作，以此有力推动学校国际化办学进程。

2017 年 10 月 10 日，"一带一路"建筑类大学国际联盟成立大会暨校长论坛在学校大兴校区隆重举行。"一带一路"沿线国家的建筑类大学校长和代表、媒体以及学校师生，共计百余人与会。来自俄罗斯、波兰、法国、美国、英国、亚美尼亚、保加利亚、捷克、韩国、马来西亚、希腊、尼泊尔、以色列等 19 个国家（地区）的 44 所大学成为首批联盟成员高校。联盟成员围绕创新推进"一带一路"发展倡议下建筑类大学国际交流与合作以及创新人才培养开展研讨交流。学校党委书记王建中主持联盟成立大会并致欢迎辞，联盟首届轮值主席、学校校长张爱林以《把倡议变为行动，把愿景变为现实，创新推进"一带一路"，建筑类大学国际交流合作》为题，向大会报告联盟成立的背景、章程及合作意向。会议受到了社会广泛关注和一致好评。市委书记蔡奇给予高度评价，认为"这个做法好"。

2018 年 9 月 27 日，"一带一路"建筑类大学国际联盟 2018 年会议暨校长论坛在马来西亚理工大学隆重召开。依托联盟平台，学校与"一带一路"沿线国家高校开展了广泛合作，不断完善联盟工作机制，扩大联盟朋友圈，推进联盟实体建设。截至 2020 年，来自俄罗斯、波兰、法国、美国、英国、亚美尼亚、保加利亚、捷克、韩国、马来西亚、希腊、尼泊尔、以色列等 27 个国家（地区）的 64 所大学成为联盟成员高校。

联盟成立以来，成员国之间进行师生交流、聚焦国际化人才培养，构建联盟内开放式、国际化教育教学体系。2016 年，学校"建筑类国际化人才培养"项目入选 2017 年度北京外国留学生"一带一路"奖学金项目，专项资助沿线国家有志青年来校留学。2017 年 9 月，学校成为北京市首批"一带一路"国家人才培养基地院校，获得专项资金进行国际建筑土木工程师人才培养和学科建设。2018 年 10 月，学校"一带一路"建筑土木研究生项目入选 2019 年度北京市外

图 3-3-18 学校发起"一带一路"建筑类大学国际联盟成立大会（2017）

图 3-3-19 学校举办 2018 年国际学生开学仪式

国留学生"一带一路"奖学金项目，来自"一带一路"沿线 13 个国家的 28 名学生获得资助，围绕建筑学、土木工程两个专业方向学习深造。2018 年 7 月，第三届暑期国际学校在学校举行。其中十余名教师、近五十名学生均来自"一带一路"建筑类大学国际联盟五所成员高校。学校还计划使用"一带一路"国家人才培养基地的"紫禁城奖学金"，资助联盟成员高校的教育管理人员和教师来京参加1—3周研修，以加强师生国际交流，带动学校教师整体能力提升，营造多元校园文化。

图 3-3-20　学校以"云会议"形式举办"一带一路"建筑类大学国际联盟 2020 年会议暨校长论坛

联盟成员利用各自国家和区域的政策优势以及学科专业优势，推进协同创新，举办国际会议，提升师资国际化水平，开启交流合作新篇章。与法国巴黎东部马恩·拉瓦雷大学共同申请项目，集研究与教育于一体，两校共同参与，在城市设计、人才培养、校企融合、全球视野等方面进行合作。与韩国大田大学成立"北京建筑大学—大田大学国际产学合作中心"。同时，亚美尼亚国立建筑大学、俄罗斯圣彼得堡建筑工程大学积极参与了"2017（第二届）北京城市设计国际高峰论坛暨国际工程科技发展战略高端论坛北京分论坛"以及"第十届建筑与土木工程热点国际会议"等学术活动。经过"十三五"期间的努力，学校发起并牵头的"一带一路"建筑类大学国际联盟吸引来自 27 个国家（地区）的 64 所高校参加，举办了 4 次校长论坛、首届"'一带一路'建筑类大学国际联盟大学生建筑和结构设计竞赛"，获批北京市首批"一带一路"国家人才培养基地，进入北京市外国留学生奖学金和"一带一路"奖学金院校行列。加入中波（兰）大学联盟、中国-中东欧国家高校联合会。与 43 个国家（地区）的 97 所高校、研究机构签署了合作协议。

四、推进国际交流合作项目，推动学校高质量发展

第一，扩大学校的国际交往和学术交流活动，开拓视野，增强教学和科研能力。为提升教师队伍的英语教学水平，丰富专任教师的海外留学经历，全面提高教师的跨文化沟通能力，学校组织了针对不同群体教师的海外培训和进修项目，"十二五"和"十三"期间的近十年中，共完成373个团组、792人次的因公出访任务。先后赴英国南威尔士大学、美国奥本大学等地进行语言培训，2017年7月，学校派团参加了为期21天的"现代城市多学科教学体系课程建设与教师职业发展计划德国培训（H172001045）"的教育专题培训，德国吉森大学、包豪斯设计学院、法兰克福应用科技大学等大学进行访问。2018年，派团赴意大利访学，参加现代城市建设管理人才培养及教师职业发展培训。2015年6月至7月间，学校8人师生组成设计师团队，参加了葡萄牙帕雷德斯市举行的为期30天的"中国青年设计师驻场四季计划"项目，受到时任葡萄牙总统席尔瓦先生的接见。项目成果展"中葡设计握手·家具篇"展览于2016年9在北京举办。

一方面"走出去"，另一方面又"请进来"。这期间，学校不仅加大派出力度，更加重视外国专家引智工作，与学校"海聚工程"相互补充，把专家和大师请进校园来，活跃学校的国际交流氛围。十年来聘请长期外国专家近80人次；近三年，学校每年举办国际学术报告70余场，短期外国专家来访数量激增。2016年80周年校庆期间，学校"大师驻校计划"正式启动，首位外籍驻校大师——英国雕塑家亚历山大·斯托达特入驻。

第二，注重学生派出访学，鼓励中外合作办学。学校引进国外高等工程教育模式，立足国际化视野，培养应用性的复合型人才。

2012年，学校与美国奥本大学合作举办给水排水工程本科教育项目获教育部批准。2013年11月，奥本大学代表团一行6人在常务副校长Boosinger博士率领下访问学校。一致同意继续推进两校之间的教师交流及学生联合培养，就进一步实施"3+2"学生联合培养达成了初步的共识。2017年1月，学校党委副书记张启鸿率团赴美，代表学校与奥本大学签署项目延期协议，经教育部批准，双方开展第2期合作。到2020年12月，累计共派出学生72人；为加强学生交流互通，自2013年起，互派学生进行语言文化实践活动，其中学校派到奥本大学学生97人，奥本大学来访学生61人。

2016年1月，学校与美国科罗拉多波尔得分校土木工程学科交流项目，获批国家留学基金委优秀本科生项目，学生交流项目层次大幅度提升。2018年学

校获得 2 个优秀本科生国际交流项目，分别是"北京建筑大学与美国科罗拉多大学波尔得分校土木工程学科本科生交流项目"和"北京建筑大学与英国伦敦艺术大学建筑学科本科生交流项目"，每个项目 2 人。同时，按照"北京高等学校高水平人才交叉培养计划"，学校 2015 年实施"外培计划"并派出学生，截至 2020 年秋，共派出学生 103 人赴海外知名高校学习交流。此外，2017 年至 2019 年，学校通过长短期国际交流项目派出的学生人数显著增长，分别为 152 人、330 人、418 人。

第三，开展短期国际化教育活动。2016 年至 2020 年，学校举办 4 届"北京建筑大学暑期国际学校"，包括建筑和土木两个学科，由学校、中国建设领域土建类专业"卓越工程师教育联盟院校"和海外高校学生组成。邀请国内建筑大师胡越（全国勘察设计大师、建筑学专业 1982 级校友）、崔恺（工程院院士、北京未来城市设计高精尖创新中心主任）等著名专家来校授课，学习实践活动丰富多彩，不仅使海内外学子学习到建筑与土木前沿成果，开阔学术视野，也得到了解中国文化的机会，促进了跨文化交流和国际化发展，受到广大师生的一致好评。2020 年 8 月，学校举办的第四届暑期国际学校，邀请了来自 6 家单位的 8 名国际知名学者围绕当下学术热点做了 10 余场报告，并首次增设了分组专题研讨环节。来自联盟 8 个成员高校的 250 余名学生参加了本次暑期国际学校，是参与学生数最多的一届，取得了很好的效果。

图 3-3-21　北京建筑大学第三届暑期国际学校（2018）

积极开拓学生国际交流项目，启动"筑梦·远航"计划——世界一流大学暑期学术交流项目。截至2020年，学生共参与了英国帝国理工学院、哈佛大学、美国罗格斯大学、美国加州大学伯克利分校、美国华盛顿大学、英国剑桥大学、英国伦敦艺术大学、英国威斯敏斯特大学、南洋理工大学、新加坡国立大学、意大利米兰理工大学、悉尼大学、中国香港大学、中国香港理工大学、中国香港中文大学等学校，累计派出学生近百人。

图3-3-22　北京建筑大学2019年中国·突尼斯国际文化大使交流项目

经过十余年的建设和项目实施，形成学生"中外合作办学+中外联合培养+国际暑期学校+筑梦远航计划"交叉运行的全方位学生交流体系。思维多元化、文化互通氛围得以营造。2018年5月，罗客教育信息咨询（上海）有限公司向北京建筑大学教育基金会捐赠20万元，这是学校接受的第一笔用于资助国际教育交流项目的捐赠；学校连续获得"北京市教育委员会学生境外学习奖学金（菁英奖学金）"，多形式资助学生，他们通过近40个各类校级海（境）外交流项目，走向世界，开阔眼界，提升跨文化交流能力和国际化学习能力。

第四，开拓国际创新合作。2020年国发院成立后，初步构建"1+7"个国际创新合作平台，涉及建筑遗产保护、未来水技术、城市时空信息、应急减灾、医疗建筑、新能源和寒区工程等研究领域，初步形成了多支具有国际视野、科研实力雄厚的研究团队。建立"一带一路"城市国际化创新中心和7个专题国际创新合作平台，并依托其开展务实工作。2020 年，学校加入国际科学理事会地学联盟风险和灾害管理委员会并任秘书处单位，加入中国卫星导航定位协会国际时空信息综合服务专业委员会并任秘书长单位，与航天宏图有限公司、丝路集团等企业签订合作协议。

五、留学生教育的持续发展

广泛吸引和招收来自海外的留学生，是一所大学走向国际化道路的必然选择，也是提高国际化办学水平的显著标志。随着中国提出"一带一路"倡议，以及中国与多个国家人文交流机制的建立，来华留学成为新时期国家对外开放的亮点，是我国教育国际合作与交流的重要内容，是国家整体外交工作的有机组成部分。2012 年以来，学校持续实施开放办校战略，加快推进国际化进程作为引领学校事业发展的战略引擎，以全球的视野谋划和推动高水平大学建设。

为此，2012 年学校成立国际教育学院，主要承担留学生招生和管理工作。"十二五"期末，来学校的留学生发展到 25 个国家，累计培养学生人数 648 人次。2015 年，国际合作与交流处与国际教育学院合署办公，加强这方面工作领导，努力营造国际化办学环境，按照国际化标准，服务留学生教育。

2017 年学校首次举办北京市第七届"汉语之星"大赛分赛区，获得大赛优秀组织奖，2 位同学最终进入复赛，取得良好成绩，2 人获得"北京市留学生管理干部优秀奖"。2017 年，学校成为北京市"一带一路"国家人才培养基地，推动了学校国际化办学进程。

2018 年，学校推进"一带一路"建筑类大学国际联盟项目落地，开设建筑土木全英文研究生班，并成功获批 2019 年度北京市外国留学生"一带一路"奖学金入选项目。2018 年 10 月，28 名"一带一路"沿线国家学生入班就读，学校以此为基础，培养高层次国际化人才、打造全英文精品课程。10 月 11 日，国际学生开学仪式在西城校区隆重举行，来自 30 多个国家 100 多名国际学生参加开学仪式。北京市有关领导和学校领导出席，来自伊朗、玻利维亚国等国大使馆官员出席开学仪式。到 2018 年年底，学校招收长短期国际学生共计 143 人，增幅达 25%，取得了新的突破。

2019 年，我校招收第二届全英文硕士研究生，共招收 49 名国际学生，其中 41 名全英文授课硕士生，涵盖建筑学、土木工程、人工智能、环境工程等专业。进一步扩大了我校国际学生人数规模和国际影响力，国际化发展得到进一步提升。

2020 年，面对新冠肺炎疫情，学校教师与国际学生同心协力，共克时艰，不断完善线上授课内容，提高线上教学质量。当年共招收国际学生 10 人，学历生占比 100%。学校国际学生积极参与团市委、市友协的云实践活动，通过汉语在专业实践中的运用来检验国际学生的汉语应用能力和学术表达能力；在文体活动中加入汉语能力展示板块如绕口令表演、太极拳表演等；国际交流协会的日常工作中加大中外学生的融入互动部分，通过中外学生共同创作拼贴画等，来提高国际学生的汉语沟通能力及中国传统文化的认知。同年 7 月，新型机构国际化发展研究院（国际教育学院）成立，继续扩大留学生来源国家（地区）范围，逐步提高插班生比例，推进国际学生与国内学生的共同学习，提高留学生的学习质量，营造多文化交融的学习、生活环境。

图 3-3-23　国际学生表演太极扇

　　学校的留学生事业得到了教育部、北京市教委等部门的大力支持。自 2006 年至今，学校连续 15 年荣获"北京市外国留学生奖学金"，累计获得 950 万元专项资助；连续 3 年获得"一带一路"奖学金资助。作为首批北京市"一带一路"国家人才培养基地项目学校，3 年累计到校专项奖学金 500 余万元。奖学金不仅解决了留学生学习和生活的资金困难，而且极大调动了学生学习的积极性，对扩大学校影响、招生宣传起到了促进作用。使学校在亚非国家特别是"一带一路"沿线国家的影响力进一步提升。中外学生同堂砥砺、互相交流的国际化教学氛围初步形成，有利于推进学校教育教学改革和创新人才培养。

　　总之，在"十二五"和"十三五"期间，学校在创建"国内一流、国际知名、具有鲜明建筑特色的、高水平、开放式、创新型大学"奋斗目标引导下，全面实施"国际化拓展"计划，构建"一带一路"建筑类教育共同体，完善国际化人才培养、国际化人才队伍、国际化学术创新和国际化支撑保障等工作体系，加快推进了国际交流合作进程，提高了学校的国际影响力。

第七节　发挥特色优势，提升学校服务经济社会发展能力

在国家正深入推进"一带一路"建设、加快推进新型城镇化建设、京津冀协同发展和雄安新区建设的大背景下，适逢首都北京全面推进"四个中心"建设和城市副中心建设，以及国际一流的和谐宜居之都建设的关键时期，学校也步入了全面提质转型升级发展的关键时期。

一、聚焦服务方向，围绕重大问题，提升服务社会发展能力

2017 年，在北京建筑大会第一次党代会上，党委对如何"提升服务经济社会发展能力"作出规划部署，明确指出，要紧紧围绕国家重大战略需求和首都城市战略定位，充分发挥学校学科专业优势，着力提升学校服务经济社会发展的贡献度。进一步发挥北京"未来城市设计高精尖创新中心"平台优势，围绕雄安新区和北京城市副中心建设，建立对接机构；全面融入北京"三城一区"建设，抓住以北京新机场、冬奥会、长城文化带等重大项目建设为契机，进一步在城市设计规划、旧城更新改造、海绵城市建设、街区导则设计、建筑遗产保护、城市管理等方面加大科技支撑力度，为落实京津冀协同发展规划纲要、北京"四个中心"建设和实施新一版总体规划做出更大贡献。

学校在"十三五"发展规划中，重点聚焦科研领域和转化方向，为更加精准地服务社会指明了推进方向及实施路径。其中，重点以"加强高精尖协同创新平台体系建设"为中心，一是加强内涵建设，引导各类科技平台更高效、有组织开展科研活动，凝聚研究方向、培养科研团队、培育科技成果、促进协同创新，实现平台可持续发展；二是发挥平台建设在学校科研组织和资源配置中的辐射作用，发挥在原始创新、集成创新和引进消化吸收再创新方面的引领作用。

聚焦领域和服务目标：

第一，紧紧围绕"绿色、智能、安全"城镇化建设，以京津冀协同发展和北京地区城市建设为重点，凝练生态城市设计和绿色建筑设计中的科学问题，

进一步整合资源、汇聚力量，坚持自主创新，实现不断跨越。该领域的主攻方向包括建筑文化遗产保护及历史城市保护更新、乡村规划建设、绿色交通体系规划设计、绿色建筑设计及应用、工业化建筑装配设计、现代数字技术与设计。

第二，紧紧围绕服务北京经济社会发展和国家创新驱动发展，瞄准北京地区重大需求和建筑领域未来趋势，与国际一流大学、研究机构深入合作，有计划、有步骤地建设绿色建筑和城市治理国际合作联合实验室。

第三，紧密围绕国家传统产业转型升级和区域创新发展的重大需求，以"政府主导、区域急需、支撑传统、创新引领、产学融合、影响突出"为宗旨，面向绿色低碳循环行业产业前瞻与共性技术，进一步做大做强北京节能减排关键技术协同创新中心，产出一批具有重大带动和影响的创新成果，形成产学研用紧密协同的技术创新与成果转移新模式，促进区域传统产业改造、新兴产业发展和社会建设，为地方政府提供重大战略咨询和服务。

第四，聚焦产业链和创新链需求，依托学校具有优势并在行业具有较强影响力的学科，以大型多功能振动台阵实验室建设为契机，加强自主创新和技术集成，与企业结成战略联盟，与校内相关学院（学科）共建技术创新和成果转移中心，积极推动国家工程（技术）研究中心建设，构建国内领先、面向区域和行业的共性关键技术研发平台。

二、服务北京城市副中心和雄安新区建设

2017 年 10 月，北京新城市总体规划全文正式发布。明确北京的中心工作必须坚持全国政治中心、文化中心、国际交往中心、科技创新中心的城市战略定位，到 2035 年，北京初步建成国际一流的和谐宜居之都。针对北京城市副中心建设，学校紧紧抓住北京建设城市副中心的重大历史机遇，发挥北京"未来城市设计高精尖创新中心"科技创新研发的优势与辐射带动作用，通过创新机制、优化结构、整合资源、学科交叉、开放共享，建成城市设计的自主创新源和一流人才库。同时，发挥学科专业优势为副中心建设提供研究成果支撑。

2016 年 10 月 18 日，学校与通州区政府签订了全面合作协议，开展了通州旧城区更新设计研究、南大街历史街区节点、九棵树交通枢纽中心节点和污水处理厂景观节点的城市设计研究、通州区燃灯塔等古建筑的数字化测绘数据采集与保护研究、北京城市副中心海绵城市专项规划专题研究、北京城市副中心综合管廊规划设计、通州老城区精细化城市管理物联网监测系统等科学研究工作，作为高端智库为北京城市副中心的规划设计提供先进的技术支撑。2018 年，高精尖中心联合北京市通州区市政市容管理委员会共同主办，以"和谐宜居之

图 3-3-24　北京城市副中心交通规划国际专家研讨会成果汇报会
现场（2016）

图 3-3-25　北京城市副中心三庙一塔景区综合提升改造设计图

都"的畅想为主题的——2018 北京城市副中心"背街小巷·城市家具"创意设
计大赛，为通州区背街小巷的整治工作，提供了新的理念和方案；开展北京城
市副中心街道规划设计导则制定等项目。学校逐渐发展成为副中心建设的重要

智库之一。"十三五"期间，提供决策咨询建议 10 余次，发布通讯内刊 20 余期，提升学校话语权和影响力。

图 3-3-26　雄安新区建设创新模式模拟推演工作营（2018）

　　设立河北雄安新区，是党中央做出的一项重大的历史性战略选择，是千年大计、国家大事。针对雄安新区建设，学校坚决贯彻落实中央决策部署，率先参与雄安新区建设，依托北京"未来城市设计高精尖创新中心"，整合校内外学术科技资源，成立雄安创新研究院，推进开展雄安新区建设活动和项目 13 个。2017 年 5 月，学校主动对接雄安新区，积极参与新区前期规划和建设。7—8 月，应雄安新区管委会委托，先后协助雄安新区出台《雄安新区拆迁测绘技术标准》《雄安新区征迁安置工作手册》《雄安新区房屋重置成新价技术标准》《雄安新区国有土地上房屋征收评估暂行办法》等文件，为雄安新区前期科学拆迁提供了有力支撑，同时借助学校无人机测绘等先进技术，建立了新区首个数字拆迁"上店村三维影像数据库"，为新区数字化拆迁提供了理论和实践依据。9 月，学校再次作为核心组织单位参与"雄安新区建设创新模式模拟推演工作营"，并作为组长单位独立完成了《一会一函一监基本建设程序与 IPD 项目管理模式建议》《土地配套政策研究报告》《片区运营综合效益评价》《雄安新区时空价值地图云平台设计与模拟》《雄安新区"白塔绿洲"项目概念方案评估报告》等一系列专题研究成果，为雄安新区起步建设提供了理论依据，雄安新区高度认可高精尖中心在服务雄安新区建设方面的科研实力、团队精神与社会服务能力，管委会专门发来致谢信感谢学校的智力支持。11 月，国家自然科学基金委员会管理科学部发布了应急管理项目"安全韧性雄安新区构建的理论方法与策略研究"，学校利用前期参与雄安建设的优势成功申请了其中的"雄安新区城市基层社区风险评估机制与韧性提升策略研究"课题，课题于 2018 年顺利结题。

2018 年，学校承担雄安新区"记得住乡愁专项行动"规划、启动区绿色建筑标准研究、拆迁测绘技术标准、房屋重置成新价技术标准、新区土地管理和出让政策、"一会一函一监"工程管理模式六大主题共 18 项重点研究工作，形成了重要研究成果，并安排专业教师去新区挂职。3 月 11 日，在学校组织召开了行动计划工作启动会及计划研讨会。雄安新区管委会副主任于振海出席会议。于振海高度赞扬了学校为雄安新区建设所做的无私奉献，指出学校目前是为新区贡献最实、最大的高校，先后在雄安新区文物数字普查、征地补偿政策研究、新区创新发展推演工作营、工程建设模式等工作中做了突出贡献，这次委托北京建筑大学牵头承担雄安"记得住乡愁专项行动"规划，共同实现雄安新区高起点、高水平、高质量的规划与建设。5 月 9 日，雄安新区工委书记、管委会主任陈刚与学校校长张爱林会见时，高度称赞了学校在雄安新区建设中所发挥的重要作用。8 月，学校科研团队受邀参加雄安房产开发建设体系研究工作营，取得《雄安新区工程建设项目管理改革实施意见》《雄安新区工程建设管理改革研究报告》等多项成果。9 月，高精尖中心研究人员组织了雄安房产开发建设体系研究工作营。11 月，全国政协副主席、致公党中央主席万钢听取了雄安新区乡愁文化遗产保护与利用研究汇报。

三、在长城遗产保护中发挥重要作用

2016 年，北京市将长城文化带的建设列入"十三五"发展规划的重点项目。长城遗产保护方面积累了多年的经验，汤羽扬研究团队从 2005 年参加明长城资源调查开始，陆续承担了长城（北京段）以及中国华北、西北地区的长城保护规划编制工作；先后完成《北京市长城保护规划》《北京长城文化带保护发展规划》《北京市长城保护管理政策研究》《北京长城文化带重点组团规划》等多项与长城相关的研究课题与规划设计任务，系统构建长城保护、规划、修缮体系，实现中华民族象征长城的永续保护。创新发展超大型文化遗产保护理论，建立和发展长城学；牵头完成《长城国家文化公园（北京段）建设保护规划》；主持北京、宁夏、内蒙古 9300 多千米长城保护规划，约占全国总长度的 50%；主编全国首部大型长城志书《中国长城志·建筑》，获教育部人文社科二等奖。

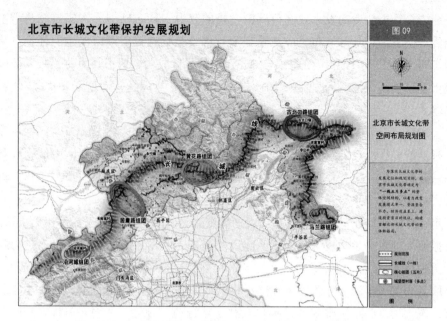

图 3-3-27　学校参与的超大型线性遗产北京长城保护研究

2017 年，北京市政府发布《北京城市总体规划（2016—2035 年）》，在全国率先启动包括长城文化带在内的三个文化带建设。在市推进全国文化中心建设领导小组办公室之下，专设长城文化带建设组办公室，将其作为北京全国文化中心建设的重要组成部分，推动长城保护工作。学校积极助推长城文化带及长城国家文化公园建设，2020 年 4 月 1 日，北京市文物局与北京建筑大学签订合作协议共建"北京长城文化研究院"。旨在创新发展思路，借助首都高校文化资源和学术力量，整合发挥双方各自优势，拓展长城文化研究领域，传承优秀传统文化，助推长城文化带及长城国家文化公园建设，发挥长城文化带在生态涵养区建设和京津冀协同发展中的作用，促进地方经济与社会发展。充分利用高等学校以及专家团队智库，围绕北京市长城保护利用及相关任务开展战略合作，包括举办长城及长城文化带研究方面的国内外学术讲座与论坛，深入开展长城文化及长城沿线文化资源研究，开展长城文化宣传，举办与长城保护利用相关的教育培训等多种方式，为北京长城文化保护传承提供有力的支撑。学校党委书记姜泽廷、校长张爱林在成立大会上一致表示，学校由多学科组成的建筑遗产保护研究团队，科学地为北京长城文化保护与传承提供有力的支撑，更进一步推动我国长城文化保护、传承、创新、发展、繁荣。"北京长城文化研究院"作为北京未来城市设计高精尖创新中心二级研究机构开展各项研究活动。

图 3-3-28　学校组织并参加"2020 年北京长城文化节长城文化志愿者活动启动仪式"

2020 年 8 月至 10 月，学校作为承办单位之一，助力 2020 年"北京长城文化节"多项学术交流活动。8 月，学校举办"2020 年北京长城文化节长城文化志愿者活动启动仪式"，北京未来城市设计高精尖创新中心发布"古北口关堡长城文化探访线路概念设计"工作营内容，针对古北口关堡长城文化探访线路进行总体概念设计，整治提升现有古北口镇城至瓮城步行道路的环境，提出文化探访路线所串联部分涉及的长城主题博物馆、特色民宿、长城沿线引导标识、文创产品等相关文化资源保护利用建设方案；文化发展研究院发布"长城红色文化传承与保护调研"志愿者活动内容，针对北京六区区域内现有与长城相关的博物馆、陈列馆开展调研，深入挖掘八达岭长城传说，培育村民讲述长城故事，帮助推送八达岭传说故事的展演等。同月，文化发展研究院联合北京长城文化研究院举办北京长城红色文化学术研讨会，将红色文化研究与长城遗产保护、爱国主义教育相结合，充分挖掘长城红色文化价值、景观价值和精神内涵，展示红色文化研究的优秀成果。9 月，北京长城文化研究院主办英国哈德良长城与中国长城展示及阐释学术会议，通过线上方式，围绕长城保护、管理、利用、志愿者等研究和实践进行对话与交流，将中英两国文博事业联结一堂，共话文物保护传承和文明交流互鉴。同月，在国家文物局及北京市文物局指导下，北京长城文化研究院参与我国长城沿线首个长城保护修复实践基地挂牌，协助组织怀柔"箭扣长城脚下明代砖石长城保护修复"研究实践基地揭牌活动，展示近年来北京长城保护修缮工程探索实践成果，组织长城保护维修技术学术研讨会。

四、服务首都核心功能区和老城更新改造

北京是世界著名古都，丰富的历史文化遗产是其重要的金名片。学校充分发挥在建筑遗产保护方面的优势与特长，不仅致力培养建筑遗产保护领域的专门人才，而且肩负起北京历史文化保护的重任。学校根据北京城市新定位中"有序疏解非首都功能、优化提升首都功能"的需求，结合北京历史文化名城保护规划，发挥学校在建筑遗产保护与古城保护更新方面的科研优势，积极投身其中，承担一大批重大社会服务项目。

围绕北京旧城改造，学校完成了大量科研项目，如前门地区保护与整治利用规划、北京历史文化名城保护规划、数字故宫工程、北京城市道路与交通规划研究、京郊新农村规划研究、西城区街区整理城市设计导则、西城区区级文物保护单位保护范围及建设控制地带划定、西城区245处挂牌四合院的保护与管理研究、通州旧城南大街历史城区城市设计研究、北京旧城"城市双修"规划策略研究、什刹海环湖区有机更新研究、北京市西城区街道城市设计导则、北京市西城区百万庄社区公共空间环境提升计划、北京金融科技与专业服务创新示范区规划设计研究、北京天安门城楼修缮设计（"5·24"重大工程）、北京大兴区街道整治设计方案等项目。其中，"北京市西城区街道城市设计导则"项目得到市委书记蔡奇批示肯定。2020年，完成西城区责任规划师联盟年终总结交流会暨展览路街道责任规划师轮值交流活动。

"十三五"期间，受东城区政府委托，学校科研团队全程参与南锣鼓巷地区四合院院落、福祥胡同等的保护与更新综合整治，公共空间环境品质提升的设计、实施工作，相关成果得到东城区政府肯定。主持完成北京新机场航站楼钢结构关键性能试验、地下综合管廊标准法规经济及安全技术研究等重大课题，从城市更新、生态修复、市政基础设施等层面开展科技服务，得到了相关建设管理部门和学界的认可与肯定。完善城市规划体系，打造历史文化"金名片"、东城区用地减量专项规划、东城区公共文化设施专项规划研究、东城区文物保护责任评估机制研究、东城区文物保护现状评估机制研究、东城区王府井地区停车规划项目提升等成为东城区城市建设的重要智库之一。

2015年年初，为保障纪念中国人民抗日战争及世界反法西斯战争胜利70周年活动顺利进行，让天安门城楼在当天以崭新的面貌呈现于世，天安门地区管理委员会在多家大型设计单位中，经过认真比选，最终选择学校的北京建工建筑设计研究院作为天安门城楼修缮及装修工程设计的承担单位。接到任务后，

图 3-3-29 天安门城楼保护修缮设计

面临时间紧、任务重、要求高的问题，设计院高度重视，组织院团队设备、电气、方案各专业室与第十设计所全力合作。自 2015 年 5 月起，设计团队秉承"继承传统风格、保持建筑原貌、内部设计人性化"的改造原则，经过 4 个月的时间，与其他参建单位一道反复修改方案，力求尽善尽美。纪念活动前夕，经有关方面验收，全部合格，得到天安门地区管理委员会的高度肯定。天安门城楼修缮和装修设计任务的顺利完成，不仅充分展现了学校设计院在古建文物保护设计领域的雄厚实力，更体现了学校及各校办企业依托优势，积极服务国家需要、勇于承担社会责任的良好形象。

为了探寻北京古都水城风貌的水文化遗产，再现曾经的水城面貌，学校组建"水文化遗产"研究团队，在环境与能源工程学院王崇臣的带领下，系统调查北京水文化遗产现状，整理搜集历史信息，建立"北京水文化遗产数据库"。两年多来，团队成员走遍北京 16 个区，调研遗产 209 处，拍摄照片 1.4 万多幅，积累文字 20 万字。北京"水城"在团队的努力下，通过网站、微信公众号、展览、课堂、著作等渠道，走入中小学、街道社区，逐渐"鲜活"起来，北京水文化遗产也从"专家眼中"，走进"大众视野"。

在"十三五"期间，学校作为国家建筑遗产保护研究和人才培养基地，致力于建筑遗产保护领域的人才培养、科学研究和社会服务。近年来，围绕建筑遗产保护理论研究，大力加强学科建设和科学研究，构建了国内唯一的建筑遗

图 3-3-30　学校先后承担北京故宫多项文物建筑修缮、景观提升和道路
修缮等工程，与故宫博物院保持长期稳定合作关系

图 3-3-31　学校承担前门地区保护整治复兴工程，通过整体保护、街区
联动、环境景观提升，打造具有国际影响力的知名商业街，文化体验式
消费街区汇聚中华民族传统文化领军品牌，成为品牌推广、展示、体验
的高层次平台

产保护领域"本—硕—博—博士后"系统完整的人才培养体系，获得国家教学
成果一等奖，拥有"代表性建筑与古建筑数据库"教育部工程研究中心等高端
科研平台，承担的建筑遗产保护项目数量位居全国高校首位，特别是针对丝绸
之路沿线建筑遗产保护开展了大量极具价值的研究和保护工作，先后完成了世
界著名线性遗产廊道项目——"丝绸之路新疆地区古代寺庙遗址保护规划""长
城保护规划""云冈石窟保护研究"以及柬埔寨周萨神殿保护维修工程等多个世

图 3-3-32　学校承担什刹海环湖地区风貌保护与传承研究，以"环湖于民"为工作理念，打造环湖畅通步行系统，修复前海景观视廊，重塑景观节点风貌，挖掘地区空间文化内涵，实现首都历史文化重点滨水地区的风貌重塑与活力复兴

图 3-3-33　学校承担宣南文化复兴与法源寺街区更新工程，挖掘宣南法源寺历史文化街区建筑文化价值，研究区域内 24 个会馆的保护和利用，并针对绍兴会馆、浏阳会馆等重要历史建筑进行活化利用设计

界文化遗产项目的保护规划等工作，发挥了在建筑遗产保护和文化传承创新方面的示范引领作用。

图 3-3-34　学校承担北京市门头沟区爨底下保护规划，以保护爨底下村文物、自然环境、人文环境、优秀的乡土文化为基本目标，充分展示发挥文物古迹的历史、科学、艺术、社会、文化等综合价值，统筹协调爨底下村文物、文化、生态、民生和生产五大系统，将古村文物保护与改善古村基础设施、防灾及安全保障、改善居住环境质量相结合

图 3-3-35　学校承担前门东区草厂历史街区改造，以满足住户基本生活需求为前提，力图在极端拥挤的环境中重现传统合院的空间格局，并通过拆违和改造，使得每个住户都能分享内院空间、共享景观，获得充足的阳光与良好的通风条件，真心体验到传统合院的静谧安逸，重新获得生活的乐趣

图 3-3-36　学校承担香山昭庙保护修缮设计，该项目为北京市重点涉藏
工程。通过恢复历史格局，开展文物修缮工程，文物建筑遗址得到有效
保护，周边环境品质显著提升

五、面向绿色生态城市建设，在节能环保关键技术方面取得新突破

在"十三五"期间，服务工程建设主战场，发挥科研优势，服务国家和区
域社会经济发展。主要成果表现在以下四个方面。

第一，助力工业、建筑领域节能减碳方面成果卓越。学校王随林带领团队，
围绕"防腐高效低温烟气冷凝余热深度利用技术"，解决协同防腐蚀与高效热回
收国际性难题。节能减排成果转化的系列产品已规模化生产，近 3 年经济效益
达 3.36 亿元，列入国家质检总局第一批高耗能特种设备节能技术与产品推荐目
录，编入中国工程院咨询发展报告供热节能年度最佳案例。2015 年 1 月 14 日，
在 2014 年国家科技奖励中，学校王随林主持"防腐高效低温烟气冷凝余热深度
利用技术"项目荣获国家技术发明二等奖，这是近 5 年来北京市属单位唯一一
次主持荣获国家技术发明奖，也是学校首次获得国家技术发明奖。此外，学校
作为主要完成单位，刘栋栋作为主要完成人合作完成的"混凝土结构耐火关键
技术及应用"项目荣获国家科技进步二等奖。

王随林十多年来，带领团队不断探索，针对国内天然气锅炉/炉窑和电厂等
排烟温度高、高能耗、高成本、高排放等问题，攻坚克难、自主创新、攻克了

图 3-3-37　新疆骑马山热力大型燃气锅炉节能改造工程（2016）

低温排烟余热深度利用，在小温差、小阻力、小体积条件下，协同高效热回收与防腐国际性重大难题，发明了一系列工程关键技术，填补了国内外大中型低温烟气冷凝热能回收设备和应用的空白，取得了该领域国际领先水平的重大突破。

王随林以"城市能源清洁高效利用与减排"为研究领域，重点研究建筑能源系统热过程、余热高效利用与节能、城市绿色用能与减排等方面。先后承担和完成国家重点研发计划项目、北京市科委重大科技成果转化项目、国家和北京市自然科学基金等科研项目 40 余项，其中包括："十三五"国家重点研发计划课题"高含尘烟气高效深度余热回收设备防腐与结构优化技术"、北京市重大科技成果转化项目"高效紧凑防腐型烟气冷凝热能回收装置产业化"、宁夏回族自治区重点研发计划项目"燃气锅炉降氮增效与消白关键技术与应用"等项目。

第二，助力绿色城市和韧性城市建设，促进城市可持续发展。李俊奇带领团队，主编了我国首部城市雨水控制利用国家技术指南——《海绵城市建设技术指南》，主持科研项目 40 余项，发表学术论文 120 余篇，获省部级奖 5 项，合作专著（教材）6 部，获发明专利 15 项，参编国家级规范 6 部。为满足现代城市建设对生态环境的要求，在海绵城市建设中，探索适宜低影响开发的城市道路相关设计技术，率先在国内开展城市绿色雨水系统、低影响开发、雨洪综合管理、绿色建筑水系统设计等方面的研究与实践。

近年来，承担并完成国家重大专项"城市道路与开放空间低影响开发雨水系统与示范项目"研究，项目负责人李俊奇带领项目团队开展关键技术攻关，针对城市内涝灾害风险加剧、径流污染日益严重、雨水资源流失等突出问题，围绕城市道路和开放空间对基于低影响开发模式的城市雨水系统进行研究，构建了成套系统的技术措施。同时编制和修订系列雨水低影响开发标准规范，诠释了海绵城市内涵，建立了海绵城市建设的核心系统及其衔接关系，对国家海绵城市建设发挥了重要作用。依托项目研究，发明专利 13 余项、完成编制《城市道路及相关设施低影响开发技术导则》。学校成为水领域承担国家级项目的 2 个地方高校之一，为国家城市节水、海绵城市建设等重大需求提供全面技术支撑。

经过近 20 年的不懈努力和开拓创新，在城市雨水系统、水环境领域科研与工程实践方面积累了一系列应用成果。承担课题共计 150 余项、科研服务经费超过 1 亿元，获得教育部自然科学一等奖、住建部华夏建设科学技术一等奖、北京市科技进步二等奖在内各类科研奖励 11 项。2015 年，实验室被北京市政府授予"首都环境保护先进集体"荣誉称号。

第三，攻克城市治理污水关键技术难关。科研团队在郝晓地的带领下，开展原始创新研究的成果屡获突破。提出"视污水为资源与能源载体"的可持续污水处理理念，基于生态方式以最低能耗技术回收利用，创建全新理念下的可持续污水处理理论，为构建相关技术奠定了坚实的研发基础。

图 3-3-38 "中—荷未来污水处理技术研发中心中试基地"落成（2016）

2016 年 10 月 17 日，北京建筑大学、北京首创股份有限公司与荷兰代尔夫特理工大学共同成立"中—荷未来污水处理技术研究中心"（以下简称"中—荷中心"），并签署谅解备忘录，首期建设期为五年。中—荷中心负责人为郝晓地，实验基地纳入北建大北京未来城市设计高精尖创新中心，中试基地设置在首创环保集团（原北京首创股份有限公司）研发中心试验基地，开展应用基础与技术转化工作。三方将在未来污水处理技术国际先进技术的推广应用、技术孵化和产业化应用进行全面合作，将国际先进的污水处理理念、技术移植中国技术市场，致力于工程应用。在实验基地成立仪式上，学校校长张爱林表示，"研发中心为三方提供开放式合作平台，投入足够资源推动紧密合作，建立稳定的工作交流机制，讨论国内外水领域先进技术发展态势，确定具体研发项目的立项审批、阶段研发进展、技术成果的后续推广应用，这对全球范围内水处理未来技术的发展将起到引领的作用"。

经过 5 年合作，三方已经成功探索出一条国际化产学研联合发展的成功典范之路，形成了以国际知名污水处理专家、中国工程院外籍院士、中国政府友谊奖获得者、首届北京市国际合作中关村国际合作奖获得者、北京建筑大学兼职教授马克·梵·洛斯德莱特和北建大讲席教授郝晓地为"头雁"的一支高水平学术研究、高技能工程应用的"雁阵"队伍，开创了"学术国际化、技术社会化"的崭新产学研模式。在学术研究方面，中—荷中心在国内外共发表学术论文达百余篇以上，其中在顶尖学术期刊《Water Research》等国际期刊发表论文高达 36 篇；在技术创新方面，已研发出可直接应用的工程技术 4 项，这些污水治理领域的关键技术和产品成果，为实现污水处理技术的跨越式发展，为城市污水处理厂节约电耗、节地，以及提高出水水质与运行管理稳定性，长远直接经济效益达到数以亿计，对我国污水处理可持续发展，特别是实现"双碳"目标意义重大。目前，该技术选址落地于南水北调源头——丹江所在地河南淅川县，彰显出北建大与首创环保助力"一江清水向北流"的政治觉悟与责任担当。

2021 年 10 月 18 日，学校这一校企中外联合研发中心再传捷报："中—荷未来污水处理技术研发中心"5 周年成果发布会暨首创环保集团—北京建筑大学校企合作签约会在首创新大都园区举行。北京市政府、北京市生态环境局、中国城镇供水排水协会、首创环保集团的有关领导，以及学校主要领导共同出席活动。当天，首创环保集团与学校进行校企合作签约及中—荷未来污水处理技术研发中心（二期）签约仪式。未来，双方将启动水、固、气、能等多领域全面合作。首创环保集团与北建大将成立协同建设"北京节能减排与城乡可持续发展省部共建国家协同创新中心"等两个科研创新平台，以应对"十四五"期间环保行业发展的新需求，打造瞄准行业重大需求，加强产学研合作的优秀团队，凝结成一个技术和需求"准确对接""互相吻合"的创新平台。

第四，城乡建筑物废弃资源再利用技术成果显著。2017 年 7 月，由中国建筑发展有限公司牵头、张大玉任项目负责人，成功立项国家重点研发计划"绿色建筑与建筑工业化"专项的"建筑垃圾资源化全产业链高效利用关键技术研究与应用"项目。项目通过统筹建筑垃圾资源化全产业链关键环节，立足减量化和系统化，解决建筑垃圾产生、分类、在生处理及工程应用的关键问题，研发适用于城镇化建设、符合建筑工业化发展方向、有利于大规模利用的材料与制品、工艺与装备、技术与标准，通过进行工程示范，引领行业发展，助推美丽中国建设。2019 年 1 月 8 日，中共中央、国务院在北京人民大会堂隆重举行 2018 年度国家科学技术奖励大会，学校 2 项成果荣获 2018 年度国家科技进步奖。获奖项目中，学校作为第二完成单位、陈家珑作为第二完成人、李飞参与完成的成果"建筑固体废物资源化共性关键技术及产业化应用"获得国家科技进步二等奖；学校作为第二完成单位、周文娟参与完成的成果"废旧混凝土再生利用关键技术及工程应用"获得国家科技进步二等奖。

陈家珑、李飞参与完成的成果"建筑固体废物资源化共性关键技术及产业化应用"属于建筑材料领域。成果揭示了再生原料和再生建材损伤、演化、改性和控制机理，发展了再生建材配合比设计制备理论与神经网络性能预测方法，发现了再生建材长期性能时变劣化规律，提出了保障再生混凝土结构安全的可靠度设计方法，建立了再生建材制备工艺与理论。该成果获授权知识产权 100余件，编制国家标准和行业规范 10 余项，发表 SCI 收录论文 90 余篇，出版专著 8 部。该成果已在我国 25 个省、自治区、直辖市推广应用，建成资源化生产线 50 余条；在美国等境外地区建成资源化生产线；已在许昌等地实现了建筑固体废物资源化率 95% 以上，社会和环境效益显著。

周文娟参与完成的成果"废旧混凝土再生利用关键技术及工程应用"则属于土木建筑领域。成果提出了废旧砼的大尺度再生块体与小尺度再生骨料双轨利用思想，拓展了低强度废旧砼的应用范围，构建了再生块体砼不同组合力学参数的预测公式，揭示了再生块体砼的各类基本力学性能，提出了再生块体砼竖向构件的交替投放浇筑法和水平构件的一次性堆放浇筑法，率先构建了型钢再生骨料砼构件的技术基础。该成果获授权专利 29 件，主编标准 6 项，发表论文 130 篇。该成果应用于全国十余省份近百项实际工程，获 2016 年教育部科技进步一等奖和 2017 年第二十二届全国发明展览会金奖。

学校基于专业和学科特色优势，长期致力于绿色建筑资源的研究和社会服务。鉴于学校在建筑垃圾治理相关领域的学科专业及科研优势，住建部在 2018 年环卫领域工作会上明确由学校及中国城市环境协会牵头，与中科院、浙江大学等 5 家单位共同组成支撑工作组，具体负责建筑垃圾治理试点工作的政策文件起草、实施方案评审、试点工作督导、验收与总结等技术支撑工作。学校领导高度重视，组建由建筑与城市规划学院、土木与交通工程学院、环境与能源工程学院以及北京万方云科技有限公司、上海环境科学设计研究院等相关专家组成的专家组，完成了《建筑垃圾治理支撑工作组工作方案》《实施方案编写指南》《建筑垃圾治理专项规划编制大纲》《建筑垃圾处理设施建设指南》《建筑垃圾监管平台建设指南》等一系列文件草案。

2018 年 4 月 20 日，住建部建筑垃圾治理试点工作推进会在学校举行。住建部有关领导、建筑垃圾治理支撑工作组组长、副校长张大玉，建筑垃圾治理专家组组长陈家珑，以及来自北京、上海、广州、深圳等全国 35 个试点城市（地区）的建筑垃圾主管部门负责同志参加了会议。推进会围绕住房和城乡建设部《关于开展建筑垃圾治理试点工作的通知》精神，对试点城市实施方案与专项规划编制、处理设施及监管平台建设等重点工作进行了解读，并针对各地建筑垃圾治理现状、问题和困难，就如何开展建筑垃圾治理试点工作等进行了研讨。

在会上，学校陈家珑、荣玥芳、周文娟等人作为主持人，分别就《建筑垃圾治理试点城市实施方案编制指南》《建筑垃圾治理专项规划编制大纲》《建筑垃圾处理设施建设指南》《建筑垃圾监管平台建设指南》等重要政策文件进行了解读和阐述，推动了国家以及建筑业这一领域的建设工作。（见表 3-3-11）

表 3-3-11　"十三五"以来，学校服务社会重要标志性科技成果一览

序号	标志性成果名称	主持人	成果应用	获奖
1	高性能减隔震装置和监测评估关键技术	李爱群	北京国家会议中心、北京地铁 6 号线、8 号线、16 号线	国家科技进步二等奖、北京科技进步一等奖、教育部科技进步一等奖
2	大跨度和装配式钢结构关键技术	张爱林	北京奥运会羽毛球馆、北京大兴国际机场	国家科技进步二等奖、华夏建设科技一等奖
3	海绵城市建设成套技术、方法标准及其应用	李俊奇	30 个国家级试点城市并推广到国外	华夏建筑科技一等奖、北京科学技术二等奖

续表

序号	标志性成果名称	主持人	成果应用	获奖
4	建筑固体废物资源化再生关键技术及工程应用	陈家珑	全国 25 个省份，建成资源化生产线 20 余条	国家科技进步二等奖 2 项
5	沥青路面节能减排与再生利用系列关键技术	徐世法	北京长安街、景山前街、八达岭高速	国家科技进步二等奖、北京科技进步一等奖
6	市政污水好氧颗粒污泥处理核心技术及应用	郝晓地	北京东坝、南水北调中线	国际水业最高奖斯德哥尔摩水奖、中国政府友谊奖、北京国际合作中关村奖
7	烟气高效深度余热回收关键技术	王随林	北京华远热力、东湖供热厂、新疆热力厂、山东石化	国家技术发明二等奖、中国专利优秀奖、北京科学技术一等奖
8	城市运行精细化管理大数据关键技术	杜明义	北京西城区城管指挥中心、南锣鼓巷街区	地理信息科学技术一等奖、北京科技进步三等奖
10	现代生土营建关键技术	穆钧	北京世博会中国馆、洛阳二里头国家遗址博物馆、甘肃毛寺生态小学、马岔村、四川马鞍桥村	世界人居奖、联合国教科文组织遗产保护与传统创新奖、WAF 世界建筑节佳作奖

第八节　校区建设成就显著，美丽校园巍巍壮观

两校区规划与校园建设发展，是学校推动各项事业可持续发展的重要基础，是学校教育与教学、学科与科研、社会服务以及师生工作、学习、生活的首要保障。为落实学校"两高"战略布局，学校根据实际需要和远景发展目标，抓住北京疏解非首都功能带来的新发展机遇，借助落实疏解任务的契机，在"十

二五"和"十三五"期间，进一步明确落实两校区发展定位，进一步拓展学校的发展空间，两校区规划和校园建设取得重大发展。一座环境优美、设施齐全、布局合理的大兴新校园基本形成，一座功能更加突出、环境逐步提升的西城校区面貌一新。两校区的建设和发展呈现出一派生机勃勃、日新月异的景象。

一、"十二五"期间，大兴校区建设快速推进，校园初具发展规模

截至 2011 年秋，大兴校区一期工程胜利完工。2011 年 9 月金秋时节，迎接了首批约两千名大一新生入驻。一期工程约 16 万平方米，包括基础教学楼全部（A—B—C 座）、学院楼 A—B 座、金工实训中心、宿舍楼、后勤楼、学生活动中心、食堂、体育场、北大门、锅炉房、足球场、篮球场、网球场、室外环境与道路等，初步满足师生的教学、生活、体育、休闲等功能活动需求。"十二五"期间，陆续完善了配套市政设施建设，完成大兴校区智慧校园基础建设，建设了覆盖全校区的管网和光纤传输系统，以及网络机房、消防应急中心、节能控制中心、广播中心等基础设施及设备。

同时，开始启动大兴校区二期工程建设：图书馆工程于 2011 年 12 月动工，从 2012 年至 2013 年，先后启动土木测绘学院楼、机电电信学院楼、学生宿舍7、9 号楼，硕博公寓 3、4 号楼，学生宿舍 8、10 号楼，大兴校区新食堂，结构实验室的建设。以上工程基本在 2015 年竣工，并交付使用。

2015 年下半年，包括大兴校区体育馆、综合楼建设在内的二期工程全部启动，总建筑面积约 18 万平方米。到 2015 年年底，大兴校区共完成建设任务约 33.5 万平方米（地上面积约 27 万平方米，地下面积 6.5 万平方米）以及各类市政配套工程。为学校高速发展提供了强有力的硬件设施。

"十二五"期间，学校坚持统筹兼顾，深入实施"条件建设"计划，大兴校区建设稳步推进，西城校区持续升级改造，办学条件得到极大改善。经过不断努力，大兴校区初步建成，日益呈现功能完善、设施齐全、环境优美的现代化校园。同时，积极申请财政专项和维修改造资金，承担基建改造专项近 130 项，圆满完成西城校区部分老旧建筑的维修加固、节能改造，西城校区的整体环境得以显著提升。

二、"十三五"期间，贯彻落实北京总体规划和"两高"布局，两校区建设稳步推进

学校"两高"发展布局为："大兴校区建成高质量本科培养基地，西城校区建成高水平人才培养和科技成果转化协同创新基地"。关于两校区功能定位：大

图 3-3-39　大兴校区图书馆

图 3-3-40　大兴校区综合楼

兴校区为本科生培养、部分学院研究生教育和国际教育基地，同时，也是学校
机关和服务机构主体。西城校区以城市建设、城市管理高精尖中心为主轴，统
筹研究生培养和重点实验室，突出科教产融合。成为高水平人才培养基地、城
市设计和管理高精尖协同创新中心和高端智库。布局建筑与城市规划学院和研

图 3-3-41 大兴校区体育馆

究生学院、继续教育学院，高精尖创新中心。同时，以大学科技园为载体，建立产学研协同创新中心，为科技成果服务于社会创造条件。

校园建设的规划目标是：按照两校区规划，以"近期、中期、远期"三步走路径，分步推进。

其中，近期目标：以学校事业发展和师生期待为导向，充分提升西城校区品质，适度超前建设大兴校区，进一步拓展大兴校区办学空间，优化办学条件。努力创造高标准、高品质、精致化、人文化的大学校园环境，逐步形成功能布局科学、学科资源配置合理、办学效益突出、管理便捷高效的校园格局。中期目标：在学校"三个转型""三步走"的框架下，建成两校区协同发展、相辅相成、集约共享，具有学校文化特色的校园空间环境。远期目标：立足学校百年发展和建设特色一流学科的目标进行规划。

面向未来，学校"两校区"建设远景：根据学校事业发展规划，两校区功能调整要求，深入发掘校园文化内涵，将可持续发展的战略思想贯穿于规划的全过程，在继承校园传统风格的基础上，融入现代设计理念，将西城校区建设成国内一流、国际先进的、独具特色的校区空间环境，将大兴校区建设成为彰显学校特色，突出文化氛围、信息化、开放化、国际化的人文校园、科技校园、绿色校园、智慧校园。

三、奋力拼搏，加快建设，"两高"办学布局基本建成

经过不断建设，"十三五"期间，学校全面贯彻落实《京津冀协同发展规划纲要》及疏解整治促提升相关要求，深入推进"大兴校区建成高质量本科人才培养基地，西城校区建成高水平研究生培养、科技协同创新及成果转化基地"的"两高"办学布局及功能调整。

持续提升西城校区校园品质，完成教学 2—5 号楼，学生宿舍 4—6 号楼，以及科研楼升级改造和品质提升工作。优化调整大兴校区规划，突出功能及环境提升，综合楼、体育馆建成并投入使用。完成研究生教室、清真食堂、教职工办事大厅等 100 余项改造工程。一些重点建设项目取得显著成绩，为学校的事业发展奠定了坚实基础。

图 3-3-42 西城校区

其中，以大型多功能振动台阵实验室建设最为突出。2015 年 4 月动工，2018 年 1 月完成竣工验收。大型多功能振动台阵实验室是学校"十三五"期间的重点工程，作为世界领先的大型科研设备是学校提升科研水平的一件重器，受到全校领导及师生的高度关注。这项"四台阵多功能振动台"是国际领先的实验设备，建成后可开展多项复杂的建筑结构、市政交通基础设施、地下工程结构、生命线工程等抗震基础研究，是学校提升科研水平、扩大国际影响的重器，备受各方的关注。该实验台安装精度要求高，已远远超出土建工程的允许误差范畴，且多家参建方并没有类似工程的施工经验，施工风险较大。为此，

图 3-3-43　西城校区学生宿舍

规划与基建处与土木与交通工程学院等单位密切合作，组织专业调研、专家论证、技术磋商和方案深化、优化工作，攻克多个施工技术难题。在施工过程中，各参建单位严格管理，相互配合，精心组织施工，确保实验台基础工程保质保量地完成，满足了实验台安装的工艺需求。

图 3-3-44　大型多功能振动台实验室

2019 年 4 月 3 日，在大兴校区举行了"大型多功能振动台实验室设备基础移交仪式"，标志着大型振动台实验室已从土建施工环节，进入实验设备安装调试环节，实验台建设又取得了阶段性的胜利。

2019年12月23日，学校举行"大型多功能振动台阵实验室首台运行仪式"。这座实验室总建筑面积5300平方米，投资超过2.8亿元，包括振动台区域和静力试验区域，共建设了4台三向六自由度多功能振动台，每台台面尺寸长、宽均5米，单台载重60吨，可以在满载情况下模拟大震下结构的性能，是我国现有台阵中总承载力最大、台面总面积最大的设备。可以实现建筑结构、桥梁结构、地下工程、核设施以及生命线工程等领域的大型结构动力试验，服务于土木工程、建筑遗产保护工程，以及机械工程、控制工程、信息工程、现代测绘技术、力学等多个学科。

按照建设计划，实验室第二期建设将于2022年建设完成。届时，包括大跨桥梁、高层建筑结构、城市地下综合管廊、地铁车站模型等复杂结构都可以在其中完成实验。最终能够实现我们高性能的结构体系，服务北京"四个中心"建设，有效支撑国家地震安全科技研究，同时服务于国家"一带一路"基础设施建设需求，为人类的美好家园贡献出科技平台的作用。

学校高度重视校园文化内涵建设，积极搭建文化载体建设平台。2016年9月，"北京建筑大学艺术馆""中国建筑师作品展示馆"作为校园重要文化阵地，在大兴校区图书馆六层落成。"北京建筑大学艺术馆"馆名由著名艺术家、清华大学美术学院韩美林题写，两馆LOGO均由北京建筑大学建筑设计艺术研究中心主任王昀老师主持设计。首展"明清官式建筑彩画艺术展"由中国美术家协会环境设计艺委会、故宫博物院、北京建筑大学主办。"中国建筑师作品展示馆"由学校与中国建筑学会共同创建，是大学与专业学会共同打造的国内第一个专门用于征集、典藏、展示和研究优秀建筑作品的场馆，是集中展示中国优秀建筑师风采和优秀建筑作品的重要阵地，也是培养未来建筑师的实践教学基地。首展"全球化进程中的当代中国建筑——梁思成建筑奖作品展和第二十五届世界建筑师大会中国展"由中国建筑学会和北京建筑大学联合主办。

第九节　党建和思想政治工作成果丰硕

"十二五""十三五"期间，学校党委以习近平新时代中国特色社会主义思想为指导，全面贯彻落实全国高校思想政治工作会议、全国教育大会各项任务部署，紧紧抓住立德树人根本任务，教育引领广大师生牢固树立"四个意识"，增强"四个自信"，坚决做到"两个维护"，大力培育和践行社会主义核心价值观，落实意识形态工作责任制，推进从严治党和党风廉政建设工作，推动思想政治工作改革创新，加强和改进党对高校领导，突出思想引领，夯实党建基础，强化思政实效，为党的建设和思想政治工作注入了"源头活水"，为培养堪当民族复兴重任的时代新人、培养社会主义建设者和接班人提供了坚强的政治保证。学校获评2012—2014年度"首都文明单位标兵"，2013年获评"首都高校平安校园示范校"，2015—2017年度、2018—2020年度获评"首都文明校园"。

一、学校获评"北京市党的建设和思想政治工作先进普通高等学校"

2013年4月，学校党委做出了申报"北京市党的建设和思想政治工作先进普通高等学校"工作部署，成立了党建先进校申报工作领导小组和相关工作组。2014年3月4日，由北京市教工委、市教委、市委组织部、市教育工会以及有关高校领导和专家组成的北京市第七次党建和思想政治工作先进校入校考察专家组进驻学校开展入校考察工作。经评委会提名，教工委审议和公示等程序，学校评为"北京市党的建设和思想政治工作先进普通高等学校"。

2017年4月14日，中央政策研究室调研组莅临学校专题调研贯彻落实全国高校思想政治工作会议精神情况，对学校党建和思想政治工作给予高度评价。11月28日，北京市教工委组织《北京普通高等学校党建和思想政治工作基本标准》专家检查组入校检查，对学校党建工作给予高度评价，学校4个党建特色工作案例入选北京高校党建和思想政治工作先进案例。2018年12月，环境与能源工程学院环境工程教师党支部成功获批入选教育部首批新时代高校党建示范创建和质量创优工作"全国党建工作样板支部"。2019年，学校土木与交通学院的专业基础部党支部、测绘与城市空间信息学院的本科生党支部入选教育部第二批"全国党建工作样板支部"培育创建单位。其中，学生党支部参与实践助力"冬奥小镇"等建设，形成"入党积极分子公开答辩"创新做法，被北京《支部生活》专题报道。2020年，落成党建实训基地。

二、干部队伍建设从严从实，扎实推进党风廉政建设

创建团结协作型、学习型、民主和谐型、创新发展型、求真务实型、阳光廉洁型领导班子，在党的群众路线教育实践活动中，民主评议学校班子满意率为100%。2014年1月22日，学校在北京市党的群众路线教育实践活动第一批总结暨第二批部署会议上做经验交流发言。构建较为完善的干部选拔任用、监督管理、教育培训机制，建设与学校事业相适应的高素质专业化干部队伍。加强制度建设，修订了党政领导干部选拔任用实施办法、制定了处级单位和处级干部考核办法，坚持正确选人、用人导向，完善了干部选任流程。全面从严、从细、从实、从优设计各项考核指标和考核方式，注重考核结果应用，切实发挥考核评价"指挥棒"作用。制定干部请假、因私出国（境）管理等系列文件，把全面从严贯彻到干部监督管理各个环节。把科级干部纳入组织部统一管理，构建有利于优秀年轻干部脱颖而出的干部管理机制。创新集中培训、专题培训、专项培训、线上培训"四位一体"教育培训机制。创新干部教育培训形式，青年干部读书班、调研班相关培训案例在北京市干部教育培训工作大会做书面交流。

建立完善党内监督、政治监督、监督执纪"四种形态"、信访举报工作等各项工作制度20项。强化政治监督，加强对贯彻落实党中央会议文件精神和习近平总书记重要讲话精神、落实市委和学校党委决策部署的监督检查，通过推进会、约谈、调阅资料、实地走访等方式对市委巡视反馈意见和校内巡察整改工作开展监督检查。抓好专项监督，聚焦疫情防控重点工作和重要环节、围绕"为官不为、为官乱为"和"整治发生在群众身边的不正之风"问题开展专项检查。做细日常监督，加强对重要时间节点、重点领域和关键环节的监督检查。以"党风廉政宣传教育季"为抓手，构建线上线下联动宣传教育模式。充分运用"第一种形态"，坚持抓早抓小做好干部廉政约谈工作，创新"谁主管、谁主谈"谈话模式，推动党委纪委协同用好"四种形态"。认真受理信访举报，建立信访举报问题线索动态管理台账。探索实践"信访核查+"日常监督模式，有效推动学校工作制度化、规范化发展。

三、强化基层党组织建设，形成党建工作特色品牌

深入实施"全面从严治党"工程，扎实推进"两学一做"学习教育常态化、制度化，推动"不忘初心、牢记使命"主题教育深入人心。2020年，成立党建工作处（巡察办公室），制定落实加强党的政治建设若干措施的责任清单，不断改进全面从严治党（党建）平时考核和年终考核方式，扎实推进校内巡察工作，推动全面从严治党向纵深发展。制定实施系列党建制度文件，实施"党建首问制"和"廉政首问制"，建立党政、党群、党团"三协同"工作机制，全面推行党建述职考核评议制度，推进党建与中心工作深度融合。深入推进党支部规范化建设，建立每月固定党支部活动日制度，推动"三会一课"模式创新。2020年，建成基层党组织政治建设实训基地、全校和各二级单位党组织"党员之家"，不断破解党的建设弱化、虚化、边缘化等问题。在市委教育工委

组织的党员评议党总支书记试点工作中，党员对党总支书记满意率为99.7%。基层党建工作扎实规范，注重创新，形成了党建工作的特色品牌。

一是探索"主讲主问制"党支部理论学习新模式，推进学习型党组织建设。"主讲主问制"理论学习模式被评为"北京市优秀党建工作创新项目"，2017年写入中共北京市委《关于加强和改进新形势下北京高校党建工作的若干意见》，被市委教育工委列入《北京高校党的建设2013—2017年工作规划》进行全面推广，2018年入选北京市党建蓝皮书。

二是实施"党建路桥工程"，推进服务型党组织建设。铺就"发展路"，搭建"连心桥"，有效增强了党组织的服务功能，拓宽了基层党建工作的广度与深度。"实施党建路桥工程，强化党组织服务功能"党建项目，获得2011—2012年北京高校党的建设和思想政治工作优秀成果二等奖和创新成果奖。"十三五"期间，学校率先建成基层党组织政治建设实训基地，共有3个基础党支部入选教育部"全国党建工作样板党支部"。

四、加强学生思想工作，学生党建工作品牌连年获奖

"突出党建引领，激发双创活力，探索德育新路径——北京建筑大学党建引领创新创业教育的实践探索"项目，荣获2014—2015年北京高校党的建设和思想政治工作优秀成果二等奖和创新成果奖。2014年，学校获评教育部"2014年度全国毕业生就业典型经验高校"。设立100万元大学生素质教育基金，投入800万元设立学生创新工作室，连续被评为"首都高校社会实践先进单位"。2015年，校团委荣获"北京市五四红旗团委"。1500余名师生参加国庆70周年庆祝活动。大力实施教风学风建设联动工程，相关经验在北京高校党的建设工作座谈会上做交流发言。2015—2019年，学生党支部红色"1+1"活动连续五年获评北京高校示范活动一等奖，实现五连冠，其中四年决赛总分排名第一。"十三五"期间，获评3个"全国党建工作样板党支部"，荣获第六届首都大学生思想政治工作实效奖2项；入选教育部"全国国防教育特色学校"；1个班级荣获北京高校"十佳班集体"称号；退役大学生士兵连续三年荣获"北京市优秀在校退役大学生士兵"称号，学校学生连续四年荣获"中国大学生自强之星"称号，1名学生获"北京青年榜样·时代楷模"荣誉称号。

五、实施"师德建设工程"，加强思政课程改革和课题研究

实施"师德建设工程"，推行员工帮助计划（EAP）；实行师德"一票否决制"；树立师德典型，引导和鼓励教师做"四有"好老师。2018年，学校推进

图 3-3-45　土木与交通工程学院"深入背街小巷　擦亮古都金名片"红色"1+1"团队

图 3-3-46　学校国庆 70 周年庆祝活动群众游行团队

思想政治理论课改革，获批教育部"思政课教学方法改革项目择优推广计划"和北京高校思想政治理论课教育教学改革示范点、北京高校思想政治理论课教学改革创新重大项目。统筹推进"课程思政"建设，以课程群建设为阶段性目

图 3-3-47　学校第八届大学生艺术节开幕式暨 2020 年迎新晚会

标，阶梯式铺开课程教学改革，固化传承建设成果，促进专业课教学与立德树人工作深度融合。"十三五"期间，成立师德建设与监督委员会、党委教师工作部和教师发展中心，建立健全师德师风建设长效机制，有力推进教师教学素质和能力提升。

图 3-3-48　融入"工匠精神"后的课程思政学生作业

"十三五"期间，获批9项党建研究课题，实现承担北京高校党建研究重点课题连续7年不断线，连续获评北京高校党建和思想政治工作优秀成果奖、创新成果奖。2018年1月，学校承担的《从严治党向基层延伸视域下的高校院系党组织党建责任制研究》获评全国党建研究会2017年度调研课题优秀成果三等奖，这是学校首次获评国家级党建研究成果奖励，也是学校党建研究的一次历史突破。

六、实施"核心价值观引领工程"

坚持把社会主义核心价值观教育融入文化育人、实践育人、专业教学等人才培养全过程，2013年、2014年共有5名青年教师获得北京高校青年教师社会调研优秀成果一等奖、5名获得二等奖，学校连续两年获得优秀组织单位。2014年，获北京高校社会主义核心价值观优秀项目1个、优秀案例1个，入选教育部社会主义核心价值观案例1个。2015年，荣获"首都大学生思想政治教育实践实效奖二等奖"。

七、凝聚群团组织工作合力

加强统战工作，将统战纳入党委重要议事日程和校院两级党政领导班子工作考核，建立民主协商工作机制。"十二五"期间，1人被民盟中央评为"先进个人"；1人被评为2013年"全国侨联系统先进个人"；学校侨联被评为2008—2013年度"北京市侨联工作先进集体"；民盟支部2014年被评为"民盟北京市委先进基层组织"。2016年，学校独立设置统战部。坚持统战工作"四个纳入"，2017年，学校成立了党外知识分子联谊会与归国留学人员联谊会。"十三五"期间，民盟支部两次获得"民盟北京市委先进基层组织"称号，18名民主党派成员被授予民主党派市级及以上优秀个人称号。

加强工会工作，先后被北京市教育工会评为2011年、2012年"工会工作先进单位"，荣获2014年"工会工作综合考评奖"、"特色工作奖"以及2011年校级党建和思想政治工作"优秀成果奖"。配强工会、教代会干部队伍，截至2020年，获得"基层工会工作考评优秀""工会工作标兵单位""北京市示范职工之家"等市级集体荣誉30多项。

加强共青团工作，每年均获得"首都大学生暑期社会实践先进单位"荣誉称号。学校两次获"全国大中专学生志愿者暑期'三下乡'社会实践活动优秀单位"，学校位列《全国高校团学创业教育工作指数100强》榜单第47位。

2016年，水131团支部荣获"全国五四红旗团支部"称号。2018年，土木与交通工程学院"未来城市交通功能提升创新团队"荣获全国大学生"小平科技创新团队"称号。2020年，土木学院2018级研究生陈越荣获"全国优秀共青团员"称号，这是2020年北京市唯一一位获评的高校学生，也是学校团员青年首次获此殊荣。

扎实推进安全稳定工作，"十三五"期间，学校连续三年在教工委年度平安校园考核中被评为"优秀等级"，两年被教工委评为"安全管理科学研究优秀组织工作单位"。

图3-3-49 学校智慧测绘服务北京冬奥小镇社会实践项目荣获全国大学生"三下乡"社会实践"千校千项"最具影响好项目（2018）

后　记

回顾历史是为了保留记忆，更是为了激励奋进。

编写校史，不仅是为一所学校留下历史记录，更是一所学校的文化精神的体现，对于传承和弘扬学校的光荣传统和办学理念，扩大学校的社会影响力以及增强师生校友的荣誉感和自信心都具有重要的作用。

北京建筑大学自1907年建校以来，走过了百余年的风雨历程。百余年的建大校史，是一笔宝贵的精神财富。学校最早源于"京师初等工业学堂"，源远流长，百年一脉，办学115年来，始终以服务首都城乡建设发展为使命，从初等工业职业学校一路辗转而来，筚路蓝缕，艰苦创业，但始终坚持办学，方兴未艾，为北京城乡建设事业培养了大批优秀人才。学校历经高工建专、中专和大学三个发展阶段，1977年升格为本科院校，2013年更名为北京建筑大学，2012年获批服务国家特殊需求博士人才培养项目，2014年获批设立"建筑学"博士后科研流动站，2016年获批建设"未来城市设计高精尖创新中心"，2018年获批博士学位授予单位，2019年获批设立"土木工程"博士后科研流动站，构建了从本科、硕士、博士到博士后，从全日制本科教育、研究生教育到成人教育、留学生教育全方位、多层次的办学格局和人才培养体系。发展至今，北京建筑大学作为北京唯一的建筑类高校，是北京市和住房城乡建设部共建高校、北京市党的建设和思想政治工作先进高校和北京市确定的高水平特色型大学，已经成为一所具有鲜明建筑特色、以工为主的多科性大学，是"北京城市规划、建设、管理的人才培养基地和科技服务基地"和"国家建筑遗产保护研究和人才培养基地"，在国家和首都城乡建设发展中发挥出重要的作用。

为了记载学校艰辛奋斗、励精图治的发展史，描绘百年以来学校砥砺前进、不断开拓的奋斗历程，弘扬建大红色文化，正值校庆115周年之际，学校党委从2021年开始筹划编写校史。当年11月，学校正式成立了校史编委会，校史编写工作开始启动。同时，在学校党委领导下，由文化发展研究院牵头组织相关部门，成立校史编写组。经过编委会和编写组反复研讨论证，将校史分为三编六大发展时期，即京师初等工业学堂（1907—1933）、北平市市立高级工业职业学校（1933—1949）、北京市建筑专科学校（1949—1952）、北京建筑工程学校（1952—1977）、北京建筑工程学院（1977—2013）、北京建筑大学（2013—2020）。每段历史分期作为校史发展不同阶段进行撰写。

　　校史编写历时半年多的时间。期间，学校党委多次审议校史编写工作，在指导思想、编写原则、重点内容以及校史大纲等方面都提出了重要指示和要求。分管校史编写工作的党委副书记李维平、副校长陈红兵进行了统筹协调并对书稿进行了审核把关，党委常委、文发院/人文学院党总支书记孙冬梅具体负责校史编写工作，文发院特聘院长孙希磊担任校史总编、文发院/人文学院副院长李守玉任副总编。校史第一编由孙希磊、王锐英、任敏撰写，第二编由李守玉撰写，第三编由沈茜、孙希磊撰写。孙希磊、李守玉对全书进行了通稿和修改，任敏、李姝参与整理前期史料，李小虎、吴金金协助完成书稿通稿工作，李伟为校史进行了书籍的初步装帧设计。

　　为收集校史资料，编写组参考和吸收了大量前期研究成果，尤其特别感谢学校校友会、档案馆、图书馆的有关领导和老师付出的辛勤努力。编写组收集的未公开出版的打印版《北京建筑大学校史史料汇编（1907—2016）》（上、下），成为中前期校史编撰的重要基础，获益匪浅。学校各部门、各学院撰写的大事记、相关数据和人物资料都为编写组提供了巨大帮助。编写组走访了多位曾在学校工作过的老领导、老同志、老专家，得到了热情帮助，并提出了很多宝贵意见和建议，编写组根据这些意见和建议对校史做了进一步的修改和完成，为保质保量的出版奠定了坚实基础。

　　作为学校第一本付梓出版的校史，又恰逢115周年校庆，校友期盼，众望所归，编写组每位成员深感责任艰巨。在校史编撰中，我们始终坚持"尊重历史、弘扬传统、总结经验，服务未来"为原则，秉承"以史为鉴，资政育人"的宗旨，梳理挖掘资料，继承光荣传统，弘扬办学特色，全面展示学校取得的辉煌成就，传承弘扬办学理念和大学精神。但是由于能力不足，时间较短，在校史资料翔实丰富，文字文风协调一致，图片的收集等方面还存在着很多的疏漏或者不当。同时，出版日程较紧，校庆日益临近，未能更大范围地征询各方

面的意见，在此致以歉意。我们期待广大师生校友，对校史给予更多的指正，以期今后更加完善。

　　编写校史既是艰苦繁重的工作任务，又是学习提高的过程，更是精神思想受到鼓舞和鞭策的过程。在编写校史的每一个工作日，我们不断在梳理资料中，感受着学校前辈们的奋斗足迹，在见证北建大发展轨迹中，体会着学校蓬勃向上的欢欣和喜悦，追寻着学校走过百年风雨兼程，正在建设一所高水平特色型大学而继续奋斗的历史。我们希望能把这种宝贵的精神资源传播到每位读者，并以此作为一份特别的礼物，献给北京建筑大学 115 周年。